Greg Riether

Wahre Gnade: Die Gleichnisse Jesu

Greg Riether

Wahre Gnade

Die Gleichnisse Jesu

Aus dem Amerikanischen von
Gabriele Kohlmann

Grace today Verlag

Die Deutsche Nationalbibliothek verzeichnet diese Publikation in der Deutschen Nationalbibliografie; detaillierte bibliografische Daten sind im Internet über https://portal.dnb.de abrufbar.

Lektorat: Thilo Niepel
Umschlaggestaltung: spoon design, Olaf Johannson
Umschlagbild: melhijad/Shutterstock.com
Satz: Grace today Verlag
Druck: CPI – Clausen & Bosse, Leck
Printed in Germany

1. Auflage 2019

Paperback: ISBN 978-3-95933-122-7, Bestellnummer 372122
E-Book: ISBN 978-3-95933-123-4, Bestellnummer 372123

www.gracetoday.de

Inhalt

Vorwort

Die Buchreihe »Wahre Gnade« mit ihren Bänden »Die Lehren Jesu«, »Die Gleichnisse Jesu« und »Die Wunder Jesu« entstand aus dem tiefen Wunsch, die Evangelien mit neuen Augen zu betrachten. Aus zwei Gründen fühlte ich mich dazu veranlasst.

Zunächst einmal wurde meine Theologie, die zwanzig Jahre lang meine Grundlage gewesen war, durch eine tiefere Offenbarung der Gnade ernsthaft erschüttert. Dieses einzigartige Konzept, dass alle meine Sünden (vergangene, gegenwärtige und zukünftige) von Jesus am Kreuz gebündelt und dort von ihm in vollem Umfang bezahlt worden waren, war etwas, das ich so nie zuvor verstanden hatte. Gott versöhnte durch Christus die Welt (die ganze Welt!) mit sich selbst, indem er den Menschen ihre Sünden nicht anrechnete (siehe 2Kor 5,19). Gott rechnet niemandem dessen Sünden zu! Unser religiöses Schema, Gott um Vergebung anzuflehen, wie auch immer sich das in den jeweiligen Denominationen abspielt, ist nicht biblisch und sogar schädlich für die Menschen Gottes. Darin werden sie nie ganz frei von dem Gefühl, verurteilt zu werden und vor Gott Angst haben zu müssen, und erleben deshalb auch nie die befreiende Wirkung der Würdigkeit und Gerechtigkeit, die uns von Jesus geschenkt wurde.

Die Wahrheit des Evangeliums ist: Wir sind *»für immer vollendet«* (Hebr 10,14)! Und nicht: »vollendet bis wir das nächste Mal sündigen«. (Alle, die jetzt 1. Johannes 1,9 als Einwand vorbringen, sollten eine kurze Abhandlung von Bob George mit dem Titel »What About 1 John 1:9?« lesen. Dieser Vers – wie auch alles andere im ersten Kapitel von 1. Johannes – richtete sich an die Gnostiker innerhalb der Gemeinde, die mit der wahren Identität Jesu oder mit seiner Mission, sein Volk dauerhaft von der Sünde zu befreien (*»Wenn euch nun der Sohn frei macht, so seid ihr wirklich frei«* — Joh 8,36 LUT) nicht im Einklang standen. Johannes schreibt ihnen diese Dinge, damit sie in die wahre Gemeinschaft mit den Gläubigen an Jesus eintreten können (*»was wir gesehen und gehört haben, das verkündigen wir auch euch, damit auch ihr mit uns Gemeinschaft habt«* — 1Joh 1,3).

Das reine Evangelium der Gnade, unsere ewige Erlösung, ist der herrliche Skandal des neuen Bundes in Jesus. Menschen, die »geistlich arm« sind, erben das Königreich! Was Jesus und seinen neuen Bund betrifft, bleibt nur eine Frage: Glaubst du das? Diejenigen, die glauben, haben das ewige Leben. Wer nicht glaubt, ist bereits verurteilt (siehe Joh 3,18). Als ich diese tiefere Offenbarung über das vollbrachte Werk Christi empfing, öffnete sich mir die Bibel wie nie zuvor. Es war, als hätte ich eine völlig neue Bibel! So viel Freude!

Darüber hinaus begann ich zu sehen, wen Jesus in den Berichten der Evangelien verkörperte, nämlich die Übergangsfigur zwischen dem alten Bund des Gesetzes zu dem neuen Bund der Gnade. Heute erscheint alles so elementar, aber zu der damaligen Zeit war es eine gewaltige Offenbarung. Jesus tat während seines Dienstes stets eines von zwei Dingen: Entweder begrub er Menschen unter den Forderungen von Gottes Gesetz, damit sie ihre Eigenbemühungen um Gerechtigkeit aufgeben würden (z. B. eine Person zu hassen kommt einem Mord gleich, eine Person nur zu begehren ist bereits Ehebruch etc.), oder er wusch sie auf neue und lebendige Weise gemäß der Gnade (er machte beispielsweise der Frau, die beim Ehebruch ertappt wurde, das Geschenk des »Nichtverurteiltwerdens«!). Wenn du Jesu unterschiedliche Beweggründe nicht nachvollziehen kannst, wenn du nicht verstehst, dass der neue Bund erst mit dem Tod von Jesus in Kraft trat, und auch nicht erkennst, dass ein Großteil von Jesu Lehren ein Angriff auf das System der »Eigenbemühung« (das System des Fleisches) war, wirst du allen Reden Jesu die gleiche Bedeutsamkeit beimessen. Du wirst dann glauben, sie richteten sich allesamt an gläubige Christen. Diese Herangehensweise hat den Lehren Jesu großen Schaden zugefügt und viele Gläubige in Verdammung und Furcht festgehalten. Diese Buchreihe ist darum bemüht, die kraft- und gnadenvollen Worte Jesu und sein Wirken neu zu erfassen, damit wir die beeindruckende Schönheit und den Skandal des *»fleischgewordenen Wortes voller Gnade und Wahrheit«* (siehe Joh 1,14) erkennen können.

Ich glaube, diese Lehreinheiten werden dich mächtig segnen. Ich glaube außerdem, dass der Heilige Geist die hier dargelegten Wahrheiten in deinem Herzen bezeugen wird. Freue dich, mein Freund. Jesus ist SO gut! Und Papa liebt dich!

Greg Riether

Einleitung

Von all seinen Lehren rufen die Gleichnisse Jesu die größten Missverständnisse hervor, was wenig überraschend ist. Jesus selbst sagte, dass man Ohren haben muss, um sie zu hören. Ich denke, er meinte damit, dass wir das Hauptziel seines Dienstes verstehen müssen: die Menschen von dem alten Bund, dem System der Werke und des Fleisches, zu befreien und sie mit einem neuen Bund bekanntzumachen, der auf Gnade gründet – dem System des Glaubens und des Geistes. Das fleischliche System ist ein Abkommen, das dem großartigen Geschenk des geistlichen Systems weit unterlegen ist. Ohne dieses Verständnis kommt es nicht zu »Euch ist es gegeben … zu erkennen« (Lk 8,10), woraus sich die extremen Unstimmigkeiten in der Theologie erklären.

Betrachten wir zum Beispiel das Gleichnis von den Arbeitern im Weinberg. In diesem Gleichnis erhielten die Arbeiter, die am Ende des Tages eine einzige Stunde gearbeitet hatten, den gleichen Lohn wie diejenigen, die den ganzen Tag hart geschuftet und die Hitze der Sonne ertragen hatten. Wie sehr sie sich angestrengt hatten, spielte bei der Höhe ihres Lohns überhaupt keine Rolle. Die meisten Leute werden dies zu Recht als ein schönes Beispiel dafür deuten, dass das vollbrachte Werk Christi für alle, die zu ihm kommen, vollumfänglich und unabhängig von den Werken des Gesetzes gültig ist. Herrliche Gnade!

Doch viele derselben Theologen, die in diesem Gleichnis die Gnade erkennen, werden sich das Gleichnis von den anvertrauten Talenten ansehen und eine ganz andere Botschaft daraus ableiten. Wie viele Predigten hast du schon gehört, die Gottes Volk warnen, »ihr Talent nicht zu begraben«? Und mit »Talent« ist diese eine besondere Gabe gemeint, die einer Person geschenkt wurde. Es kann schwerwiegende Folgen haben, heißt es dann, wenn man Gott nicht alles gibt und nicht sein Bestes tut, um das Reich Gottes zu fördern.

Erkennst du die Widersprüchlichkeit? Im ersten Gleichnis Gnade für diejenigen, die nicht arbeiten. Im zweiten Gleichnis Aufhebung der Gnade für alle, die nicht hart genug arbeiten.

Die Gewalt, die den Gleichnissen angetan wird, drückt sich unmittelbar in Gewalt gegen das Volk Gottes aus, wenn Prediger die Schafe Jesu mit der Gesetzesregel »Tu Gutes – empfang Gutes, tu Böses – empfang Böses« schlagen. Eine schreckliche Mischung aus altem und neuem Bund wird als »christlicher Glaube« gepredigt. Diejenigen, die davon befreit wurden, müssen die Gleichnisse Christi neu betrachten, um in ihnen die herrliche, gleichbleibend stimmige Offenbarung der Gnade zu finden, die darauf wartet, entdeckt zu werden.

Mir ist sehr wohl bewusst, dass meine Interpretationen dieser Gleichnisse nur der Rahmen für weitere Betrachtungen sein können. In jedem dieser Gleichnisse gibt es noch viel mehr, was richtiggestellt und gepredigt werden könnte. Aber mein Ziel bei der Präsentation dieser Auslegungen war es, Menschen, die endlich den Weg nach Hause zum reinen, ursprünglichen Evangelium Jesu gefunden haben, das »Heft« in die Hand zu drücken und ihnen den nötigen Anschub zu geben, diese ganz neue Bibel, die sie jetzt in ihren Händen halten, neu zu durchdenken.

Das hier kommt von mir mit aufrichtigem Dank an Jesus für seine Liebe und Gnade für mich und mit aufrichtiger, echter Liebe zu den Schafen Jesu, die von Predigern überall auf der Welt mit verbalen Schlägen misshandelt wurden. Es reicht! Lass dich von Jesu Worten heilen. Du *hast* Ohren, die hören. Friede und Kraft für dich!

Kapitel 1

DAS GLEICHNIS VOM SÄMANN

Teil 1

Und er redete zu ihnen vieles in Gleichnissen und sprach: Siehe, der Sämann ging aus, um zu säen. Und als er säte, fiel etliches an den Weg, und die Vögel kamen und fraßen es auf. Anderes aber fiel auf den felsigen Boden, wo es nicht viel Erde hatte; und es ging sogleich auf, weil es keine tiefe Erde hatte. Als aber die Sonne aufging, wurde es verbrannt, und weil es keine Wurzel hatte, verdorrte es. Anderes aber fiel unter die Dornen; und die Dornen wuchsen auf und erstickten es. Anderes aber fiel auf das gute Erdreich und brachte Frucht, etliches hundertfältig, etliches sechzigfältig und etliches dreißigfältig. Wer Ohren hat zu hören, der höre! — Matthäus 13,3–9

Jesus sagt, dass das Gleichnis vom Samen und vom Sämann im Grunde der Schlüssel zu all seinen anderen Gleichnissen ist. Tatsächlich ist dieses Gleichnis in drei der vier Evangelien zu finden, die über das Leben Jesu berichten, und Markus hält in seinem Bericht fest, dass die Jünger Jesus fragten, was dieses Gleichnis bedeutet. Jesus sagt in Markus 4,13 etwas sehr Interessantes: »*Wenn ihr dieses Gleichnis nicht versteht, wie wollt ihr dann alle Gleichnisse verstehen?*« Mit anderen Worten, wenn du dieses Gleichnis von »Der Sämann ging aus, um zu säen …« nicht verstehst, wirst du keines von ihnen verstehen. Oder nochmal anders gesagt: Wenn du dieses Gleichnis falsch verstehst, dann wirst du deine falsche Interpretation auf alle Gleichnisse beziehen und bei keinem davon verstehen, worum es wirklich geht. Und tatsächlich ist das schon oft genug vorgekommen.

Folgendermaßen läuft es ab: Wir denken, dass es bei diesem Gleichnis irgendwie darum geht, etwas zu tun (dass wir Samen säen müssen). Und wenn es bei diesem Gleichnis um unser Tätigwerden geht, schlussfolgern wir daraus, dass es bei allen Gleichnissen um Dinge geht, die wir tun müssen. Und genau so ist es der Gemeinde bisher größtenteils ergangen. Wir denken, dass es in den Gleichnissen um etwas geht, das wir in Jesu Reich tun müssen.

Zum Beispiel betrachten wir das Gleichnis in Lukas 14, in dem Jesus in Vers 31 sagt: »*Oder welcher König, der ausziehen will, um mit einem anderen König Krieg zu führen, setzt sich nicht zuvor hin und berät, ob er imstande ist, mit zehntausend dem zu begegnen, der mit zwanzigtausend gegen ihn anrückt?*« Für uns ist das eine »Bedenke-die-Kosten«-Parabel. Sie sagt uns: Du solltest sicher sein, dass du den Weg mit Jesus gehen und alles für ihn aufgeben kannst; vergewissere dich, dass du tatsächlich einen geistlichen Kampf führen und für Jesus auf alles verzichten kannst.

Nein! **Das ist kein Gleichnis, das zu *Taten* aufruft. Es fordert dich vielmehr zur Kapitulation auf.** Jesus sagt, dass deine gegenwärtige Kraft im Gesetz nicht stark genug ist, um dich zu schützen. Dass du, wenn du klug wärst, erkennen würdest, was die Bedingungen für Frieden sind. Denn wenn du versuchst, dir Gottes Gunst durch Anstrengung zu verdienen, wenn du dich abmühst, damit du mit ihm im Reinen bleibst, dann bist du wie ein König, der mit 10.000 Mann gegen einen König in den Krieg zieht, der über 20.000 Mann verfügt. Du wirst verlieren. Es ist nicht klug, »sich mehr zu bemühen und dafür zu sorgen, dass du mehr Truppen hast«. Das Klügste ist, sich zu ergeben und Frieden zu schließen. »*Wenn aber nicht, so sendet er, solange jener noch fern ist, eine Gesandtschaft und bittet um die Friedensbedingungen. So kann auch keiner von euch mein Jünger sein, der nicht allem entsagt, was er hat*« (Verse 32–33).

Dieses »allem entsagen« bedeutet, deiner Armee, sprich deiner eigenen Stärke und deiner eigenen Bemühungen zu entsagen. Es bedeutet, dein eigenes Ich sterben zu lassen, mitsamt all deinen Anstrengungen, Gott bei Laune zu halten und seinen Zorn durch dein heiliges Leben in Schach zu halten. Es bedeutet, deine Übungen in Gerechtigkeit als etwas, das Gott zufriedenstellen soll, aufzugeben. Es bedeutet, Gottes Bedingungen für Frieden anzunehmen, und seine Friedensbedingungen lassen sich in einem Wort zusammenfassen – Jesus. Jesus, und nichts anderes. Wenn du Jesus hast, hast du Frieden mit Gott. Es ist nicht Jesus plus deine intensiven Bemühungen um Gerechtigkeit; es ist nur Jesus und sein Geschenk der Gerechtigkeit, das er dir getrennt vom Gesetz und unabhängig von deinen eigenen Werken gibt. Es ist so einfach, nicht wahr? Wenn der Schleier entfernt wird und du verstehst, **dass Jesus dir alle deine Sünden für immer vergeben hat – vergangene, gegenwärtige und zukünftige** –, dann erkennst du mit einem Mal auch, wie einfach Gott es für uns gemacht hat. Und dann öffnen sich die Worte Jesu deinem Verständnis.

Du musst erkennen, dass Jesus immer zwei Systeme miteinander vergleicht, nach denen man sein Leben führen kann: zum einen das System der Gesetze (das Weltsystem), bei dem du dich bemühst, Gott durch dein Tun zu gefallen und ihn durch deine Leistung bei Laune zu halten, und zum anderen das System des Reiches (Gottes System) in dem nur Gottes nicht erarbeitete, unverdiente Liebe, Vergebung und Annahme zählen. Erkennst du dies nicht, wirst du keines seiner Gleichnisse verstehen. Das System des Gesetzes ist das System des Fleisches – aus eigener Kraft ein gottgefälliges Leben zu führen und Gott nachzueifern. Das ist es, worin die ganze Welt gefangen ist. Das ist Karma, das ist Islam, das ist Judentum; das ist die natürliche Ordnung, wie man sich Gott nähert. Paulus nennt es die »Prinzipien dieser Welt«. Dabei näherst du dich Gott aus deinem Fleisch (aus eigener Kraft). Du versuchst zu gehorchen und denkst, dass deine Leistung darüber entscheidet, ob du mit Gott verbunden bist oder nicht. Dieses System mit seinen vielfältigen Formen benutzt der Teufel, um dich zu verurteilen und dich vor Gott mit einem Gefühl der Unwürdigkeit dastehen zu lassen. Es ist das System des Teufels. Ich muss diesen Punkt ansprechen. Denn das zu verstehen, ist überaus wichtig.

Satan war derjenige, der zu Adam und Eva kam und sie dazu brachte, ihre Beziehung zu Gott in Frage zu stellen. Sie waren Gottes Kinder, von ihm in die Welt gesetzt. So wie wir als eine Erweiterung unserer Liebe Kinder haben, so waren Adam und Eva eine Ausweitung der Liebe der Gottheit. In Lukas 3 hält die Bibel die Genealogie Jesu fest und verfolgt sie durch die gesamte Geschichte Israels. Sie geht zurück auf Nathan, den Sohn Davids, des Sohnes Isais, des Sohnes Obeds, des Sohnes Boas. Und so geht es immer weiter zurück. Aber sieh dir Lukas 3,38 an: »[Er war ein Sohn] des Enosch, des Seth, des Adam, Gottes.« Die Stammfolge von Menschen, die Menschen zeugen, wird mit den gleichen Worten beschrieben wie die von Gott, der dich zeugt. Du gehörst zur Linie Gottes. Das ist deine wahre Identität – das musst du verinnerlichen. Es sollte dazu führen, dass du eine aufrechte Haltung annimmst und den Kopf hebst!

Adam und Eva lebten in dieser Realität, in vollkommener Gemeinschaft mit Gott. Und dann kommt der Teufel und sagt: »Wenn ihr von diesem Baum der Erkenntnis von Gut und Böse esst, werdet ihr wie Gott sein.« Wie bitte? Sie waren doch schon wie Gott. Der Teufel wollte, dass sie ihre Identität als Kinder Gottes in Frage stellen und in ein System eintreten, bei dem die Interaktion mit Gott auf der Basis von gutem oder schlechtem Handeln stattfindet. Das System, auf diese Weise mit Gott in Beziehung zu treten, ist dämonisch. Es ist böse. Und das vollkommene Gesetz Gottes wurde deshalb gegeben, damit jeder Mund zum Schweigen gebracht würde und wir dieses System aufgeben würden. Bist du es nicht leid, dieses System aufrechtzuerhalten?

Bei einem Leiterschaftstreffen kürzlich in meinem Haus machte einer unserer Mitarbeiter folgende Bemerkung: »Wir alle haben das System der Religion und die nach diesem System funktionierenden Kirchen verlassen, weil uns unsere Bemühungen, Gott zufriedenzustellen und für ihn gut genug zu sein, ausgelaugt haben.« Dieses System ist nicht nur anstrengend, es ist böse. Gib es auf. Lass dein Ich sterben. Gib deine Armee der guten Werke geschlagen und komm zu Jesus. Er hat alles für dich getan. Du kannst dich jetzt in seinem vollbrachten Werk ausruhen. Du musst nichts tun, damit Gott dich gernhat. Dir ist für immer vollständig vergeben, du bist für immer geliebt, mit dem Geist versiegelt, gesegnet, versorgt und nie von Gott getrennt. Nimm diesen Frieden einfach an. Was du auch erlebst oder durchmachst, zwischen dir und Gott herrscht immer Frieden.

Jesus erzählte sehr viele seiner Gleichnisse mit der Absicht, den Unterschied zwischen diesen beiden Ansätzen für den täglichen Umgang mit Gott hervorzuheben – rackerst du dich ab oder ruhst du in der Gnade? Wenn du das nicht verstehst, wirst du einfach dein System der harten Arbeit auf alle Lehren und Gleichnisse Christi anwenden und sie zu Dingen verdrehen, die du tun musst. Das ist ein so enorm wichtiger Punkt. Jesus sagt über dieses Gleichnis vom Sämann: Wenn du dieses Gleichnis als Musterbild nicht verstehst, wirst du auch alle anderen missverstehen.

»Und er redete zu ihnen vieles in Gleichnissen und sprach: Siehe, der Sämann ging aus, um zu säen. Und als er säte, fiel etliches an den Weg, und die Vögel kamen und fraßen es auf« (Mt 13,3–4). Zehn Verse später erklärt Jesus dann, was damit gemeint ist. Sieh dir Vers 19 an: *»Sooft jemand das Wort vom Reich hört und nicht versteht, kommt der Böse und raubt das, was in sein Herz gesät ist. Das ist der, bei dem es an den Weg gestreut war.«*

Es ist sehr wichtig für uns, die verwendeten Begriffe zu definieren. Was ist der Same, der ausgesät wurde? Jesus sagt, es ist »das Wort vom Reich«; der Same ist das Wort von Gottes Reich. Dieses unterscheidet sich vom natürlichen Wort dieser Welt. Das Wort vom Reich ist nicht das natürliche Wort der Welt. Das Wort der Welt ist das, worüber wir schon gesprochen haben. Es sagt: »Tu Gutes – empfang Gutes, tu Böses – empfang Böses.« **Es ist das System des Gesetzes, das urteilt und verurteilt. Es ist das System, mit dem Satan uns von Gott getrennt hält, obwohl Jesus die Welt mit Gott versöhnt hat.** Es ist das System, das dir das Gefühl gibt, unwürdig und ungeliebt zu sein und kein Recht auf Segnungen zu haben; das System, das dich wie in einer Beziehung zwischen Sklave und Sklavenhalter zu Gott kriechen lässt. Dieses System bestimmt für den überwiegenden Teil der Welt den Umgang mit dem Vater.

Jesus verachtet dieses System. Die Bibel sagt, dass er dieses System mit all dessen Forderungen und Regeln, die uns so schwer belasteten, ans Kreuz geschlagen und von uns genommen hat. Dieses System der Abhängigkeit von dir selbst und deiner Leistung ist nicht das Wort vom Reich. Das Wort vom Reich ist das Wort, das Jesus bringt; das Wort von deiner Gerechtigkeit, vom richterlichen Beschluss deiner Unschuld, von der Bekanntgabe deiner Sohnschaft und der Wiederherstellung deiner Beziehung zum Vater als eines seiner von ihm gezeugten Kinder. **Das Wort der Gnade sagt, dass deine Sünde für immer weg ist und dass auch deine Sünden**

von morgen für immer weg sind. Jesus hat für all das bezahlt. Die Sündenfrage steht nicht einmal mehr im Raum. Wir gehen mit Gott nicht auf Grundlage der Erkenntnis von Gut und Böse um, sondern befinden uns in dem ungebrochenen, unauflöslichen Bund der Gnade und des Segens.

Das Wort vom Reich ist das Wort der Gnade, welches wiederum Jesus ist. Und wenn Jesus (das Wort Gottes, das Wort der Gnade) in dich gesät wird und du es verstehst und empfängst, dann hast du in dem Moment Jesus und ein völlig neues Leben und eine absolut neue Lebensweise empfangen. Jesus lebt dann in dir. Du bist in Christus, und er ist in dir. Und das ist das Geheimnis des Reiches Gottes. *»Weil es euch gegeben ist, die Geheimnisse des Himmelreichs zu verstehen«* (Vers 11). Das Geheimnis des Himmelreichs ist »Christus in dir«. Die *Geheimnisse* des Himmelreichs sind all die Dinge, die »Christus in dir« für dein Leben bedeuten.

Sieh dir Kolosser 1,26–27 (LUT) an: *»Das Geheimnis, das verborgen war seit ewigen Zeiten und Geschlechtern, nun aber offenbart ist seinen Heiligen. Denen wollte Gott kundtun, was der herrliche Reichtum dieses Geheimnisses unter den Völkern ist, nämlich Christus in euch, die Hoffnung der Herrlichkeit.«* Der allmächtige Gott hat sich in dir niedergelassen. Er lebt in dir. Das ist ein radikaler Gedanke. Wenn der Same gesät wurde und das Wort geglaubt wird, bekommt Jesus seinen festen Platz in deinem Geist. Nicht das Gesetz auf steinernen Tafeln wird in dir errichtet, sondern Jesus, der Sohn Gottes, wird auf diese Weise in dich gepflanzt.

Alles, was er besitzt, wird zu deinem Besitz, denn in deinem Geist gibt es keinen Unterschied zwischen dir und ihm. Du bist im Geist eins mit ihm. Seine Gerechtigkeit wird zu deiner Gerechtigkeit. Seine Anrechte sind deine Anrechte. Seine Vollkommenheit ist zu deiner Vollkommenheit geworden. Wenn du das verstehst, dann öffnet sich der Himmel für dich und du wirst glauben, dass Gott wundersame Dinge für dich tun kann. Du wirst das nötige Vertrauen haben, um alle Dinge zu empfangen, denn du wirst wissen, dass du ein geliebter Sohn, eine geliebte Tochter Gottes bist, ausgesondert und bedingungslos geliebt und angenommen in einem jeden Moment eines jeden Tages. Menschen, die das wissen, empfangen und empfangen und empfangen immer noch mehr.

Jesus sagte in Matthäus 13,12: *»Denn wer hat …«* (Wer was hat? Das Geheimnis des Himmelreichs, Christus in uns; seine Anrechte, seine Gerechtigkeit, das Wissen, für immer vollkommen gemacht zu sein, die Erklärung der Unschuld auf deinem Leben.) Wer das hat, *»dem wird gegeben werden, und er wird Überfluss haben«*. Was wirst du haben? Überfluss!! Reichlich Frieden. Reichlich Freude. Reichliche Versorgung. Überfluss bedeutet, mehr zu haben, als man braucht. Wenn du deine Kindschaft verstehst, wenn du verstehst, dass Gott zu keiner Zeit böse auf dich ist, **wenn du verstehst, dass deine Sünde Gott nicht dazu veranlasst, die Gemeinschaft mit dir aufzugeben, wenn du verstehst, dass Jesus für immer in dir lebt und du fest im Griff seiner Gnade und Gunst bist, dann gehörst du zu denen, die mit *»wer hat«* gemeint sind.** Und wenn du einer der mit *»wer hat«* Gemeinten bist, wird dir noch mehr gegeben werden, immer und immer mehr, weil du das Gesäte glaubst (du bist davon überzeugt – das ist Glaube!), und du wirst Überfluss haben.

ABER … es gibt ein großes »Aber«. *»Wer aber nicht hat …«* (Was nicht hat? Das Geheimnis des Himmelreichs – Christus in uns, ewige Vergebung, Kindschaft, ungebrochene Gemeinschaft mit Gott); dem, der das nicht hat, *»von dem wird auch das genommen werden, was er hat«*. Mit anderen Worten, am Ende wird der Teufel dir alles wegnehmen. Jeder Anschein von Frieden wird dir gestohlen. Du wirst dich vor dem Tod fürchten. Du wirst in Angst und Unsicherheit gegenüber Gott leben. Du wirst nicht in der Lage sein, von Gott zuversichtlich etwas zu erbitten, und dich nicht für würdig halten, weil du deine Beziehung zu ihm nach dem bösen System des Fleisches zu führen versuchst, dem teuflischen System, bei dem du dich abmühst, gut genug zu sein. Das ist das unheilvolle System, das dich dazu nötigt, »Gott« zu geben, zu geben und immer mehr zu geben, und dich denken lässt, dass es das ist, was Gott will. Du denkst, dass es das ist, was es braucht, damit er mit dir zufrieden ist.

Es ist wichtig, dass du das richtig verstehst. Denn das ist die Wahrheit. Da ist etwas Kaputtes in der Menschheit, das uns in dieser Vorstellung gefangen hält, dass Gott ein Nehmer ist und wir die Geber sind. Jesus kam, um uns mit einem anderen System bekanntzumachen, dem System, in dem ursprünglich Adam und Eva lebten. Gott ist der Geber, du bist der Nehmer. **Die Bibel sagt: »Es ist besser zu geben als zu empfangen.« Was lässt dich denken, dass Gott sich dafür entscheiden würde, der Geringere bei diesem Konzept zu sein? Wenn es besser ist zu geben, dann ist es garantiert das, was Gott tut. Gott ist der Geber.** Adam und Eva hatten nichts, was sie Gott hätten geben können. Sie waren aus Staub. Damit Staub überhaupt etwas hat, muss es ihm gegeben werden. Sie waren diejenigen, die von Gott empfingen. Sie waren im Garten Empfänger seiner Güte und seiner Liebe. Jesus hat dich dazu befreit, wieder ein Empfänger der Güte Gottes zu sein. Er ist der Geber. Wenn du denkst, dass du vor Gott der Geber bist, dann bist du derjenige, *»der nicht hat, und dem selbst das, was er hat, genommen wird«*. Warum? Weil es das System des Teufels ist und der Teufel ein Dieb ist.

Vielleicht ist dies das erste Mal in deinem Leben, dass du die wahre Botschaft der Gnade in Jesus gehört hast. Und du versuchst jetzt, das irgendwie in deinen Kopf zu kriegen, weil dieses Muster so völlig anders ist. Hör zu, viele von uns haben das schon durchgemacht. Aber folgende Gefahr besteht – Jesus sagte: »Wenn du nicht verstehst, was ich über den neuen Bund, über das Wort vom Reich Gottes sage, dann wird der Böse, der Teufel, kommen und dir das, was in dein Herz gesät wurde, entreißen.«

Was bedeutet das? Es ist ganz einfach. Die Standardeinstellung eines jeden Menschen auf diesem Planeten ist die, sich Gott auf der Basis eigener Werke zu nähern, was das System des Teufels ist. Der Teufel will, dass du in diesem System bleibst, in dem du dich unwürdig und verurteilt fühlst. Und wenn ich das Wort vom Reich Jesu nicht klar genug kommuniziert habe, sodass du es begreifen und dich dafür begeistern kannst, dann wirst du einfach zu deinem Standardsystem zurückkehren – dem bösen System, dem System des Teufels. Die Samen der Botschaft der Gnade werden verzehrt werden. Und anstatt das innere Wort vom Reich in dich hineingepflanzt zu bekommen, wirst du dazu zurückkehren, die nach außen hin sichtbaren Steintafeln des Gesetzes in deinem Herzen zu tragen.

Wir alle wissen, dass Steine nicht sprießen und wachsen. Das Gesetz, das auf Stein geschriebene Gesetz im Herzen zu errichten, ist wie Steine ins Herz zu pflanzen. Es wird kein Wachstum und keine innere Veränderung geben. Das Gesetz, wenn du genug davon in dich aufnimmst, führt lediglich zu äußeren Verhaltensänderungen, die auf Angst basieren. Aber wirklich verändern wird es dich nie. Wir alle wollen Veränderung sehen. Wir wollen Leute anschauen und Ergebnisse sehen. Und wir mögen Regeln, weil Regeln scheinbar sofort zu Ergebnissen führen. Ich könnte eine Regel aufstellen, die besagt: »Keine lila Haare in der Kirche. Menschen mit lila Haaren sündigen gegen Gott, der eine natürliche Haarfarbe für sie vorgesehen hat.« Und wenn wir das ernst nähmen, würden wir sofortige Resultate sehen. Es kämen keine Menschen mehr mit lila Haaren in die Kirche. Aber die Leute, die lila Haare hatten und sie zurück zu ihrer Naturfarbe gefärbt haben, um akzeptiert zu werden, würden immer noch lila Haare wollen. Denn innerlich fand kein Sinneswandel statt.

Meine Frau Sherry wuchs als Mitglied einer Assembly-of-God-Gemeinde auf. Und eine der Regeln, die in ihrem Elternhaus galten, lautete »keine Rock-'n'-Roll-Musik«. Keine Rockmusik. Und Sherry hielt sich an diese Regel, solange Mama und Papa in der Nähe waren. Aber sobald Mama und Papa weg waren, wurde das Radio hervorgeholt, wurden die verbotenen Schallplatten aus dem Versteck geholt. Wenn Mama und Papa zurück nach Hause kamen, setzte sich wieder die Furcht durch und das äußere Verhalten änderte sich. Das ist alles, was das Gesetz bewirken kann: äußere, durch Angst motivierte Verhaltensänderung. Was die Beziehung zu Gott angeht, ist das das System des Teufels. Es basiert auf Angst.

Gottes System basiert auf Liebe. Es ist auf Gnade gegründet. Es ist das Wort vom Reich. Und wenn du das Wort vom Reich schließlich zu verstehen beginnst, geschieht etwas Erstaunliches in dir. Du fängst an, Gott zurückzulieben. Und du hörst auf, alles in gute Werke oder schlechte Werke einzuteilen; du lässt dich stattdessen mehr und mehr vom Geist leiten. Und das bringt Frucht, teils dreißigfach, teils sechzigfach und teils hundertfach.

Das Wort vom Reich – Jesus selbst – wird in dein Herz gesät. Werde noch heute ein Empfänger. Lass Gott der Geber sein. Jesus gibt dir Gerechtigkeit. Er sorgt für deine Annahme. Er verleiht dir deine Befähigungen. Ihn zu empfangen bedeutet, wieder in der Stellung eines Sohnes, einer Tochter zu sein. Ihn zu empfangen bedeutet, deine Identität zu kennen. Du weißt dann: Wenn schon ein irdischer Vater seinem Kind Gutes zu geben weiß, dass dein liebender Vater im Himmel dir noch viel mehr geben wird. Denn er betrachtet dich mit Augen der vollkommenen Liebe und sieht dich als sein Liebstes, an dem er Freude hat. Wie viel mehr Gutes wird er dir geben! Lass dieses Wort der Gnade tief in dein Inneres dringen. Lass es tiefgründig Wurzeln schlagen.

Manche Frucht erfordert Geduld. Als Jesus dieses Gleichnis im Lukasevangelium, Kapitel 8, erzählte, sagte er, dass die Frucht in Geduld hervorgebracht wird. Bei einigen von uns muss zuerst noch sehr viel Gesetz ausgerodet werden. Wir alle haben in unseren Herzen ungeheilte Bereiche, für die wir das heilmachende Wort der Gnade brauchen. Manche Menschen finden sofortige Heilung in ihrem Herzen, andere wiederum müssen viele, viele Male im Wasser der Gnade baden, um gesund zu werden. Aber das Gegenmittel ist immer Jesus und seine vollständige Annahme und Liebe zu dir. Es gibt nichts, was du vor deinem Erlöser verbergen müsstest. Er sieht alles, und er liebt dich trotzdem. Er wird dich nicht ein Jota mehr lieben, wenn du im Himmel bist. Und Papa liebt dich schon jetzt als sein vollkommenes Kind. Das ist der gute Samen. Empfange ihn mit Freude in dein Herz.

Kapitel 2

DAS GLEICHNIS VOM SÄMANN

Teil 2

Und er redete zu ihnen vieles in Gleichnissen und sprach: Siehe, der Sämann ging aus, um zu säen. Und als er säte, fiel etliches an den Weg, und die Vögel kamen und fraßen es auf. Anderes aber fiel auf den felsigen Boden, wo es nicht viel Erde hatte; und es ging sogleich auf, weil es keine tiefe Erde hatte. Als aber die Sonne aufging, wurde es verbrannt, und weil es keine Wurzel hatte, verdorrte es. Anderes aber fiel unter die Dornen; und die Dornen wuchsen auf und erstickten es. Anderes aber fiel auf das gute Erdreich und brachte Frucht, etliches hundertfältig, etliches sechzigfältig und etliches dreißigfältig. Wer Ohren hat zu hören, der höre! — Matthäus 13,3–9

Jesus nannte den Samen das »Wort vom Reich« im Gegensatz zu dem Wort, das aus der Welt kommt. Das Wort vom Reich ist das Wort, das aus dem Mund Gottes kommt. Das Wort der Welt ist das Wort, das aus dem Mund der Menschen kommt. Das Wort vom Reich ist Jesus selbst und das, was er im neuen Bund der Gnade mit an den Tisch deines Lebens bringt. Im Verlauf dieses Gleichnisses verwendet Jesus noch eine andere Formulierung. In Vers 11 (EÜ) spricht er vom Geheimnis des Reiches: »*Euch ist es gegeben, die Geheimnisse des Himmelreichs zu verstehen.*« Das Geheimnis des Reiches ist: Christus ist in dir, die Hoffnung der Herrlichkeit (siehe Kol 1,27). Es geht um dein ständiges Einssein mit der Gottheit. Christus in dir, du in Christus.

Du bildest mit Jesus im Geist eine Einheit, deine Sünden sind dir ausnahmslos und für immer vergeben – vergangene, gegenwärtige und zukünftige. Gottes Gerechtigkeit wurde dir unabhängig von deiner Leistung zum Geschenk gemacht. Du lebst in ungebrochener Gemeinschaft mit dem Vater und genießt seine unerschütterliche Liebe, seine unverbrüchliche Gunst und seine unendlichen Segnungen. Ich kann dir heute mit fester Überzeugung sagen, dass Gott mit dir zufrieden ist! Du bist sein geliebtes Kind, denn das ist der neue Bund. Das ist dein Stand in Jesus. Das ist das Geheimnis vom Reich.

Jesus sagt: *»Wer hat, dem wird gegeben werden, und er wird Überfluss haben«* (mehr gegeben … im Überfluss). Für diejenigen, die das nicht haben, die auf das Wort der Welt hören, für diejenigen, die unter dem alten Bund leben und immerzu versuchen, Gott zu gefallen und gut genug für ihn zu sein, die das Geheimnis vom Reich (Christus in uns) nicht verstehen, gilt: Auch das, was sie haben, wird ihnen vom Teufel genommen werden. Aber die, die das Geheimnis Christi »haben«, bringen diese Frucht hervor. Welche Frucht? Mehr … im Überfluss.

Siehst du, Jesus hat dir bereits gesagt, was die Frucht in diesem Gleichnis ist. Sie ist das Ergebnis davon, das Geheimnis vom Reich (Christus in dir) zu verstehen – mehr wird dir gegeben und du wirst Überfluss haben. Überfluss wovon? Von Jesus und dem Erbe Jesu und der Fülle des Friedens. **Wenn du weißt, dass dir für immer vergeben ist, unabhängig von deiner Leistung, empfängst du den Frieden Gottes in dein Herz. Das lässt dich zur Ruhe kommen.** Je besser du es verstehst, desto mehr Frieden hast du. Du empfängst Frieden in Fülle, überfließende Freude und überfließende Liebe (die Liebe wächst in dir und fließt über). Dazu hast du das volle

Erbe, Versorgung im Überfluss und eine Fülle von allem, was du zu einem Leben brauchst, wie es Gott für dich vorgesehen hat. Du hast es, Freund. Und es kommt noch mehr!

Im Lukasevangelium sagt Jesus, dass die Frucht *in Geduld* hervorgebracht wird. Sie entsteht nicht unbedingt sofort. Nimm kein verdammendes Urteil über dich an, wenn sich die Fülle in deinem Leben bisher nicht manifestiert hat. Es gibt viele Bereiche in meinem Leben, in denen sich die Fülle noch nicht manifestiert hat. Das ist in Ordnung. Sie kommt. Hör nicht auf, an das Wort vom Reich zu glauben – Christus in dir, die Hoffnung der Herrlichkeit. Wir üben uns in Geduld und lassen den Heiligen Geist sein Ding machen. Das ist deine Hoffnung. Die Fülle kommt gewiss.

Alles, was wir über den neuen Bund der Gnade erfahren haben, fließt in diesem Gleichnis zusammen. Betrachten wir, was Jesus über den Samen sagt, der auf dornigen Boden gesät wurde. In der ursprünglichen Erzählung dieses Gleichnisses erklärt Jesus in Vers 7: »*Anderes aber* (die Samenkörner, die das Wort vom Reich sind) *fiel unter die Dornen; und die Dornen wuchsen auf und erstickten es.*« Das ist die ursprüngliche Aussage. Gehe nun fünfzehn Verse weiter zu der Auslegung, die Jesus selbst gibt.

Vers 22: »*Unter die Dornen gesät aber ist es bei dem, der das Wort hört, aber die Sorge dieser Weltzeit und der Betrug des Reichtums ersticken das Wort, und es wird unfruchtbar.*« Was bedeutet es, dass es unfruchtbar wird? Es bedeutet, dass sich die Fülle des Friedens, die Fülle der Freude, die Fülle der Liebe und Güte, der *Überfluss*, nicht zeigen. (Das »mehr … im Überfluss« wird nicht empfangen.)

Dieser Vers beschreibt letzten Endes jeden Einzelnen von uns in zumindest einem Bereich des eigenen Lebens. Jesus sagte, dass die Person in diesem Vers das Wort vom Reich, die reine Botschaft der Gnade, das wahre Evangelium gehört hat. Das bist du. Diese Person glaubt es. Das bist du. Es erwacht zum Leben. Das Wort von der

Gnade Gottes sprießt in unserem Herzen auf. Aber es gibt einige Bereiche darin – in unserem Denken und unseren Emotionen –, deren Boden dornig ist. Und worum es da geht, hat Jesus für uns definiert.

Was sind die Dornen, die die Frucht ersticken? Er sagt: *»Die Sorge dieser Weltzeit und der Betrug des Reichtums ersticken das Wort.«* Was meint Jesus mit »die Sorge dieser Weltzeit«? Das im griechischen Grundtext verwendete Wort für »Sorge« lautet *merimna*. Es steht dort ebenfalls im Singular und bedeutet Sorge, Angst oder Furcht. Mit anderen Worten, »Sorge dieser Weltzeit« bedeutet nicht, dass du dich einfach nur wegen der Dinge sorgst, die um dich herum geschehen. Es ist ja nicht wirklich so, als wärst du ständig von der Sorge über alltägliche Dinge verzehrt und würdest dich fieberhaft fragen: »Wie soll ich die Kinder zum Fußballtraining bringen *und* dann auch noch das Abendessen kochen?« Nein, darum geht es nicht. Es geht um *merimna* – um Sorge, Angst und Furcht. Wir reden hier von einem Zustand der Angst.

Jesus spricht von »der Angst dieser Zeit«. Das gilt für alle Menschen in allen Zeitaltern, auch wenn sich die Ängste von Generation zu Generation unterscheiden mögen. Was ist die Angst der Zeit, in der du lebst? Was verursacht dir einen Knoten im Magen, wenn du deine Welt, dein Leben oder die Welt als Ganzes betrachtest? Diese Angst, die dauerhaft dein Zuhause geworden ist, die in einem bestimmten Bereich zu einem Teil deines Lebens geworden ist? Genau um die geht es. Du willst nicht an diesem Ort der Angst leben, aber du tust es. Es ist ein schlechter Ort, um sich dort ein Zuhause zu schaffen.

Angst erstickt das Wort vom Reich, sodass es in diesem bestimmten Bereich deines Lebens unfruchtbar wird. Für mich sind das deutliche Worte. Angst kann eine solch mächtige Waffe in der Hand des Feindes sein. Und der Teufel weiß sie zu nutzen. Sieh dich um. Wir sind in vielerlei Hinsicht eine von Angst getriebene Gesellschaft. Die Nachrichten im Fernsehen, in der Zeitung, im Internet, in politischen Sendungen – die eine Gruppe sagt, wenn diese Person gewählt wird, ist das Land dem Untergang geweiht; die gegnerische Gruppe sagt, wenn die andere Person gewählt wird, geht alles den Bach runter. Du schaust dir dein Rentenkonto an. Und wenn du zu den vielen Menschen gehörst, die vor einigen Jahren bei der Altersvorsorge sehr herbe Verluste wegstecken mussten, fragst du dich vielleicht: »Werde ich alles verlieren? Kann ich jemals in Rente gehen? Der Arbeitsmarkt ist so schlecht, wie kann ich jemals einen anständigen Job bekommen, wie werden meine Kinder es in dieser Welt jemals zu etwas bringen? Sieh dir doch die Welt an. Schafft der Iran es, eine Atombombe zu bauen? Was passiert, wenn Israel den Iran bombardiert und damit den nächsten großen Krieg im Nahen Osten auslöst?« Benzinpreise, Lebensmittelpreise, der Einbruch an den Aktienmärkten, die zunehmend außer Kontrolle geratende Staatsverschuldung. Und so geht es weiter und immer weiter. Es nimmt kein Ende.

Aber hier ist der Punkt: Seit den Anfängen der Zivilisation, seit dem Fall des Menschen, hat es kein Ende mehr gegeben. Dornen! Als Adam und Eva in Sünde fielen, sagte Gott über den Boden zu ihnen: »Dornen und Disteln soll er dir tragen« (1Mo 3,18). Direkt aus der Substanz dieser Erde werden Ängste und falsches Denken erwachsen. Dornen und Disteln. Nenne beliebig Zeitalter, Generation, Jahrhundert oder Jahrzehnt – es spielt keine Rolle, denn an Ängsten hat es zu keiner Zeit je gemangelt.

In unserer Zeit kann man jedes Mal, wenn man den Fernseher einschaltet, die Angst buchstäblich konsumieren. Oder man schaltet eine Talkshow im Radio ein und führt sie sich auf diese Weise zu. Egal, welches Medium du wählst, du kannst sicher sein, dass die schlechten Nachrichten dort nie ausgehen und man sie dir sicher gerne übermittelt. Und in unseren Herzen gibt es Bereiche, in denen die Angst dieser Zeit tief hineinwurzeln konnte. Vielleicht ist es schon vor Langem dazu gekommen und die Dornen in dir haben sich kräftig entwickelt.

Diese Dinge passieren. Als meine Frau und ich eine Pflegeelternschulung absolvierten, lernten wir, dass Kinder, die benachteiligt aufgewachsen sind und nicht wissen, woher ihre nächste Mahlzeit kommt, oft Essen mit ins Bett schmuggeln. Das war dort, wo sie ursprünglich zu Hause waren, Teil ihrer Überlebensstrategie. Man sollte meinen, dass dieses Verhalten aufhören würde, wenn sie in ein Zuhause kommen, in dem es reichlich Nahrung und Sicherheit gibt. Aber auch nach Jahren in einer sicheren Umgebung kann sich dieses Verhalten weiter zeigen. Die Angst vor dem Mangel ist Teil ihrer Persönlichkeit geworden. Viele von uns haben tiefsitzende Ängste, deren Ursache in den verwundeten Bereichen unseres Denkens zu finden ist. Und Jesus sagte, dass genau *dorthin die Samen fielen.*

Sie fielen zwischen die Dornen. Die Dornen – die Sorgen – waren schon da! Der Samen fiel und spross auf. Der natürlichen Entwicklung des Samenkorns entspricht es, Frucht in dir hervorzubringen: die Frucht des Friedens und der Zuversicht, die Frucht des Glaubens und der Fülle; aber die dornigen Sorgen, die dornigen Ängste ersticken das Wort vom Reich. Es ist einfach nicht möglich, dass Angst und Glaube Seite an Seite gedeihen. Sie können eine Zeit lang koexistieren, aber anhaltende Angst wird den Glauben irgendwann ersticken.

Beachte hierbei aber eine Sache: Die Dornen töten den Schössling nicht direkt. Der Spross stirbt nicht sofort ab. Der Schössling erstickt. Damit meine ich, dass wir hier nicht über Himmel oder Hölle reden. Wir reden nicht davon, dass jemand seine Erlösung verliert. Hier geht es darum, dass das Wachstum des Samens unterdrückt wird, sodass du (als Gläubiger) nicht die Frucht von »mehr … und im Überfluss« erfahren kannst, die Jesus dir erkauft hat. Was machen die Sorgen und Ängste? Sie ersticken das Wort vom Reich. Das Wort, das im griechischen Grundtext für »ersticken« verwendet wird, bedeutet wörtlich »keuchen«. Als ob dir jemand die Hände so um den Hals legt, dass du zwar noch etwas Luft bekommst, aber nur sehr schwer atmen kannst. Ist das nicht eine perfekte Beschreibung von Angst? Man hat Probleme zu atmen! Ängste ersticken das Wort.

Nun die gute Nachricht! Jesus kam, um dich von deinen Ängsten zu befreien! Allen Ängsten! Das ist ein erstaunlicher Gedanke. **Du und ich sollen ein angstfreies Leben führen. In Römer 8,15 heißt es: *»Denn ihr habt nicht einen Geist der Knechtschaft empfangen, dass ihr euch wiederum fürchten müsstet, sondern ihr habt den Geist der Sohnschaft empfangen, in dem wir rufen: Abba, Vater!«*** Und 1. Johannes 4,16 sagt uns, dass Gott Liebe ist. Damit will Gott dich wissen lassen, dass er dich liebt! Er liebt dich! Es ist nicht so, dass er dich liebt und zugleich verurteilt. Nein, er liebt dich und erklärt dich für unschuldig, und er wünscht sich, dass du seiner Liebe vertraust. *»Furcht ist nicht in der Liebe, sondern die vollkommene Liebe treibt die Furcht aus«* (Vers 18). Die vollkommene Liebe Gottes erfüllt dich, sobald du verstehst, dass im neuen Bund die Gnade Gottes durch Jesus über dich und in dir herrscht.

In Römer 5,5 (siehe Anmerkung in der *Schlachter Bibel*) steht: *»Die Hoffnung aber enttäuscht uns nicht; denn die Liebe Gottes ist ausgegossen in unsere Herzen durch den Heiligen Geist, der uns gegeben worden ist«* (Vergangenheitsform!). Bete nicht für eine Ausgießung der Liebe Gottes. Sie wurde bereits ausgegossen und wird unaufhörlich weiter ausgegossen. Was uns daran hindert, die Liebe Gottes zu empfangen und zu erfahren, sind die verwundeten Bereiche in unseren Herzen und unser falsches Denken. Bitte Gott, dir diese Dinge aufzuzeigen, denn Gottes Liebe und deine Angst stehen sich feindlich gegenüber. Dort, wo deine Angst und Gottes Liebe aufeinandertreffen, ist der Punkt, an dem du dich entscheiden kannst, ob du in dem einen oder in dem anderen leben möchtest. Weiterhin in Angst zu verweilen bedeutet, das Wort vom Reich zu ersticken. **Immer mehr die Liebe Gottes zu deinem Zuhause zu machen, bedeutet, die Angst zu vertreiben, denn er kümmert sich als Papa um dich.**

Du kannst wählen – zwischen der Angst dieses Zeitalters oder dem Liebesmeer Gottes. Und manches können wir tatsächlich bewusst entscheiden, aber wahr ist auch, dass man letztendlich nicht wirklich das eine oder andere *wählt*. Vielmehr funktioniert es so: Was du düngst, wird sich ausbreiten, genau wie im Garten. Ängste, die du nährst, werden sich in dir ausbreiten. Das Wort Gottes, wenn du dich davon ernährst, wird sich ebenfalls ausbreiten. Was düngst du, wovon ernährst du dich? Das ist die eigentliche Frage. Wenn du zwei Stunden am Tag damit verbringst, dich von Angst zu ernähren, wird die Angst für dich entscheiden, was du glaubst. Wenn du aber durch das Wort der Gnade gestärkt bist, wird die Liebe des Vaters die Ängste vertreiben. Es ist nicht wirklich eine bewusste Wahl. Es geht eher darum, was du und ich in unsere Gedankenwelt hineingelangen lassen.

Es gibt Leute, die sagen: »Pastor, du bist verrückt, in der Welt passieren gerade Dinge, vor denen du sehr wohl Angst haben solltest.« Ich sage nicht, dass ich mich nie fürchte, aber ich kann dir sagen, dass es in mir eine zunehmende Sicherheit gibt, die vom Vater kommt und die mich darauf Folgendes antworten lässt: »Ich glaube nicht, dass ich der Verrückte hier bin! Ich glaube, du siehst nicht, was ich sehe. Hast du eine Ahnung, wie groß und wie liebevoll mein Vater ist? Hast du eine Vorstellung von seiner Liebe zu mir? Weißt du überhaupt, wer ich für Gott bin? Ich bin der geliebte

Sohn, an dem er Freude hat. Und genau das bist auch du für ihn.« Wenn du nicht denkst, dass dich das von anderen unterscheidet, dann ist es wahr, dass du dich nicht von anderen unterscheidest. Du hast nämlich das, was du glaubst. **Aber wenn du glaubst, dass du ausgesondert bist und dass Gott dir seine Liebe schenkt, dann wird sich seine Güte zeigen. Du wirst haben, und mehr wird dir gegeben werden, bis du im Überfluss hast.**

Was mich betrifft, bekomme ich die Zeitung nach Hause geliefert. Jeden Morgen wird sie uns zugestellt und ich überfliege dann die Schlagzeilen, um mich über das Weltgeschehen auf dem Laufenden zu halten. Aber so gut wie nie lese ich irgendwelche Angst verbreitenden Artikel. Ich sage nicht, dass es das ist, was auch du tun solltest. Ich verurteile dich keineswegs. Lass dich einfach vom Geist leiten. Ich rede nur davon, wie es mir, als Lehrer des Wortes, erging. Früher habe ich regelmäßig die Abendnachrichten angeschaut, jeden Morgen gründlich die Zeitung gelesen und dazu alle möglichen politischen Talkshows verfolgt. Ich tat das eine Zeit lang und fühlte eine Verschmutzung in meiner Seele, die ich nur schwer wieder loswerden konnte. Von wie vielen Morden, Vergewaltigungen und Sensationsprozessen muss man lesen, um zu wissen, dass Morde, Vergewaltigungen und Strafprozesse jeden Tag in jeder Stadt stattfinden? Ich würde viel lieber das Wort der Gnade in den Vordergrund rücken.

Ich möchte Prediger hören, die mich in der Liebe des Vaters bestärken. Ich möchte, dass die Liebe des Vaters jede Furcht austreibt. Ich höre meine eigenen Predigten! Ich weiß, dass ich Gottes Gnade in Jesus predige. Es stärkt mich. Und selbst wenn mir sonst niemand zuhörte, würde ich trotzdem zum Predigen raus auf meine Veranda gehen und über die Worte der Gnade staunen, die gelegentlich aus meinem Mund kommen. Ich denke, wenn Paulus den Brief, den er an die Epheser schrieb und an die Gemeinden schickte, hervorholen und nochmal durchlesen könnte, würde er sagen: »O Mann, ist das gut. Wow, das ist so gut! Vater, habe ich das geschrieben?« Er würde sich von Gottes gutem Wort ernähren!

Jeder hat mal Angst. Es gibt mehrere Bereiche in meinem Leben, in denen zuweilen Ängste aufkommen. Manchmal steigt Angst um meine Kinder in mir auf. Manchmal habe ich Angst um die Gemeinde. Manchmal empfinde ich Zukunftsängste. Es gibt zwei mögliche Reaktionen auf solche Ängste. Und die Reaktion, vor der Jesus uns warnt, ist die, die fast automatisch kommt. Denn wenn uns die Ängste dieses Zeitalters überkommen – Benzinpreise, Rente, ein anständiger Job, das nächste Gehalt –, suchen wir fast sofort nach einem Weg, Stabilität in die Situation zu bringen. Das ist ganz natürlich. **Aber wir wurden konditioniert, uns dabei auf das zu verlassen, was Jesus »den Betrug des Reichtums« nennt. Wir betrachten Geld als unseren Retter.**

Nun braucht ja jeder in unserer Gesellschaft Geld. Ohne geht es nicht. Und Geld ist wie ein Flaschengeist. Geld kann auf magische Weise in fast alles auf dieser Welt umgewandelt werden. Du kannst Geld in ein Auto oder ein Haus, in eine Mahlzeit oder in Kleidung, in Urlaub oder auch in einen Altersruhesitz (mit Golfclub) umwandeln. Geld hat etwas Magisches. Und Jesus sagt, dass mit dem Geld ein mächtiger Betrug einhergeht. Und dieser Betrug geschieht dann, wenn wir denken, dass Geld jede Furcht austreibt. Geld ist nicht der »Rausschmeißer« der Angst. Es ist nicht die Quelle der Kraft. Es ist nicht das magische Gegenmittel.

Aber es fällt uns schwer, das zu glauben, denn wir sehen, wie »mehr Geld« das Leben einfacher und angenehmer machen kann. Und Geld macht das Leben tatsächlich angenehmer. Ich hatte Zeiten, in denen ich Geld hatte, und Zeiten, in denen ich keines hatte. Geld zu haben, ist sehr viel besser. Das Problem entsteht nur, wenn wir Geld als unsere Rettung betrachten, als unsere Quelle der Hoffnung, als das, was unserer unsicheren Welt Stabilität verleiht und unsere Ängste vertreibt.

Nein, Gottes Liebe tut das. Doch die Angst dieser Zeit (in der du lebst) verbindet sich mit dem Betrug des Reichtums, und die Angst klammert sich am Geld als vermeintlichem Gegenmittel fest. Und das erstickt das Wort vom Reich, nämlich »Christus in dir, die Hoffnung deiner Herrlichkeit«. Weil dir rund um die Uhr völlig vergeben ist, weil du vollkommen geliebt und gänzlich angenommen bist (auch wenn du gerade sündigst), kannst du dich dem Vater am Tisch deines Lebens gegenübersetzen und er wird sich freuen, dich zu sehen. Er wird seine Liebe in dich hineingießen und dich daran erinnern, wer du bist und welches dein Erbe ist. Er wird dich daran erinnern, wie gut er zu seinen Kindern ist und dass du ihm die Angst, die in deinem Herzen aufgestiegen ist, anvertrauen kannst. **Gott hat Frieden mit dir. Sieh ihn in diesem Frieden. Sieh, wie entspannt er wegen deiner Kinder ist. Sieh hin! Sieh nur, wie gelassen er angesichts deiner Miete ist. Sieh nur, wie unbesorgt er wegen deiner Rente bleibt. Spüre dabei auch seine Liebe. Und jetzt lass diese Liebe alle Angst vertreiben.**

Jeder Mensch erlebt Angst. Wir alle machen diese Erfahrung, aber sie ist nichts, worin wir uns häuslich einrichten sollten. Angst ist eine sensorische Emotion, die du als Wegweiser zurück zu Gott benutzen kannst. Neben der Hinwendung zum Geld gibt es einen zweiten Weg, den Gläubige als Reaktion auf die Dornen des Lebens beschreiten können.

Mir gefällt, wie unsere Kinderpastorin es formuliert. Sie sagt, in den Händen gibt es Sensoren. Und wenn du deine Hand auf eine glühend heiße Herdplatte legst, wirst du ein unangenehmes Gefühl empfinden, das Schmerz genannt wird. Der Schmerz sagt deinem Gehirn, dass mit dieser Hand hier etwas nicht stimmt. Den Zusammenhang solltest du möglichst sofort kapieren. Blitzschnell trifft unser Gehirn eine Entscheidung, die auf dem unangenehmen Schmerzgefühl basiert, und unsere Hand zuckt von der heißen Herdplatte weg. Jetzt übertrage das hierauf. Die Angst, die du in deinem Leben verspürst, die unweigerlich in dir hochsteigt, ist ein Sensor, der dir sagen sollte, dass etwas nicht stimmt. Wenn Gottes vollkommene Liebe zu mir alle Furcht austreibt, warum habe ich dann in diesem Bereich Angst? Dein Gehirn sollte dir sagen, dass du jetzt zu Gott gehen und herausfinden solltest, warum du Schwierigkeiten hast, ihm in diesem speziellen Bereich zu vertrauen. Es ist auch eine gute Gelegenheit, Gott diesen Teil deines Lebens in seiner Liebe waschen zu lassen, damit die Angst vertrieben wird.

Dort, wo sich die Angst in unserem Leben sehr hartnäckig hält, liegen meist starke Verletzungen vor. Diese tiefen Wunden haben zu großem Schmerz und Unsicherheiten geführt. Aber nichts ist wunderbarer und befreiender, als den Heiligen Geist zu bitten, dir diese Bereiche zu zeigen, in denen du noch aus deiner Verwundung heraus lebst. Der Heilige Geist wird dir tiefgründige Dinge zeigen. Sprüche 16,3 (AMP) besagt: *»Wälzt eure Werke auf den Herrn [übergebt und vertraut sie ihm ganz und gar an;* ***er wird eure Gedanken in Einklang mit seinem Willen bringen****], so werden eure Pläne sicher gegründet und erfolgreich sein.«* Wenn du deine Augen auf den Heiligen Geist richtest, wird er dir ein Bild, eine Bibelstelle oder einen Eindruck geben und dich damit zurück in den Frieden bringen. Während das geschieht, ist es einfach so absolut wohltuend, dich von Gott ins Bad seiner vollkommenen Liebe und Annahme tauchen zu lassen.

Er verurteilt nicht. Seine Liebe wird dich heilen. Deine Ängste mögen zwar der Ort sein, an dem sich deine Verwundungen ausdrücken. Aber du musst dort nicht wohnen bleiben. Lebe in Papas Liebe. Das ist es, was Jesus dir erkauft hat.

Denn in der Nacht, in der er festgenommen wurde, stand dein Retter dort vor den römischen Wachen und ließ sich von ihnen den Fluch dieser Welt auf seinen Kopf pressen, jene *Dornenkrone*, die sämtliche Sorgen und Ängste symbolisierte. Die Dornen deiner Sorgen, die dein Gedankenleben plagen. Er hat sie von dir genommen. Sie wurden ihm in den Schädel gedrückt und umschlossen seinen Kopf von allen Seiten. Diese Angst, die du scheinbar nicht loswerden kannst – auch die hat er von dir genommen und sie zum Kreuz getragen. Nimm sie bloß nicht wieder an dich! Nimm stattdessen sein Geschenk an. Mach dir bewusst, dass die Sorgen und Ängste, um die deine Gedanken kreisen, bei ihm gut aufgehoben sind. Die Welt trägt noch immer Dornen. Um dich herum steigen immer noch Ängste auf. Doch lebe nicht in ihnen. Vertraue darauf, dass diese Not, dieses Bedürfnis, der Aufmerksamkeit des Vaters nicht entgangen ist. Diese Sache, die dir Sorge bereitet – glaube gemeinsam mit mir, dass Gott größer ist als sie und dass es eine Lösung gibt. Glaube, dass er deine Angst sieht und trotzdem voller Ruhe ist. Du kannst in seine Ruhe kommen.

Kapitel 3

DAS GLEICHNIS VOM SÄMANN

Teil 3

Und er redete zu ihnen vieles in Gleichnissen und sprach: Siehe, der Sämann ging aus, um zu säen. Und als er säte, fiel etliches an den Weg, und die Vögel kamen und fraßen es auf. Anderes aber fiel auf den felsigen Boden, wo es nicht viel Erde hatte; und es ging sogleich auf, weil es keine tiefe Erde hatte. Als aber die Sonne aufging, wurde es verbrannt, und weil es keine Wurzel hatte, verdorrte es. Anderes aber fiel unter die Dornen; und die Dornen wuchsen auf und erstickten es. Anderes aber fiel auf das gute Erdreich und brachte Frucht, etliches hundertfältig, etliches sechzigfältig und etliches dreißigfältig. Wer Ohren hat zu hören, der höre! — Matthäus 13,3–9

Dieses Gleichnis vom Sämann ist zentral für die Lehren Christi und zentral für deinen Lebenszweck auf dieser Erde. Ich möchte den am Anfang erwähnten felsigen Boden mit dem fruchtbaren Boden am Ende des Gleichnisses verknüpfen. Und ich möchte zur ultimativen Frage deines Lebens kommen. *Warum gibt es dich, und was macht ein gut geführtes Leben aus?* Das ist der Kernpunkt dieses Gleichnisses.

Dies ist Jesu ursprüngliche Aussage über den Samen auf felsigem Boden (Verse 5–6): »*Anderes aber fiel auf den felsigen Boden, wo es nicht viel Erde hatte; und es ging sogleich auf, weil es keine tiefe Erde hatte. Als aber die Sonne aufging, wurde es verbrannt, und weil es keine Wurzel hatte, verdorrte es.«*

So hat er es ursprünglich gesagt. Gehen wir zu den Versen 20 und 21 (EÜ), in denen Jesus seine eigenen Worte deutet: *»Auf felsigen Boden ist der Samen bei dem gefallen, der das Wort hört und sofort freudig aufnimmt; er hat aber keine Wurzeln, sondern ist unbeständig; sobald er um des Wortes willen bedrängt oder verfolgt wird, kommt er sofort zu Fall.«* Jesus beschreibt hier einen Menschen, der das Wort vom Reich hört. **Beachte, dass das Wort vom Reich immer »gehört« wird. So gelangt es in unsere Herzen.** Es kommt von außen, wenn jemand es zu uns spricht. Und dieser Mensch nimmt es mit Freude an. Er hört, dass er in Jesus Christus völlig geliebt und mit Gott versöhnt ist, und er glaubt es und empfängt es freudig. Mit anderen Worten, er freut sich über diesen neuen und lebendigen Weg der Gemeinschaft mit Gott, den *Weg der Gnade*, für den Gott selbst gesorgt hat. Und der Heilige Geist bezeugt in diesem Menschen, dass dies wahr ist, und er kommt in einen Zustand des Glaubens, der ihn mit Freude erfüllt.

Du erinnerst dich an den Moment, als es dir so ergangen ist. Wir waren erschöpft von unseren Werken, mit denen wir Gott zu gefallen versuchten, und ausgelaugt, weil wir uns nie gut genug fühlten. Wir trugen die Last der Verurteilung auf uns. Wir fühlten uns verdammt und schuldbewusst; wir hatten das Gefühl, von Gott wegen unserer Vergehen dauernd »schuldig« gesprochen zu werden, also strengten wir uns noch mehr an. Doch dann hörten wir durch eine Person oder durch ein Buch das wahre Evangelium von Jesus Christus in seiner vollen Kraft; dass Gott uns in Christus gerichtet hat und dass Gottes Urteil über uns für immer gültig ist. Und sein Urteil über uns lautet »nicht schuldig«! Wir hörten all das, und der Himmel schien sich zu öffnen, als wären wir nochmals von neuem geboren worden. Was für eine Freude!

Aber Jesus sagt, wenn eine Person zum ersten Mal von der wahren Gnade Christi erfährt, gerät sie in einen verwundbaren Zustand. Denn wenn man die wahre Botschaft der Gnade hört, hat man plötzlich eine neue Bibel. Bevor wir die Gnade verstanden haben, lasen wir das Neue Testament wie durch den Filter, durch die Brille unseres Verständnisses vom alten Bund. Wenn man das Neue Testament dann endlich durch die Brille des neuen Bundes liest, stellt das alles auf den Kopf. Die Bibel wird zu einem lebendigen Buch, das uns Leben schenkt.

Aber Menschen, die gerade erst anfangen, die Botschaft zu verstehen, hatten noch keine Zeit, die Offenbarung der Bibel neu zu sichten. Und vielleicht erleben sie heftige Ablehnung und Verfolgung durch religiöse Menschen, deren Beziehung zu Gott immer noch von ihrer Leistung abhängt. Religiöse Menschen können sich sehr ereifern. Sie pochen steif und fest auf ihr Recht, zur Hölle zu fahren, wenn sie ihr Leben in den Sand setzen. Und sie lassen es sich nicht nehmen, dir zu sagen, dass du auch als Gläubiger nicht vor der Hölle sicher bist, wenn du nicht alles richtig machst. »Diese Geschichte mit der Gnade ist in Ordnung, solange du damit nicht zu weit gehst.« Hör zu, Jesus ist mit der Gnade zu weit gegangen. Oder um es richtig auszudrücken: **Er trug die Gnade den ganzen Weg bis hin an den Ort deines schlimmsten Versagens.** Wo das Ausmaß der Sünde größer wurde, ist die Gnade noch größer geworden – grenzenlos groß. Er hat dich aufgefangen, Freund. Und er lässt dich nicht wieder los.

Aber ich garantiere dir, wenn du diese Botschaft verstehst, wirst du mit dem rechnen müssen, was Jesus »Bedrängung und Verfolgung« nannte. Welche Art von Bedrängung und Verfolgung? Vers 21: *»Bedrängung und Verfolgung um des Wortes willen«*. Welches Wort? Das Wort vom Reich, das Wort der Gnade, das reine Wort Jesu. Jesus beschreibt eine Person, die auf Widerstand stößt,

weil sie seine Botschaft der Gnade auf ihrem Leben angenommen hat. Diese Botschaft macht religiöse Menschen, die nach dem Gesetz handeln, wütend. Sie wollen, dass du genauso unglücklich bist wie sie. Sie wollen, dass du genauso furchterfüllt bist wie sie. Und sie werden alles daransetzen, um dir wortwörtlich wieder »Gottesfurcht« beizubringen. All das, obwohl doch der neue Bund in Jesus den Menschen zu verstehen hilft, dass der Vater Liebe ist und dass seine Liebe, wenn wir sie denn endlich verstehen, alle Furcht vertreibt!

Viele Gläubige, die Jesus vertrauen, verstehen den neuen Bund nicht und befördern so die Angst in der Gemeinde Christi. **Wenn du eine Prophetie liest oder hörst, die Ängste in dir schürt, dann ist sie nicht vom Heiligen Geist.** Es gibt Prophetien darüber, dass die USA gerichtet werden und dass der sichere Untergang bevorsteht, und so wird im Namen Jesu Angst verbreitet – »Wir sollten besser unser Haus in Ordnung bringen und wenn wir uns demütigen, *dann* wird Gott von seinem Zorn ablassen.« Hör zu, das kommt direkt aus dem alten Bund. Unter dem alten Bund bekommst du alles heimgezahlt, was du getan hast. Unter dem alten Bund solltest du dich tatsächlich fürchten, denn was du bekommst, basiert auf dem, was du leistest, und deine Leistung ist, rein menschlich gesehen, einfach nur mies.

Der neue Bund in Jesus ist nicht so. Der neue Bund baut nicht auf Warnungen, sondern **er stützt sich auf Zusagen**. Gott hält die Leiter der Kirche nicht dazu an, seinem Volk Angst zu machen. Er sagt nicht: »Sorgt dafür, dass ihnen vor Furcht die Knie zittern.« Die Anweisung Jesu an seine Leiter lautet: »Weidet meine Schafe.« Er sagt: »Gebt meinem Volk Trost; tröstet die Menschen« und »Stärkt wankende Knie«. Angesichts einer Welt im Chaos: »Stärkt die schwachen und kraftlosen Knie!« Bei Gott bist du sicher. Er ist deine Hoffnung. Sieh Jesus an, deinen Retter und Erlöser!

Jesus sagte, dass diejenigen, die nicht in dieser Botschaft der Gnade verwurzelt sind und dann wegen des Wortes vom Reich Bedrängung und Verfolgung erleiden, in einem verwundbaren Zustand sind; wenn die Wurzel nicht stark ist, werden diese Menschen straucheln. Vers 22: »*Sobald er um des Wortes willen bedrängt oder verfolgt wird, kommt er sofort zu Fall.*« **Aber aufgepasst: Es ist nicht so, dass sie nicht mehr gerettet werden und in die Hölle kommen.** Dieses Straucheln ist nichts anderes als ein Rückfall in das Schema, Gott durch Leistung gefallen zu wollen. Solche Menschen versuchen, die Gnade auszuleben, und stolpern dabei. Das griechische Wort hier ist *skandalizo*; dem entstammt unser deutsches Wort »skandalisieren« oder auch »Anstoß nehmen«. Sie empören sich oder nehmen wieder Anstoß am Wort der Gnade und führen ihr Leben nicht mehr aus der Gnade, die sie in Jesus haben. Sie sind dazu zurückgekehrt, ihre eigene Frucht hervorzubringen und ihre Gerechtigkeit selbst bewirken zu wollen. Und das – nicht die Sünde – ist gemeint mit »aus der Gnade fallen«.

Eine Frau, die ich schon seit Langem kenne, kam vor einiger Zeit zu einem der Gottesdienste in meiner Gemeinde. Sie hörte dort die Botschaft der Gnade, wie sie sie noch nie zuvor gehört hatte. Als sie nach dem Gottesdienst auf mich zukam, leuchtete sie förmlich und sprudelte über vor Freude. Sie sagte: »Ich fühle mich, als wären gerade drei Tonnen Gewicht von meinem Körper genommen worden.« Ich habe mich so für sie gefreut. Wir gaben ihr ein Buch zum Lesen und CDs zum Hören mit, um das Wort vom Reich zu stärken, das in ihr gerade zum Keimen gekommen war. Sie sagte: »Ich kann es kaum erwarten, meiner Familie davon zu erzählen. Ich komme nächste Woche wieder hierher. Ich habe das Gefühl, dass ich endlich den Weg nach Hause zu Gott gefunden habe.«

Ich sage dir, was passiert ist. Sie kehrte zu einer Familie zurück, die fest in einer bestimmten Denomination verwurzelt war, die die wahre Botschaft von der Gnade in Jesus nicht ertragen kann. Es ist acht Monate her, seit ich sie gesehen habe, und vielleicht sehe ich sie nie wieder. Durch das Wort vom Reich kam es zu Verfolgung, und sofort (sagt Jesus) geriet sie ins Straucheln. Und was passiert dann? Es gibt keine Frucht, die in ihrem Leben hervorgebracht wird.

Erinnere dich, was Jesus als die Frucht bezeichnet hat; die Frucht ist das, was aus dem Geheimnis vom Reich fließt, also Christus in dir. Wenn du das Geheimnis von »Christus in dir« hörst und es verstehst, dann bist du einer, der hat und dem mehr gegeben wird, bis zum Überfluss. Überfluss an was? An allem, was Jesus besitzt. Vollkommene Liebe, erstaunlicher Friede, große Freude und alles, was für ein gottgemäßes Leben notwendig ist – echtes Leben, so wie es Gott wirklich entspricht.

Das trifft den Kern der Frage, warum du hier bist. Was ist deine Bestimmung? Einige Leute haben dieses Gleichnis gelesen und es zu einem gemacht, das zum Handeln auffordert. Dein Lebenszweck ist es, für Gott etwas zu »tun«, sagen sie. Du seist dazu bestimmt, Frucht zu tragen. Und die Frucht, die sie von dir hervorgebracht sehen wollen, ist die Frucht des Dienstes. Diese Leute werden Dinge sagen wie: »Hey, sieh mal zu, dass du da rausgehst und ein paar Seelen für Jesus gewinnst. Wenn du wirklich gläubig wärst, würdest du von Tür zu Tür gehen und Traktate verteilen. Wenn es dir mit deinem Glauben ernst wäre, würdest du den Zehnten geben. Wenn du es ernst meintest, würdest du das Bier hier wegstellen!« Für sie dreht sich in diesem Gleichnis sofort wieder alles darum, dass du etwas *tust*.

Aber so ist es nicht. Deine Aufgabe besteht nicht darin, Frucht hervorzubringen. Das ist nicht dein Auftrag und es ist auch nicht das, was du als Zweck deines Lebens im Auge haben solltest. Die Frucht, die hier hervorgebracht wird, hat ihren Ursprung im Reich Gottes und entsteht aus dem Samen in dir, also aus Jesus. Es ist seine Frucht. Es ist die Frucht des Geistes. Du bringst sie nicht hervor; der Geist bringt sie in dir und durch dich hervor.

Wenn irgendein Gläubiger dir sagt, dass du da rausgehen und dies oder jenes für das Reich Gottes tun sollst, dann rate ich dir dazu, diese Aufforderung sorgfältig zu prüfen und abzuwägen. Vielleicht bist du für den betreffenden Dienst ja gar nicht begnadet. Paulus sagt, dass nicht alle Lehrer sind. Nicht alle sind Propheten. Es gibt eine Begnadung für den Dienst, die wie die Frucht eines Baumes ist. Apfelbäume tragen Äpfel und so weiter. Es kommt ganz von selbst. Und es bereitet dir Freude. Und wenn du dann tust, wozu du bestimmt bist, werden andere es betrachten und darüber erstaunt sein. Sie werden sich fragen, wie du das machst.

Du tust es, weil du dafür begnadet bist. Es ist keine Last für dich. Hör gut zu: Wenn sich ein Dienst wie Arbeit und wie eine Last anfühlt, solltest du ihn nicht tun. Ich glaube, jeder ist zu irgendeinem Dienst begnadet, und du brauchst ganz sicher nicht mich, damit ich dir sage, wie dieser letztendlich aussehen wird. Der Heilige Geist wird es in dein Herz legen und du wirst Freude daran haben. **Und ja, manchmal wird dieser Dienst harte Arbeit bedeuten, aber die Freude und die Liebe, die du erlebst, lassen ihn nicht wie Arbeit erscheinen.** Wenn es dir nur wie Arbeit vorkommt, stimmt etwas nicht.

Beschränke aber die Frucht, von der Jesus in diesem Gleichnis spricht, nicht auf einen formalen Dienst und die Ergebnisse eines solchen. Das ist ein winziger Teil des Ganzen. Die Frucht umfasst alles, was aus dem Geheimnis vom Reich fließt: Christus in dir, deine Hoffnung der Herrlichkeit. Hör nur auf, dich auf die Frucht zu konzentrieren. Sie ist nicht das, worauf du abzielst. Das ist die Aufgabe des Geistes. Was ist dein Auftrag? Lass es mich so sagen: Worum geht es in deinem Leben? Worauf soll dein Fokus liegen? Denn wenn du weißt, was Gottes Erwartung an dich ist, dann kannst du (am Ende deines Lebens) sicher sein, dass du ein gutes Leben geführt hast. Wenn du weißt, was er von dir erwartet, und du dieses Ziel auch erreichst, dann wirst du am Ende deiner Tage auf diesem Planeten angesichts deines erfüllten Lebens Zufriedenheit empfinden.

Ich werde das auf verschiedene Weise sagen, aber gemeint ist immer dasselbe. **Der Zweck und das Ziel deines Lebens bestehen darin, das Wort vom Reich zu hören und zu glauben.** Der Zweck und das Ziel, ich meine das Endziel, das, was du in deinem Leben letztendlich anstrebst, ist **das Geheimnis vom Reich – Christus in dir – zu hören und zu glauben**. Das Ziel deines Lebens soll es sein, die Realität zu erfassen, dass Jesus sich in dir niedergelassen hat – in deinem Körper, in deinem Geist. Gott ist in dir. Der Samen, das Wort vom Reich, das Wort, das aus dem Mund Gottes kommt, Jesus, ist in dich hineingepflanzt worden. Und die Auswirkungen, die das hat, gehen in die Tausende. **Aber deine Lebensreise, der eigentliche Zweck deines Lebens besteht darin, diese eine Realität zu erkennen und anzunehmen: Gott ist in dir und er ist völlig entspannt und du darfst Gemeinschaft mit ihm haben.**

Die Bibel sagt, dass der Herr nicht in einem Haus wohnt, das von Händen erbaut ist. In Jesaja 66,1–2 steht: »*So spricht der HERR: Der Himmel ist mein Thron und die Erde der Schemel für meine Füße! Was für ein Haus wollt ihr mir denn bauen? Oder wo ist der Ort, an dem ich ruhen soll? Denn dies alles hat meine Hand gemacht, und so ist dies alles geworden, spricht der HERR. Ich will aber den ansehen, der demütig und zerbrochenen Geistes ist und der zittert vor meinem Wort.*« Gott sagt: »Wollt ihr mir ein Haus bauen?« Er nennt es den Ort, an dem er ruhen kann. »Wo ist der Ort, an dem ich ruhen kann?«, sagt der Herr. »Ich habe kein Haus, das ihr mir bauen könntet. Der Himmel ist mein Thron und die Erde ist mein Fußschemel.«

Gott sagt damit nicht, dass er müde wird und dann einen Platz zum Ausruhen braucht. Man könnte »ruhen« auch durch »bequem machen« ersetzen. Wo ist der Ort der Entspannung und Behaglichkeit? Zu Hause ist es an kalten Tagen eine meiner Lieblingsbeschäftigungen, meinen Sessel vor den Wohnzimmerkamin zu rücken, ein paar Holzscheite ins Feuer zu werfen, meine Bibel zu öffnen und Zeit mit dem Vater zu verbringen. Das Feuer mit seiner Wärme und seinem Geruch, die Bequemlichkeit des Sessels und die Gegenwart Gottes machen das Ganze zu einem Refugium. Zu einem Ort der Zuflucht, des Trostes und der Entspannung. Welch ein Frieden! Welche Freude! Aber Gott sagt: »Wo ist der Ort *meiner* Ruhe?«

Als Gott Himmel und Erde machte und all diese verschiedenen Dinge schuf – das Universum mit seinen Sternen und Monden, das Himmelsgewölbe, Wasser, Pflanzen und Tiere –, fand er, wie du dich vielleicht entsinnst, keinen Ort der Ruhe für sich selbst. Er hörte nicht auf, Dinge zu erschaffen, *bis er schließlich die Menschen erschuf.* Als er sie erschuf, fand er endlich den geeigneten Ort, um zu ruhen. Als er die Menschen erschaffen hatte, hauchte er ihnen seinen Geist ein und unmittelbar darauf folgend *ruhte er.* Sobald Gott den Menschen erschaffen hatte, ruhte er. Du, Bruder, du, Schwester, *du* bist Gottes Eden. ***Du* bist Gottes Himmel. *Du* bist sein Wohlfühlort.** Als Gott Himmel und Erde erschuf, war ihm die ganze Herrlichkeit des Himmels nicht gut genug. Aber als er dich nach seinem Ebenbild geschaffen hatte, hauchte er seinen Geist in dich. Und als er das getan hatte, wusste er sofort, dass er seinen Sessel vor das wärmende Feuer gerückt und Entspannung gefunden hatte; seinen Ort der Behaglichkeit und Ruhe, einen Ort, der sich als Heiligtum eignete. Er fand sein eigenes Zuhause. Und das ist es, was du bist!

Jesus ist gekommen, um genau das wiederherzustellen. Der Samen des Reiches ist Gott selbst in Jesus. Er ist in dich hineingepflanzt. Und der Zweck deines Lebens ist der, ihn heimisch und in vollkommener Ruhe in dir zu sehen und selbst in seine Ruhe zu kommen. Das ist es. Der Rest deines Lebens wird daraus entspringen. Fixiere dich nicht auf den Dienst, konzentriere dich nicht darauf, was du tust oder nicht tust. Lass dich nicht von belanglosen Nebensachen ablenken, von den Ängsten, die zu deinen Füßen wachsen oder von Menschen, die versuchen, dich mit Schuld zu beladen. Hör nicht hin, wenn du mit Botschaften bombardiert wirst, die dir sagen: »So sieht ein erfolgreiches Leben aus – du musst ordentlich Geld verdienen, du brauchst die perfekte Familie, du musst im richtigen Stadtviertel wohnen.« Selbst dann nicht, wenn es im Namen der Gnade geschieht – »Du bist in der Gnade, also solltest du reich sein; du bist in der Gnade, also solltest du geheilt sein.« Und die Leute laufen umher und suchen immer noch nach der einen Sache, die fehlt und die ihr Haus in Ordnung bringt und sie den Erfolg finden lässt, den alle anderen zu haben scheinen, nur sie nicht. Hör damit auf!

Sohn Adams, Tochter Evas, wende deinen Blick von all dem ab. Es gibt etwas viel Spannenderes und Wichtigeres in deinem Leben. **Gott hat seine Heimat in dir gefunden! Und er liebt es dort!** Nicht nur dann, wenn du alles richtig machst. Er liebt sein Zuhause zu jeder Zeit. Er freut sich jede Minute, in dir zu sein. Er ist dort in vollkommener Ruhe. Die Bibel sagt, dass man »in seine Ruhe eintreten« soll; sie sagt nicht, dass man die eigene Ruhe durch Dinge finden soll, die man erfolgreich zu bewältigen versucht.

Hör gut zu, hier ist mein Rat an dich. Versuche nicht länger, einen Tempel zu bauen, in dem Gott wohnen kann. Hör auf, einen Tempel des *Erfolgs* bauen zu wollen, in dem Gott wohnen kann. Es läuft nicht so: »Oh, ich werde diesen Gebetstempel bauen und durch mein Beten wirst du dann einen angemessenen Ort haben, an dem du verweilen kannst.« Auch nicht so: »Gott, ich werde den

Zehnten geben, und dann kommst du und lebst in meinem Erfolg, du lebst in meinem Opfertempel, und wir können beide unseren Frieden finden.« Genauso wenig so: »Gott, ich werde diese Gemeinde bauen, und wenn diese Gemeinde gebaut ist, dann kannst du kommen und in diesem Haus Gottes leben.« Nein.

Gott wohnt nicht in Tempeln, die von Händen gemacht sind; er wohnt nicht in den Tempeln, die wir für ihn errichten. Er selbst hat sich seinen Tempel gebaut. Und der ist von Natur aus perfekt auf seinen Bewohner zugeschnitten. Es ist wie beim Samen, der seinen naturgemäßen Lebensraum im Boden findet. Der Boden war für das Samenkorn bestimmt. Du bist dazu bestimmt, von Gott bewohnt zu werden. Und wenn eine Person glaubt, was Jesus getan hat, wenn sie glaubt, dass er sie mit Gott versöhnt hat, dass ihr für immer vergeben ist und er sie in alle Ewigkeit liebt, dann tritt Gott selbst ein und wohnt in diesem Menschen. Und er findet seine Ruhe in ihm. Sieh, wie er ruht. Und tritt in diese Ruhe ein. Das ist der Sinn deines Lebens. **Du bist das Haus Gottes!**

Daraus folgt alles andere. Aber du bist nicht derjenige, der es herbeiführt. Behalte vielmehr diese Realität im Blick: Christus in dir. Er ist deine Herrlichkeit. Für dich selbst wird es offenkundig sein, dass du einen Hausgast in dir hast. Wenn ein Haus leer ist, ändert sich, sooft man hineingeht, nichts; alles bleibt einfach immer gleich. Aber wenn jemand in diesem Haus lebt, sieht man die Beweise dafür. Das Bett zeigt, dass jemand darin geschlafen hat, das Licht im Wohnzimmer ist an und in der Küche läuft der Kaffee durch die Maschine. Das ist die Frucht. Aber sie ist nicht das, was im Mittelpunkt steht. Das Hauptaugenmerk liegt auf dem Hausgast. Wenn Jesus in dich einzieht, fängst du an, die Wirkung deines Hausgastes zu bemerken. Er macht alles. Deine Aufgabe ist es, ihn einfach als eine Realität in dich aufzunehmen.

Mein Freund, diese Offenbarung birgt endlose Tiefen. Der Ozean Gottes, der in dir ist und in dem du jeden Tag schwimmst, ist unerschöpflich, was seine Erfahrbarkeit angeht. Alles andere wäre, als würden wir ins Wasser springen und beim Herauskommen sagen: »Jetzt habe ich die Liebe Gottes zu mir erfahren.« Doch wenn du dich umdrehst, könntest du sehen, dass du in einen ganzen Ozean hineingesprungen bist, aber alles, was du tatsächlich wahrgenommen und erlebt hast, war das Wasser, das dich in diesem Moment sofort umschloss. Aber es wartet noch ein endloses Meer darauf, voller Genuss von dir entdeckt zu werden. Gott ruht in dir. Du trittst in seine Ruhe ein und hast einfach deine Freude an ihm. Und das, mein Freund, ist ein gut gelebtes Leben. Was auch immer dabei herauskommt, es kann nur gut sein.

Kapitel 4

DAS GLEICHNIS VOM UNKRAUT IM WEIZEN

Teil 1

Ein anderes Gleichnis legte er ihnen vor und sprach: Das Reich der Himmel gleicht einem Menschen, der guten Samen auf seinen Acker säte. Während aber die Leute schliefen, kam sein Feind und säte Unkraut mitten unter den Weizen und ging davon. Als nun die Saat wuchs und Frucht ansetzte, da zeigte sich auch das Unkraut. Und die Knechte des Hausherrn traten herzu und sprachen zu ihm: Herr, hast du nicht guten Samen in deinen Acker gesät? Woher hat er denn das Unkraut? Er aber sprach zu ihnen: Das hat der Feind getan! Da sagten die Knechte zu ihm: Willst du nun, dass wir hingehen und es zusammenlesen? Er aber sprach: Nein!, damit ihr nicht beim Zusammenlesen des Unkrauts zugleich mit ihm den Weizen ausreißt. Lasst beides miteinander wachsen bis zur Ernte, und zur Zeit der Ernte will ich den Schnittern sagen: Lest zuerst das Unkraut zusammen und bindet es in Bündel, dass man es verbrenne; den Weizen aber sammelt in meine Scheune! — Matthäus 13,24–30

Da entließ Jesus die Volksmenge und ging in das Haus. Und seine Jünger traten zu ihm und sprachen: Erkläre uns das Gleichnis vom Unkraut auf dem Acker! Und er antwortete und sprach zu ihnen: Der den guten Samen sät, ist der Sohn des Menschen.

Der Acker ist die Welt; der gute Same sind die Kinder des Reichs; das Unkraut aber sind die Kinder des Bösen. Der Feind, der es sät, ist der Teufel; die Ernte ist das Ende der Weltzeit; die Schnitter sind die Engel. Gleichwie man nun das Unkraut sammelt und mit Feuer verbrennt, so wird es sein am Ende dieser Weltzeit. Der Sohn des Menschen wird seine Engel aussenden, und sie werden alle Ärgernisse und die Gesetzlosigkeit verüben aus seinem Reich sammeln und werden sie in den Feuerofen werfen; dort wird das Heulen und das Zähneknirschen sein. Dann werden die Gerechten leuchten wie die Sonne im Reich ihres Vaters. Wer Ohren hat zu hören, der höre! — Matthäus 13,36–43

Was das Gleichnis vom Unkraut im Weizen und das Gleichnis vom Sämann verbindet, sind die Worte »*Wer Ohren hat zu hören, der höre*« (Matthäus 13,9 und Matthäus 13,43). Jesus hat seinen Jüngern damit den Schlüssel zur Auslegung aller seiner Gleichnisse gegeben. Und wenn man das Konzept dahinter begreift, dann ist man in der Lage, jedes seiner Gleichnisse zu verstehen. Wenn du die Ohren hast, um die Unterscheidung zu hören, die Jesus hier macht, dann wirst du hören (du wirst verstehen). Und das, was Jesus im Gleichnis vom Sämann so deutlich unterscheidet, ist der Samen, den Jesus sät und den er als Wort vom Reich bezeichnet, das aus dem Mund Gottes kommt, und zwar vom im völligen Widerspruch dazu stehenden Wort, das aus dieser Welt hervorgeht.

Das Wort, das aus dem Mund Gottes kommt, ist Jesus und seine Gnade, die dazu führt, dass du gerecht gemacht wirst und die Gerechtigkeit Gottes als Geschenk empfängst. In 2. Korinther 5,21 heißt es: »*Denn er hat den, der von keiner Sünde wusste, für uns zur Sünde gemacht, damit wir in ihm [zur] Gerechtigkeit Gottes würden.*« Wie ist Jesus, der von keiner Sünde wusste, zur Sünde geworden? Ist er hingegangen und hat in deinem Namen sündhafte Dinge getan? Nein und nochmals nein! *Er war ohne Sünde.* Dies war ein Bund, der von Gott geschlossen wurde. *Jesus empfing deine Sünde durch Glauben.*

Auf die gleiche Weise, wie du die Gerechtigkeit Gottes empfangen hast, **hat Jesus deine Sünde empfangen. Er empfing sie, ohne selbst gesündigt zu haben. Du wiederum empfingst seine Gerechtigkeit, ohne dich gerecht verhalten zu haben. Du hast die Gerechtigkeit Gottes durch Glauben empfangen.** Das ist das Wort, das vom Himmel herabkam. Du bist für immer vollkommen gemacht worden (siehe Hebr 10,14). Das ist es, was Jesus dir erkauft hat. Er hat dir seine Gerechtigkeit geschenkt, ohne dass du dementsprechend richtig leben musstest. Gleicherweise hat Jesus deine Sünde auf sich genommen, ohne selbst sündhaft zu sein.

Er wurde zu deiner Sünde und nahm in sein Fleisch, in seinen Sinn und in seinen Geist die Strafe für deinen Ungehorsam auf. Und so, wie er aufgrund von Sünde die Strafe für deinen Ungehorsam empfangen hat, darfst du aufgrund der dir geschenkten Gerechtigkeit Segnungen (in Geist, Sinn und Fleisch) empfangen. Darauf hast du Anspruch. Es gibt ein Bezugsberechtigungsprogramm im Reich Gottes! Und bezahlt ist es auch bereits, aber nicht von irgendwelchen Steuerzahlern; es wird vollständig durch das Werk Jesu finanziert. Du bist für immer der gerechte Sohn, die gerechte Tochter Gottes. Und weil du durch den Glauben für immer sein gerechtes Kind bist, freut er sich über dich und hast du Anspruch darauf, das Reich deines Vaters zu erben.

Dieses Evangelium der Gnade ist die Kraft Gottes zur Errettung. Es ist die Kraft Gottes zur Gerechtigkeit. Es ist die Kraft Gottes zur Heilung. Es ist die Kraft Gottes zur Freude. Es ist die Kraft Gottes zum Frieden. Es ist die Kraft Gottes zum Wohlstand. Ja, Gott will dich erfolgreich sein lassen. Wie sonst kannst du ein Segen für andere sein, was ihre materiellen Bedürfnisse angeht? Doch nur dann, wenn du mehr hast, als du für deine eigenen materiellen Bedürfnisse brauchst. Mehr zu haben, als man für sich selbst benötigt, bedeutet, wohlhabend zu sein. Wenn du mehr hast, als du für deine eigenen materiellen Bedürfnisse brauchst, geht es dir finanziell gut!

Wenn du schon mal in einem Dritte-Welt-Land gewesen wärst und die Slums gesehen hättest, wüsstest du, dass Armut kein Segen ist. Armut ist Teil des Fluches. Kinder, die Hunger leiden – auch das ist ein Teil des Fluches. Krankheiten und kein Geld für sauberes Wasser, Lebensmittel oder Zahnmedizin – all das ist ein Fluch. Wir dürfen für andere zum Segen werden. Wir dürfen andere segnen, um so ihre materielle Not zu lindern und die Chance zu erhalten, ihnen die gute Nachricht von Jesus zu erzählen – dem Jesus, der ihre Quelle für gute Dinge sein wird, so wie er unsere ist.

Das Evangelium der Gnade ist *die* Kraft Gottes zur Errettung: *die* Kraft! Es ist die Kraft, die uns vollständig erlöst, vollständig heilt, vollständig rettet, vollständig befreit und uns den Sieg in diesem Leben gibt. Römer 5,17 sagt: »*Wie viel mehr werden die, welche den Überfluss der Gnade und das Geschenk der Gerechtigkeit empfangen, im Leben herrschen durch den Einen, Jesus Christus!*« Herrschen – das gehört zum Vokabular eines Königs. Es geht hier darum, als Könige zu leben und dabei göttlichen Einfluss auf diese Welt auszuüben.

Deshalb sagt Jesus in diesem Gleichnis, dass du der gute Samen bist, den Jesus in diese Welt sät. Matthäus 13,38 (NLB): »*Der gute Same steht für die Kinder des Himmelreiches.*« Und warum sät Jesus dich in diese Welt? Weil du deinen Platz als geliebter Sohn, als geliebte Tochter Gottes in dieser Schöpfung einnehmen wirst. Du wirst in deinem Zuhause, an deinem Arbeitsplatz, auf dem Golfplatz, im Supermarkt – überall, wo du bist – herrschen und regieren. Und das kann nur gut sein. Wenn du die Fülle der Gnade empfängst, wird das, was aus dir herausfließen wird, der Überfluss der Fülle sein. Du herrschst und regierst aus der Gnade und aus Gerechtigkeit heraus. Niemand muss dir erst sagen, wie du das anstellen sollst. Du wirst herrschen und regieren, weil das jetzt deine DNA ist (der Überfluss von Gnade und Gerechtigkeit), und das kann nur gut sein.

Wenn all dies aus dem Evangelium der Gnade resultiert**, das die Kraft Gottes zu unserer vollständigen Rettung ist**, und wenn du der Teufel wärst, was wäre dann deine Strategie, um die Menschen in Verdammnisgefühlen und Angst versklavt zu halten und sie daran zu hindern, diese vollständige Rettung zu erleben? Deine Strategie wäre es, das Evangelium der Gnade durch ein anderes (verdrehtes) Evangelium zu ersetzen. Was ist ein anderes Evangelium? Es ist jedes Evangelium, das auch nur in geringfügigster Weise vom Evangelium der Gnade in Jesus abweicht.

Das Evangelium der Gnade in Jesus, das in dir wurzelt und keimt, kann nichts anderes sein als das *reine* Wort, das direkt aus dem Mund Gottes kommt. Jesus nannte es den »guten Samen«. »Der Sämann hat *guten* Samen gesät.« Das Wort für »gut« wird im Grundtext in seiner gesteigerten Form benutzt. Gutes Saatgut bestand aus Samen, der nicht mit anderem Samen verunreinigt war. Wenn du eine Handvoll von diesem Samen bekommst, hast du reinen Weizensamen. Überleg mal: Aus Weizen wird Brot gemacht. Jesus ist das Brot des Lebens. Reiner Jesus-Samen. Reines Weizenkorn. Wenn das Saatgut nicht aus »gutem Samen« besteht, bedeutet dies, dass es durch andere Samenarten verunreinigt wurde. Welche andere Art von Samen? Nun, jeder andere Samen.

Zu Jesu Zeiten war der Umstand, dass gutes Saatgut mit Unkrautsamen verunreinigt war, ein häufiges Problem. Archäologen haben Lagerzisternen aus Jesu Tagen gefunden, die Reste von Weizensaatgut enthielten, aber in diesem Weizensamen fanden sich auch Verunreinigungen durch Unkrautsamen. In diesem Gleichnis werden diese Samen nur Unkraut genannt, aber wir wissen genau, welche Art von Unkraut das war. Die botanische Bezeichnung dafür lautet *Lolium.* Diese Süßgrasart folgt dem gleichen Lebenszyklus wie Weizen und ist im frühen Wachstumsstadium kaum vom Weizen zu unterscheiden. Was es aber so schlimm machte, war die Tatsache, dass Lolium giftig ist. Wenn man genug davon isst, stirbt man. Wenn der Sämann also zur Aussaat aufs Feld geht, wird er sicherstellen wollen, dass er »guten« Samen, reinen Samen hat.

Wenn der reine Samen der Gnade, das reine Evangelium Jesu in das Leben eines Menschen gesät wird, nimmt dieser Gottes Wort aus dessen eigenem Mund in sich auf; er »hört und versteht« das Evangelium Jesu. Wenn dieser Same in dich gesät wird, dann weißt du, dass du für immer gerecht bist und die Gemeinschaft mit Gott niemals verlieren kannst. Du weißt dann, dass die Sünden deines Lebens, von Anfang bis Ende, endgültig aus der Welt geschafft sind und dass Gott dir nie wieder etwas zur Last legen wird. Wenn du das begreifst, wirst du zu einem Setzling und Jesus pflanzt dich in die Welt. Wie wunderbar! Du bist von Jesus ganz bewusst gepflanzt worden. Du hast deinen Platz in der Welt gefunden, wenn du aus Jesus geboren bist.

Er pflanzt dich ein. Ich finde, dass in dieser Aussage so viel Hoffnung liegt. Wenn Jesus dich in diese Welt gepflanzt hat, bedeutet das, dass du die nötige Gnade hast, um mit allem fertigzuwerden, womit du es gerade zu tun hast. Wenn er dich dorthin gepflanzt hat, wo du jetzt bist, darfst du sicher sein, dass du jetzt, in diesem Moment, die Gnade hast, mit jeder Situation in deinem Leben umzugehen. Vielleicht stehst du an einem Scheideweg, und du musst eine sehr schwierige Entscheidung für deine Zukunft treffen. Du hast die nötige Gnade, um diese Entscheidung zu treffen! Er hat dich in deine Welt gepflanzt. Triff die Entscheidung! Verändere deine Welt. Herrsche und regiere. **Jesus selbst pflanzt jeden Gläubigen in diese Welt. Du hast einen Platz in dieser Welt und die Gnade, an diesem Ort zu herrschen und zu regieren.** Das ist es, was mit dir passiert ist, als du das Wort der Gnade (das Wort vom Reich) empfangen hast und an den Namen des Herrn Jesus Christus geglaubt hast.

Aber dann passiert in diesem Gleichnis etwas. In Vers 25 sagt Jesus: *»Während aber die Leute schliefen, kam sein Feind und säte Unkraut mitten unter den Weizen und ging davon.«* Jesus erklärt, dass das Unkraut die Kinder des Bösen sind. Es sind diejenigen, die ein anderes Evangelium in sich tragen. Sie sind Unkraut. Sie sind *Lolium.* Sie sehen aus wie Weizen. Sie wachsen wie Weizen. Aber letztendlich ist ihre Frucht giftig.

Jesus beschreibt hier die Strategie des Teufels im Umgang mit der Kirche (der Gemeinde Jesu). Jesus offenbart, nach welcher Taktik der Teufel gegen die Söhne und Töchter des Reiches vorgeht. Jesus rief die Gemeinde durch den reinen Samen der Gnade ins Leben, den reinen Samen des neuen Bundes. Dann tritt der Teufel auf den Plan und bringt Menschen hinein, die vom verunreinigten Samen stammen, die die Kinder des Unkrauts, Kinder wilder Gräser sind.

Jesus gibt hier keine Rätsel auf. Der griechische Grundtext drückt sich klar und deutlich aus. In der Übersetzung von Vers 38 werden diese Kinder des Unkrauts als Kinder des Bösen beschrieben: *»Der gute Same sind die Kinder des Reichs; das Unkraut aber sind die Kinder des Bösen.«* Das griechische Wort, das hier als der »Böse« übersetzt wird, ist *poneros.* Und Thayer's Greek Lexicon definiert dieses Wort so: »Voller Anstrengung, Verdruss, Erschwernisse; niedergedrückt und zermürbt von harter Arbeit; Qual und Mühsal verursachend.«

Wer ist das Unkraut? Es sind die Kinder von *poneros*. Die Kinder, die voller Anstrengung und Mühsal sind. Sie sind Kinder desjenigen, der ein anderes Evangelium bringt; ein Evangelium, das dir sagt, dass du auch selbst daran arbeiten, dich anstrengen und darum bemühen musst, deine Beziehung zu Gott aufrechtzuerhalten. Es ist ein Evangelium, das deine Gemeinschaft mit Gott von deinen Bemühungen abhängig macht. Bemühungen, die aus der Angst geboren sind, dass Gott jedes Mal wütend auf dich wird, wenn du einen Fehler machst; dass Gott sich von dir zurückzieht, wenn du versagst; dass er über dein Fehlverhalten oder deine Unzulänglichkeit enttäuscht ist.

Das ist das falsche Evangelium, das die meisten von uns irgendwann in ihrem Leben in sich aufgenommen haben. Das falsche Evangelium ist das Evangelium, das besagt, dass wir aus Gnade durch den Glauben an das Werk Christi gerettet wurden, dass es *jetzt* aber an uns liege, durch eigene Kraft gerecht zu leben. Dass wir neu begangene Sünden immer wieder unters Blut bringen müssten und uns anzustrengen hätten, um auf dem rechten Weg zu bleiben. Dieses falsche Evangelium sagt dir, dass deine Segnungen und dein Leben als Christ das Ergebnis deiner Bemühungen um Heiligkeit sind. Das ist alles total falsch. Es bedeutet, *poneros* hinzuzufügen, deine Bemühungen dem vollendeten Werk Jesu hinzuzufügen. Damit isst du Unkraut zu deinem Weizen, und das ist giftig. Iss genug davon und es bringt dich um.

Freunde, das ist ein Wort an die Gemeinde Jesu. Jesus sagt uns, dass die Kinder des *poneros* immer in Konkurrenz zu den Kindern des Reiches (der Gemeinde Jesu in dieser Welt) stehen werden. In diesem Gleichnis geht es im Grunde darum, dass Jesus seine Gemeinde auf den intriganten Plan des Teufels aufmerksam machen und uns wissen lassen will, womit wir es zu tun haben. Natürlich hat Gott eine Lösung dafür, aber die tritt erst am Ende des Zeitalters in Aktion. Am Ende des Zeitalters werden alle Spuren des *poneros*-Systems und der Kinder des *poneros* ausgelöscht. Jetzt aber ist es wichtig zu erkennen, wie deutlich Jesus den Plan Satans aufdeckt.

Jesus bezieht sich in diesem Lehrstück immer wieder auf ihn. Jesus nennt ihn den Feind (wörtlich: den Hasserfüllten). Er bezeichnet ihn als *poneros* – als denjenigen, der voller Anstrengungen und Mühen ist. Und er nennt ihn *diabolos*, was wir mit »Teufel« übersetzen. Aber das Wort, das Jesus hier benutzt, hat eine ganz bestimmte Bedeutung. *Diabolos* bedeutet »verleumderischer Ankläger«. Überleg mal, das ist der Name von Satan. Das ist seine genaue Bezeichnung.

Jesus hat durch sein Leiden, durch die empfangenen Schläge, durch das Kreuz, durch seinen Tod jede Sünde eines jeden Menschen gekauft und bezahlt. Gott lastet dir deine Sünden nicht mehr an. Tatsächlich klagt er keinen auf der Welt wegen irgendeiner Sünde an. Das ist die schiere Kraft dessen, was das Kreuz vollbracht hat. Das ist das mächtige Werk Jesu. In 2. Korinther 5,19 steht, dass *»Gott in Christus war und die Welt mit sich selbst versöhnte, indem er ihnen ihre Sünden nicht anrechnete«*. Gott rechnet dir deine Sünden nicht an. Er wirft dir nichts vor.

Wenn Gott dir nichts vorwirft, was solltest du dann von den Anschuldigungen eines Teufels halten, der dich dazu bringen will, die Kraft des Werkes Christi zu verneinen, indem er dir immer wieder vorwirft, wie schlecht du bist? Hast du dich womöglich damit abgefunden, dass Versagen dein Normalzustand ist? Der Teufel sagt: »Du hast schon wieder versagt! Wie könnte Gott dir auch nur noch *ein Mal* vergeben? Aber gut, vielleicht tut er es ja. Doch du solltest ihm diese Sünde besser unter Tränen bekennen. Und mach das ja nie wieder! Konzentriere dich lieber darauf, härter an deiner Heiligkeit zu arbeiten. Dann liebt Gott dich vielleicht wieder und lässt dich zurück in die Gemeinschaft mit ihm.« Hey, diese Stimme ist direkt neben dich »gesät« und wächst dort vor sich hin. Das ist nicht der Heilige Geist, der zu dir spricht. Das ist *Diabolos*, der verleumderische Ankläger. Ein verleumderischer Ankläger ist er deshalb, weil es keine Rolle spielt, welche Anklage er gegen dich vorbringt, sie ist immer falsch – auch dann, wenn er dabei tatsächliches Fehlverhalten benennt. Denn wenn du wirklich etwas falsch gemacht hast, hat Jesus es bereits vollständig auf sich genommen. Der Einzige, den der Teufel wegen deiner Sünde anklagen könnte, ist Jesus.

Aber ihm geht es darum, in deinem Denken das Werk Jesu zunichte zu machen; er will dir ein alternatives Evangelium andrehen, das dich dazu bringt, dich auf deine Sünde zu konzentrieren. Anklage macht dich sündenfokussiert. Höre nicht auf diese Stimme. Höre auf das Wort vom Reich, das Wort, das aus dem Mund Gottes kam und das Urteil über dich gesprochen hat – »nicht schuldig«. Gerecht. **Das Wort vom Reich, das von deiner Gerechtigkeit spricht, lässt dich auf Jesus fokussiert sein. Und Jesus bekommt dabei die ganze Ehre.** Das Wort des *Diabolos*, des verleumderischen Anklägers, lässt dich auf die Sünde fokussiert sein. Und alle Aufmerksamkeit richtet sich dabei auf dich.

Genau so und nicht anders sieht Satans Plan aus. Die Kinder der verleumderischen Anklage, der harten Arbeit vor Gott, wachsen neben den Kindern des Reiches auf. Das beschreibt im Grunde das normale Leben auf diesem Planeten. Ich denke aber, dass Jesus hier ein besonderes »Aufgepasst!«, eine spezielle Vorwarnung an die Gemeinde richtet. In Vers 25 sagt er: *»Während aber die Leute schliefen, kam sein Feind und säte Unkraut mitten unter den Weizen und ging davon.«* Es steht dort nicht »Während der Sämann schlief, wurde das Unkraut gesät« oder »Während Jesus schlief, wurde das Unkraut gesät«. Dort steht: »Während *die Leute* schliefen.«

Die Gemeinde Jesu hat, wie ich glaube, Zeiten großer Schläfrigkeit erlebt; Zeiten, in denen wir unsere Wachsamkeit in Bezug auf das Evangelium Jesu und auf die schiere Kraft, die aus der Gnade fließt, aufgegeben haben. Eigentlich ging es schon los, als alles noch ganz am Anfang stand. Paulus kämpfte in vielen der Ortsgemeinden dagegen an. In Galater 1,6 sagt er: *»Mich wundert, dass ihr euch so schnell abwenden lasst von dem, der euch durch die Gnade des Christus berufen hat, zu einem anderen Evangelium.«* Und in Galater 3,3: *»Seid ihr so unverständig? Im Geist habt ihr angefangen und wollt es nun im Fleisch vollenden?«* Zu denken, dass du aus Gnade durch den Glauben an Jesus gerettet wirst, es dann aber darauf ankommt, dass du ein redliches Leben führst, heißt nichts anderes, als dass du versuchst, durch das Fleisch vollkommen gemacht zu werden. Das ist ein anderes Evangelium. Das ist nicht das Evangelium der Gnade, nicht die gute Nachricht von Jesus. Paulus sagt: *»Wie ihr ihn empfangen habt, so wandelt in ihm.«* Du hast durch Gnade empfangen. Jetzt lebe aus der Gnade. Lebe den Rest deines Lebens aus der Gnade heraus.

Als Paulus Galatien verließ, um andere Gemeinden zu besuchen, schlichen sich die Kinder des *poneros* als Lehrer ein und führten die Leute in die Irre. Während die Menschen schliefen, kam der Feind und säte Unkraut. Weißt du, Jesus hat uns vor diesem Plan des Teufels schon vor den Geschehnissen in Galatien gewarnt. Er sagte uns, dass dies geschehen würde und dass es auch weiterhin geschehen würde! In Judas Vers 4 steht: *»Es haben sich nämlich etliche Menschen unbemerkt eingeschlichen, die schon längst zu diesem Gericht aufgeschrieben worden sind, Gottlose, welche die Gnade unseres Gottes in Zügellosigkeit verkehren und Gott, den einzigen Herrscher, und unseren Herrn Jesus Christus verleugnen.«* Etliche Menschen haben sich unbemerkt eingeschlichen. Sie schlichen sich in die Gemeinde, sagt Judas; diese Typen haben sich als Lehrer eingeschlichen.

Das waren Menschen, die wie Lehrer des Evangeliums aussahen und die dieses Amt auch offiziell ausübten. Gelehrte Leute, die die heiligen Schriften kannten. Und Judas sagt, dass sie die Gnade Gottes in Zügellosigkeit verkehrten. Sie haben die Gnade Gottes buchstäblich ausgetauscht bzw. ersetzt. Das im griechischen Grundtext verwendete Wort lautet *metatithemi* und ist ein aus *meta* (ändern) und *tithemi* (platzieren) zusammengesetzter Begriff, der »den Platz wechseln« oder »ersetzen« bedeutet. Diese Leute ersetzten die Gnade Gottes, die in Jesus Christus ist. Und wenn die Gnade durch das Gesetz (eigenes Tun) ersetzt wird, ist das Ergebnis eine Zunahme von Sünde und Zügellosigkeit. Zügellosigkeit bedeutet, aus sich selbst heraus, aus dem Natürlichen zu leben, was im Gegensatz zu einem Leben aus Jesus heraus, aus unserer Identität in ihm, steht.

Wenn du in einer Gemeinde bist, die sich darauf konzentriert, die Sünde aus deinem Leben auszumerzen und deine Reinheit zu bewahren, dann bist du in einer Gemeinde, die von dem verleumderischen Ankläger beeinflusst wird, von demjenigen, der voller mühseliger Werke ist! Man wird versuchen, dich davon zu überzeugen, dass Gerechtigkeit etwas ist, das du erwirken musst. **Doch Gerechtigkeit resultiert nicht aus dem, was du tust, sondern daraus, wer du bist.** Natürlich wird Gerechtigkeit (wer du bist) zu einem guten Lebenswandel führen. Aber dieser gute Lebenswandel bestimmt nicht deine Identität, denn diese wurde bereits festgelegt: Du bist der gerechte Sohn, die gerechte Tochter Gottes.

Jesus sagt, dass am Ende der Zeit deine Gerechtigkeit aufleuchten wird wie die Sonne. Das ist etwas visuell Wahrnehmbares. Hier geht es nicht darum, dass du ständig und überall gerechte Dinge tun wirst. Hier geht es um dein Sein. In deinem Wesen wird deine

Gerechtigkeit wie die Sonne aufleuchten. Deine Gerechtigkeit, deine wahre Identität, wird vollständig ans Licht kommen und offensichtlich sein, denn deine Gerechtigkeit zeigt in ganzer Pracht, wer du bist. Die Menschen werden dich anschauen, und beim bloßen Hinsehen werden sie die Herrlichkeit deiner Gerechtigkeit sehen, und die wird einfach blendend sein. Die Wahrheit ist, dass das die Identität ist, die du in diesem Moment bereits hast. Sie wird aber dann erst vollständig sichtbar sein. Doch die Gerechtigkeit Gottes ist dir schon jetzt in vollem Maß gegeben worden. So siehst du im Geist aus.

Lass dir von niemandem etwas anderes erzählen. Höre nicht auf die Kinder des *poneros* (die Kinder der Mühsal) und höre auch nicht auf *Diabolos*, den verleumderischen Ankläger. Sieh dich selbst so, wie Gott dich sieht. Nimm deinen Platz auf dem Planeten als Sohn, als Tochter des Reiches ein. Du bist die Person, die Jesus in diese Welt gepflanzt hat, damit du dort, wo du bist, als Sohn, als Tochter, lebst und zunehmend herrschst und regierst, je besser du die Fülle der Gnade und das Geschenk der Gerechtigkeit verstehst.

Kapitel 5

DAS GLEICHNIS VOM UNKRAUT IM WEIZEN

Teil 2

Ein anderes Gleichnis legte er ihnen vor und sprach: Das Reich der Himmel gleicht einem Menschen, der guten Samen auf seinen Acker säte. Während aber die Leute schliefen, kam sein Feind und säte Unkraut mitten unter den Weizen und ging davon. Als nun die Saat wuchs und Frucht ansetzte, da zeigte sich auch das Unkraut. Und die Knechte des Hausherrn traten herzu und sprachen zu ihm: Herr, hast du nicht guten Samen in deinen Acker gesät? Woher hat er denn das Unkraut? Er aber sprach zu ihnen: Das hat der Feind getan! Da sagten die Knechte zu ihm: Willst du nun, dass wir hingehen und es zusammenlesen? Er aber sprach: Nein!, damit ihr nicht beim Zusammenlesen des Unkrauts zugleich mit ihm den Weizen ausreißt. Lasst beides miteinander wachsen bis zur Ernte, und zur Zeit der Ernte will ich den Schnittern sagen: Lest zuerst das Unkraut zusammen und bindet es in Bündel, dass man es verbrenne; den Weizen aber sammelt in meine Scheune! — Matthäus 13,24–30

Da entließ Jesus die Volksmenge und ging in das Haus. Und seine Jünger traten zu ihm und sprachen: Erkläre uns das Gleichnis vom Unkraut auf dem Acker! Und er antwortete und sprach zu ihnen: Der den guten Samen sät, ist der Sohn des Menschen.

Der Acker ist die Welt; der gute Same sind die Kinder des Reichs; das Unkraut aber sind die Kinder des Bösen. Der Feind, der es sät, ist der Teufel; die Ernte ist das Ende der Weltzeit; die Schnitter sind die Engel. Gleichwie man nun das Unkraut sammelt und mit Feuer verbrennt, so wird es sein am Ende dieser Weltzeit. Der Sohn des Menschen wird seine Engel aussenden, und sie werden alle Ärgernisse und die Gesetzlosigkeit verüben aus seinem Reich sammeln und werden sie in den Feuerofen werfen; dort wird das Heulen und das Zähneknirschen sein. Dann werden die Gerechten leuchten wie die Sonne im Reich ihres Vaters. Wer Ohren hat zu hören, der höre — Matthäus 13,36–43

Lass uns das noch einmal betrachten. Das erste Gleichnis in Matthäus 13 (das Gleichnis von den vier verschiedenen Bodenarten) handelt von der Unterscheidung zwischen dem Wort vom Reich, das der gute Samen ist (der gute Samen ist das Wort, das vom Himmel herab direkt aus dem Mund Gottes kommt), *und* dem Wort, das aus der Welt kommt. Das Wort, das aus der Welt kommt, erscheint uns ganz natürlich. Das Wort hingegen, das aus dem Reich Gottes kommt, klingt für unsere Ohren fremd. Es kommt nicht auf natürliche Weise aus unserem Inneren. Man muss Ohren haben, die hören.

Das Wort, das vom Mund Gottes ausgeht, ist Jesus (das »Wort Gottes«, sagt die Bibel), der voller Gnade und Wahrheit ist. Das Wort vom Reich ist das Wort der Gnade und das Wort der Gnade ist voller Wahrheit; es ist absolut wahr. Gnade ist Gottes unverdiente Gunst – Gunst, die auf dir ruht, obwohl du sie nicht verdienst. Die Gnade ist Gottes Gunst für dein Leben. Sie ist Gottes Vergebung und Gottes Gerechtigkeit, die als Geschenk auf dir ruht und nichts mit deinen eigenen Werken zu tun hat.

In Römer 3,21–22 heißt es: »*Jetzt aber ist außerhalb des Gesetzes die Gerechtigkeit Gottes offenbar gemacht worden, die von dem Gesetz und den Propheten bezeugt wird, nämlich die Gerechtigkeit Gottes durch den Glauben an Jesus Christus, die zu allen und auf alle [kommt], die glauben.*« Die Gerechtigkeit Gottes offenbart sich in Jesus. Diese Gerechtigkeit wird dir außerhalb des Gesetzes, ungeachtet deiner Bemühungen um einen untadeligen Lebenswandel, gegeben. Und sie kommt zu allen und *auf* alle, die an den Namen Jesu Christi glauben. Dein Glaube an Jesus bewirkt, dass dir die Gerechtigkeit Gottes gegeben wird und auf dir bleibt. Diese Gerechtigkeit, die ohne Zutun des Gesetzes gilt, wird offenbart.

Sie wurde zum ersten Mal offenbart, als Jesus litt und für dich und mich starb. Und jetzt wird sie dir persönlich offenbart, wenn du dich von diesen Worten ernährst. Diese Worte sind Fremdwörter für unser Gehör – dass Gott dir ungeachtet deiner Bemühungen seine Gerechtigkeit schenkt und dass diese Gerechtigkeit in dir nie nachlässt, dass sie niemals verschwindet, wenn du etwas falsch machst oder aus einer Schwäche heraus handelst. Dieses Wort – das Wort, das vom Himmel kommt – ist uns fremd, aber je mehr wir es hören, desto mehr wird es uns offenbart. Gottes Gerechtigkeit wird offenbart; seine Gerechtigkeit für alle und auf allen, die an Jesus glauben.

Wenn du an Jesus glaubst, dann sprich Folgendes aus: »Ich glaube an Jesus. Ich besitze Gottes Gerechtigkeit. Ich bin genauso gerecht, wie Gott gerecht ist.« Das ist ein fremd klingendes Wort. Dieses Wort ist vom Himmel herabgekommen. Es ist kein Wort, das natürlich in dir aufsteigt. Es ist kein Wort, das aus dieser Welt kommt. Diese Welt ist fest im System des Fleisches verankert. Dem System, in dem man sich abmüht, um die Liebe Gottes zu verdienen, sich anstrengt, um in Gemeinschaft mit Gott zu bleiben, und hart an der eigenen Gerechtigkeit zu arbeiten versucht. Jesus sagte, dass dies das System des Teufels ist. In diesem System fußt die Beziehung zu Gott auf dem, was Adam und Eva zu Fall brachte, die vom Baum der Erkenntnis von Gut und Böse aßen. Die Gemeinschaft mit Gott wird dabei von der Erkenntnis über die eigenen guten oder schlechten Taten bestimmt. Dieses System bringt dir nie Frieden. In diesem System fühlst du dich permanent vor Gott verurteilt; du fühlst dich schuldig und unwürdig.

Es ist das System von Karma, des ständigen Versuchs, dir durch deine guten Werke deine eigene Gerechtigkeit zu schaffen. Es macht die Einhaltung des Gesetzes zur Grundlage für deine Beziehung zu Gott. Dieses System ist antichristlich. Es steht in direktem Widerspruch zu dem Wort, das vom Himmel herabgekommen ist. Und dieses System des Fleisches, bei dem deine Beziehung zu Gott auf deinem Fleisch und deiner Kraft fußt, wird vom Teufel, dem verleumderischen Ankläger, in die Welt gesät. **Und Jesus warnt uns, dass dieses teuflische System der Werke und der Bemühungen, für Gott gut genug zu sein, das System der Gnade Gottes verunreinigen wird.**

Der Weizen und das Unkraut werden in der Welt Seite an Seite wachsen, und wir sollten auch nichts anderes erwarten. Jesus sagte, dass derjenige, der das System der leistungsbasierten Gerechtigkeit gesät hat, der »Feind« ist. Er nennt ihn den Feind, im Griechischen wörtlich »den Hasserfüllten«. Der Teufel hasst die Botschaft des neuen Gnadenbundes und bekämpft sie mit aller Macht.

Ich möchte, dass dir etwas auffällt, was Jesus uns hier zeigt. Der Plan des Teufels ist eine Reaktion auf den neuen Bund der Gnade. Jesus sät den guten Samen, den reinen Jesus-Samen in die Welt, und der Teufel reagiert darauf, indem er direkt daneben ein verunreinigtes Evangelium in die Menschen sät. Der Teufel kann nur auf das reagieren, was Gott zuerst tut. Und Jesus macht uns auf genau diese Vorgehensweise des Teufels aufmerksam.

Sieh dir Daniel 11 an. Hier erwähnt Daniel in Vers 31 den »Gräuel der Verwüstung«, was, wie man weiß, ein prophetisches Wort ist. Der Prophet Daniel blickt weit in die Zukunft. Aber schau dir an, was er sieht. Er sieht einen König, dessen Herz auf das Böse ausgerichtet ist. Und dieser König repräsentiert den Teufel. Er stellt sich gegen Gott und kämpft gegen das Volk Gottes. Vers 28 in der *Elberfelder Übersetzung* formuliert es ganz deutlich: »*Und er wird mit großem Reichtum in sein Land zurückkehren, und sein Herz wird gegen den heiligen Bund gerichtet sein; und er wird entsprechend handeln und in sein Land zurückkehren.*« Hier können wir die Taktiken des Teufels sehr deutlich erkennen.

Das Herz des Teufels ist »gegen den heiligen Bund gerichtet«. Wir reden hier von der Endzeit, also geht es um Gottes Bund der Gnade, auf den der Diener des Teufels mit Widerstand reagiert. Sein Herz ist gegen diesen Bund gerichtet »und er wird entsprechend handeln«. Sein Handeln wird von seinem Hass auf den neuen Bund bestimmt sein.

Gehen wir zu Vers 30. Mir ist klar, dass dir das alles noch etwas schleierhaft erscheint, aber ich möchte, dass du siehst, dass der Teufel nicht besonders originell ist. Er hasst den neuen Bund der Gnade. Er hasst es, dass dieser dich frei macht, Gottes Liebe zu dir zu erleben. Er verabscheut die Tatsache, dass dieser Bund dich in die Freiheit eines wunderbaren, gesegneten Lebens führt, und reagiert deshalb mit Hass auf ihn. »*Und er wird mit großem Reichtum in sein Land zurückkehren, und sein Herz wird gegen den heiligen Bund gerichtet sein; und er wird entsprechend handeln und in sein Land zurückkehren.*« Was heißt: Er handelt aus Wut und Hass gegenüber dem Heiligen Bund, den Gott in Jesus geschlossen hat.

Wir könnten in diesem Abschnitt von Daniel weitermachen, aber ich möchte nur, dass du siehst, dass der Teufel den Gnadenbund in Jesus zutiefst hasst und direkt dagegen angeht. Die Tatsache, dass religiöse Menschen, die den Gnadenbund in Jesus nicht verstehen, mit solcher Feindseligkeit auf dieses Evangelium der Gnade in Jesus reagieren, sollte uns nicht im Geringsten überraschen. Jesus sagte, dass sie »Kinder des Bösen« sind (Vers 38). Sie sind Kinder des *poneros* – also voller Mühsal und harter Arbeit. Die Kinder des *poneros*, die Kinder der Mühsal und harten Arbeit (diejenigen, die sich darum bemühen, von Gott gemocht zu werden, und die denken, dass *dieses* System zur Aufrechterhaltung der eigenen Gerechtigkeit der Weg Gottes ist), reagieren heftig auf die Kinder des Reiches (die Kinder des Wortes, das vom Himmel kam). Jesus sagt über diese Kinder des *poneros*, dass sie ein Ärgernis sind, dass sie Gesetzlosigkeit verüben und dass dieses ganze System am Ende verbrannt wird.

In Matthäus 13,40 (ELB) steht »im Feuer verbrannt«. Im griechischen Grundtext heißt es nicht nur »mit Feuer verbrannt«. Dort wird dem Wort als Zusatz *kata* vorangestellt, was »herunter« bedeutet. *Im Feuer heruntergebrannt.* Jesus sagt somit, dass das gesamte System im Gericht bis auf die Grundmauern niedergebrannt wird. Es wird nichts davon übrig bleiben. Was wird verbrannt? Jesus sagt es in Vers 41: *»Alle Ärgernisse und die Gesetzlosigkeit verüben.«* Es ist interessant, was da verbrannt werden soll. Jesus nennt diese beiden Dinge: alles, was ein Ärgernis ist, und alle, die Gesetzlosigkeit verüben.

Bestimmt wird jetzt jemand sagen: »He, du predigst Gnade. Du sagst, dass wir nicht mehr nach dem Gesetz beurteilt werden. Du sagst, dass das Gesetz Gottes nicht mehr für uns gilt. Damit sagst du den Leuten ja praktisch, dass sie Gesetzlosigkeit verüben sollen.« Ich hoffe, ich muss nicht die vielen Verse wiederholen, die besagen, dass wir nicht mehr unter der Vormundschaft des Gesetzes stehen, sondern aus dem Geist Gottes leben (siehe Gal 4), dass das Gesetz ans Kreuz genagelt wurde (siehe Kol 2,14), dass die Gerechtigkeit außerhalb des Gesetzes offenbart wurde (siehe Röm 3) und so weiter und so fort. Wir stehen nicht mehr unter dem Gesetz Gottes. Das ist »Milch«. Wenn du das hier Gesagte zum ersten Mal in dich aufnimmst und es für dich nach Steak schmeckt, dann schau dir die obigen Verse auf jeden Fall an.

Wenn wir aber, wie wir ja wissen, nicht mehr unter dem Gesetz stehen, was genau meint Jesus dann, wenn er sagt, dass alle Ärgernisse und alle, die Gesetzlosigkeit verüben, verbrannt werden? Sehen wir es uns einfach mal Wort für Wort an. Als Erstes sagt er, dass alle Ärgernisse verbrannt werden. Das verwendete Wort an dieser Stelle ist *skandalon,* das die gleiche Bedeutung hat wie das Wort, das Jesus im vorherigen Gleichnis verwendete, als er von dem Samen sprach, der auf felsigen Boden gesät wurde. Es ist der Mensch, der das Wort der Gnade mit Freude empfängt, aber sich dann darüber ärgert. *»Sobald er um des Wortes willen bedrängt oder verfolgt wird, nimmt er sogleich Anstoß«* (Mt 13,21). »Er kommt sofort zu Fall«, wie eine andere Übersetzung sagt. Das Wort für »zu Fall kommen« ist *skandalizo.* Es bezieht sich auf das, was den Menschen wieder in das System der Welt zurückfallen lässt. Auf das, was ihn dazu bringt, in seiner Beziehung zu Gott von der hohen Stellung in der Gnade zurück auf den niederen Stand eines heiligen Lebens durch eigene Leistung zu fallen. Alles, was einen Menschen dazu veranlasst, seine Beziehung zu Gott nicht länger auf der Basis von Gnade zu führen, ist ein *skandalon.*

Genau das will der Teufel mit dir machen. Er will, dass du Gottes Gnade in Frage stellst. Er will, dass du Gottes ewige Vergebung für dich anzweifelst. Dass du Gottes unendlich tiefer Liebe zu dir misstraust, Zweifel an deiner Kindschaft hegst und seiner Gunst skeptisch gegenüberstehst. Er tut es, indem er dich dazu bringt, dich auf deine Verfehlungen zu konzentrieren. Wenn du dein Versagen (deine Fehler) zu deinem Fokus machst, wirst du dich zu fragen beginnen, ob du für Gott gut genug warst. Sobald du deinen Blick von Jesus und der unverdienten Gunst, die er dir erkauft hat, abwendest und dich wieder auf dein Versagen konzentrierst, bist du aus deiner hohen Stellung in der Gnade gefallen. Statt mit Gott auf der Basis seiner unverdienten Gunst Gemeinschaft zu haben, fällst du zurück auf eine Beziehung, die sich auf deine guten oder schlechten Taten stützt. Das ist das System des Teufels, und das ist sein Spiel.

Jesus sagte, dass am Ende der Zeit alles, was das Volk Gottes dazu brachte, aus der Gnade zu fallen, verbrannt wird – alle Dinge, die ein *skandalon* waren, die sie straucheln ließen.

Jesus spricht auch von all jenen, die Gesetzlosigkeit verüben. Was meinte Jesus damit? Es gibt zwei Bibelstellen, in denen Jesus von Gesetzlosigkeit spricht und die dir genau zeigen, was er meint. Die erste ist Matthäus 23,27–28: »*Wehe euch, ihr Schriftgelehrten und Pharisäer, ihr Heuchler, dass ihr getünchten Gräbern gleicht, die äußerlich zwar schön scheinen, inwendig aber voller Totengebeine und aller Unreinheit sind! So erscheint auch ihr äußerlich vor den Menschen als gerecht, inwendig aber seid ihr voller Heuchelei und Gesetzlosigkeit.*« Er spricht hier über die Schriftgelehrten und Pharisäer. Die Pharisäer waren die frommsten Menschen auf dem Planeten. Sie kannten das Gesetz Gottes und befolgten es so gut, wie ein Mensch es nur konnte. Ihr ganzes Leben drehte sich darum, das Gesetz einzuhalten und Gutes zu tun.

Wenn du denkst, du wärst brav gewesen und hättest dein Bestes gegeben, dann geh davon aus, dass die Pharisäer noch viel mehr geleistet haben. Sie waren besser als du. Man kann das Gesetz Gottes nicht besser halten, als es die Pharisäer taten. Trotzdem sagte Jesus, dass sie voller Gesetzlosigkeit sind. Wie bitte? Glaubst du, ein Pharisäer würde dem widersprechen? Es würde ihn sogar stinksauer machen. Jesus sagte: »*Im Inneren seid ihr voller Heuchelei und Ge-*

setzlosigkeit.« **Ihre Bemühungen, Gutes zu tun, um Gottes Segen und sein Wohlwollen zu erlangen, stellen das Beste dar, was ein Mensch leisten kann, und doch bezeichnet Jesus sie als gesetzlos.** Sie sind die Kinder des *poneros*, Kinder der harten Arbeit und Mühsal. Sie tun nichts anderes, als hart daran zu arbeiten, vor Gott rein zu bleiben. Und doch sagt Jesus, dass sie vor Gott keine Chance haben. Das ist erstaunlich.

Sieh dir nun den zweiten Teil dieses Abschnitts in Matthäus 7,21–23 an. Wieder spricht Jesus hier vom Ende der Zeit: »*Nicht jeder, der zu mir sagt: Herr, Herr! wird in das Reich der Himmel eingehen, sondern wer den Willen meines Vaters im Himmel tut. Viele werden an jenem Tag zu mir sagen: Herr, Herr, haben wir nicht in deinem Namen geweissagt und in deinem Namen Dämonen ausgetrieben und in deinem Namen viele Wundertaten vollbracht? Und dann werde ich ihnen bezeugen: Ich habe euch nie gekannt; weicht von mir, ihr Gesetzlosen!*«

Wie bitte? Hast du gerade dasselbe gelesen wie ich? **Wer sind diejenigen, die Gesetzlosigkeiten verüben? Diejenigen, die das Gesetz befolgen! Jesus sagte, dass viele zu ihm kommen werden, die sich auf ihre guten Werke stützen, auf ihre Bemühungen, den Willen Gottes zu *tun*.** »Jesus, wir haben in deinem Namen geweissagt (hey, sie haben im Namen Jesu geweissagt!), wir haben Dämonen in deinem Namen ausgetrieben und wir haben viele Wunder in deinem Namen getan.« Fällt dir die ständige Wiederholung auf? »In deinem Namen, in deinem Namen, in deinem Namen.« Das sind Menschen, die denken, dass sie das »Evangelium Jesu« verstehen. Aber weißt du was? Sie haben eine Lüge geglaubt. Sie haben sich dasselbe »Werke«-System zu eigen gemacht, das jeder religiöse Mensch für sich annimmt, und dessen Absicht eindeutig ist: Gott mit den eigenen Werken zu beeindrucken und so seine Gunst zu gewinnen. »Jesus, ich verdiene es, im Himmel zu sein, weil ich das getan habe und dies hier, und das da habe ich auch noch getan.« So definieren sie sich selbst – anhand ihres Tuns!

Jesus sagt somit: **»Indem ihr euch über eure Leistungen definiert, verübt ihr Gesetzlosigkeit.«** Jesus würde zu solchen Leuten sagen: »Ihr sät das absolut falsche Evangelium in die Menschen. Ihr setzt die Menschen nicht in die Gerechtigkeit Gottes frei; ihr haltet sie stattdessen in ihrer Sünde versklavt.« Jesus sagte: »Ich habe euch nie gekannt.« Das im Griechischen verwendete Wort hier ist *ginosko,* womit »erkennen« im biblischen Sinne gemeint ist, so wie Adam Eva erkannte (und Eva schwanger wurde und ein Kind bekam). Jesus sagt also: »Du hast mich nie mit dir intim werden lassen. Du hast mich nie Teil von dir werden lassen. Du hast dich nie durch mich definieren lassen.«

Ich denke nicht, dass wir verstehen, wie beleidigend diese Aussage für religiöse Menschen sein musste. Dies sind religiöse Menschen, die im System des Teufels festsitzen, das ihre Beziehung zu Gott mit ihren guten und ihren schlechten Taten verbindet und sie denken lässt, dass Gott aufgrund dieser Taten entweder zufrieden mit ihnen oder zornig auf sie ist. Und diese Menschen bringen andere wiederum dazu, ebenfalls an dieses unheilvolle System zu glauben, in dem sie selbst festsitzen. Dabei denken sie die ganze Zeit, dass sie das »Evangelium Jesu« verbreiten. Aber tatsächlich tun sie nichts anderes, als noch mehr Gesetzlosigkeit zu verbreiten und die Menschen in der Sünde gefangen zu halten.

Es gibt nur einen Weg, einen Menschen in die Freiheit der Gerechtigkeit zu entlassen: Man lässt ihn die Gerechtigkeit Gottes als Geschenk empfangen. Wenn nicht Jesus in eine Person hineinkommt, ihr seine Gerechtigkeit schenkt und auf innige, vertraute Weise in ihr lebt, wird diese Person in Ungerechtigkeit und Gesetzlosigkeit verbleiben. Diejenigen, die nach dem Motto vorgehen: »Bring dein Leben in Ordnung und dich selbst auf die Reihe und dann bleib schön in der Spur«, haben die Kraft der Gnade aufgegeben und verüben Gesetzlosigkeit. Gesetzlosigkeit, die sich immer weiter fortsetzt. Dieses System wird am Ende der Zeit bis auf den Boden niedergebrannt.

Jesus sagt in Matthäus 7,21, dass nur der in das Reich der Himmel eingeht, der *»den Willen meines Vaters im Himmel tut«*. Was ist der Wille des Vaters? Der Wille des Vaters ist der Glaube an Jesus. Johannes 6,28–29 (NLB) macht es deutlich: *»Sie erwiderten: ›Was sollen wir denn nach dem Willen Gottes tun?‹ Jesus erklärte: ›Dies ist der Wille Gottes, dass ihr an den glaubt, den er gesandt hat.‹ «*

Das Werk Gottes ist ein inneres Werk. Und dieses Werk ist uns so fremd, dass wir Gott darin einfach vertrauen müssen. Du musst Jesus beim Wort nehmen. Du musst nur glauben, dass er in dir tut, was er gesagt hat. Er hat für jede Sünde, die du je begehen wirst, bereits bezahlt. Sie sind alle weg. Er hat dir seine eigene Gerechtigkeit gegeben, die Gerechtigkeit Gottes, die nie nachlässt oder aufhört, in dir zu sein. Er segnet dich mit Gunst und Gesundheit und Wohlstand, mit Frieden und Freude und Liebe, mit Erfolg und einem erfüllten, reichen Leben. Alles kommt aus seiner Gnade. Bleib in diesem Wort der Gnade. Alles andere wird verbrannt. Alles andere ist antichristlich.

Kapitel 6

DAS GLEICHNIS VOM SENFKORN UND VOM SAUERTEIG

Da sprach er: »Wem ist das Reich Gottes gleich, und womit soll ich es vergleichen? Es gleicht einem Senfkorn, das ein Mensch nahm und in seinen Garten warf. Und es wuchs und wurde zu einem großen Baum, und die Vögel des Himmels nisteten in seinen Zweigen. Und wiederum sprach er: Womit soll ich das Reich Gottes vergleichen? Es gleicht einem Sauerteig, den eine Frau nahm und heimlich in drei Scheffel Mehl hineinmischte, bis das Ganze durchsäuert war.« — Lukas 13,18–21

Jesus hält in der Botschaft dieser zwei kleinen Gleichnisse etwas Gutes und Erfreuliches für dich bereit. Beide Gleichnisse sind jeweils nur zwei Verse lang und jedes von ihnen vermittelt verschiedene Aspekte davon, wie das Reich Gottes aussieht. Das erste Wort von Vers 18 gibt dir gleich einen Hinweis, denn dieses »Da« zeigt an, dass dem, was gleich folgt, etwas anderes vorausgegangen ist. Auch im Griechischen ist es nur ein kleines Wort mit zwei Buchstaben: *de*, und es ordnet das, was folgt, zeitlich als anknüpfende Ergänzung ein. Mit anderen Worten, was als Nächstes kommt, fließt in Wirklichkeit aus dem, was davor kam. Und was unmittelbar davor kam, war die Heilung der verkrümmten Frau.

Als solche war diese Frau bei den Menschen bekannt. Das griechische Wort dafür ist ziemlich lang, es lautet *sugkuptousa* und bedeutet »die zusammengekrümmte Frau«. Diese Frau hatte seit achtzehn langen Jahren einen Geist der Krankheit. Jesus lehrte am Sabbat in der Synagoge. Er sah, wie diese Frau im Glauben reagierte, und er gab ihr einen neuen Namen. Er nannte sie nicht die »zusammengekrümmte Frau«, er nannte sie »Tochter Abrahams«. In Vers 16 sagt er: *»Diese aber, eine Tochter Abrahams, die der Satan, siehe, schon 18 Jahre gebunden hielt, sollte sie nicht von dieser Bindung gelöst werden am Sabbattag?«* Das ist wichtig, denn in dieser Frau hatte eine Veränderung stattgefunden. Sie hörte, was Jesus in der Synagoge verkündete und lehrte, und nahm das, was er sagte, für sich an. Sie nahm sich als »eine Tochter Abrahams« wahr. Sie übte sich darin, Nutznießerin des Glaubensbündnisses zu sein. Die Pharisäer und religiösen Führer hingegen sahen sich gerne als Jünger Moses.

Als sie den Blinden beschimpften, der in Johannes 9,28 von Jesus geheilt wurde, sagten sie: *»Du bist sein Jünger! Wir aber sind Moses Jünger.«* Jesus selbst sagt von ihnen, den religiösen Führern, in Matthäus 23,2: *»Die Schriftgelehrten und Pharisäer haben sich auf Moses Stuhl gesetzt.«* Mose hatte ihnen das Gesetz gegeben. Das Gesetz ist der Bund, der nach dem Muster »Tu Gutes – empfang Gutes, tu Böses – empfang Böses« verfährt. Das ist nicht der Bund, unter dem du stehst. Du stehst unter dem Bund der Verheißung, der als Bund Abrahams dem Gesetzesbund vorausging und von Jesus in deinem Namen geschlossen und in Kraft gesetzt wurde.

In Galater 3,13–14 heißt es: *»Christus hat uns losgekauft von dem Fluch des Gesetzes, indem er ein Fluch wurde um unsertwillen (denn es steht geschrieben: ›Verflucht ist jeder, der am Holz hängt‹), damit der Segen Abrahams zu den Heiden komme in Christus Jesus, damit wir durch den Glauben den Geist empfingen, der verheißen worden war.«* Das ist wirklich wichtig. Paulus geht in Galater 3 sehr in die Tiefe und lässt dich wissen, dass du, wenn du in Christus bist,

Abrahams Nachkomme bist. Es hängt allein vom Glauben an Jesus ab. Mit anderen Worten, es kommt nicht darauf an, ob deine Familie jüdischer Abstammung ist. Du gehörst nicht zum Samen, zur Nachkommenschaft und Jüngerschaft Moses und des Gesetzesbundes. In Vers 29 steht: *»Wenn ihr aber Christus angehört, so seid ihr Abrahams Same und nach der Verheißung Erben.«* **Du bist der Same Abrahams und gehörst zu seiner Nachkommenschaft und somit zum Bund der Verheißung durch den Glauben an Jesus.**

Jesus hat dich befähigt, in die Erblinie Abrahams aufgenommen zu werden. Und als Nachkomme Abrahams bist du mächtig gesegnet, wenn du daran glaubst. Du hast den Segen Abrahams, wenn du glaubst. Das ist dein Erbe. Wenn du aber dein Erbe nicht kennst oder nicht daran glaubst, kannst du auch als Christ in Armut bleiben. Du kannst depressiv, besiegt, krank, freudlos und Gott gegenüber uninspiriert bleiben. Du kommst dann zwar immer noch in den Himmel, wenn du stirbst, aber warum solltest du hier so leben wollen? Mach dich über dein Erbe kundig, das du durch den Glauben an Jesus empfängst!

Das Leben Abrahams ist dein Leben. Empfange es. Lebe es aus. Genau das hat die verkrümmte Frau getan. Sie hörte die gute Nachricht von Jesus, diese erstaunliche, freudige, gute Nachricht von Jesus (dass das Reich des Himmels in ihrer Reichweite sei, dass die Verheißungen Abrahams durch den Glauben alle ihr gehörten), und sie nahm dieses Wort in sich auf und fing an, als »eine Tochter Abrahams« zu leben. Sie lebte nicht länger als »eine Tochter Moses, eine Tochter des Gesetzes«. Davon hat Jesus sie befreit! Nun ist sie frei, von Gott zu empfangen, sie ist frei von Schuldgefühlen, frei von Verdammnis. Jesus sieht sie, sieht ihren Glauben und spricht aus, was im Bereich des Geistes bereits Realität war: »Frau, du bist erlöst von deiner Krankheit.« Achte auf die Zeitformen. »Du, als eine Tochter Abrahams, *bist* (jetzt, in diesem Moment – Gegenwartsform –, auch wenn du noch verkrümmt erscheinst) *erlöst* (Vergangenheitsform – etwas, das aufgrund deines Status als Abrahams Tochter vollzogen wurde).«

Er sprach es aus und der ganze Himmel brach los!!! Das bist du. Du bist eine Tochter Abrahams. Empfange das. Du bist ein Sohn Abrahams. Empfange es. Was brauchst du gerade? Abraham litt keinen Mangel, absolut null Mangel. Wende deinen Blick von deiner Leistung nach dem Gesetz ab und sieh auf Jesus, der dich in »Abrahams Same« umbenannt hat. Empfange diese Erklärung: »Ich erkläre dich, als den Samen Abrahams, für erlöst von deiner Krankheit, für erlöst von deinem Mangel, für erlöst von deinen Beschwerden.«

Jesus heilte diese Frau. Der Synagogenvorsteher wird daraufhin wütend, weil Jesus am Sabbat geheilt hat. Und jetzt folgt das »*Da* sprach er: …« Jesus erklärt uns nun, warum und wie diese erstaunliche Sache passieren konnte. *»Es [das Reich Gottes] gleicht einem Senfkorn, das ein Mensch nahm und in seinen Garten warf. Und es wuchs und wurde zu einem großen Baum, und die Vögel des Himmels nisteten in seinen Zweigen«* (Lk 13,19). Wofür steht das Senfkorn? Dieser Same ist die gute Nachricht vom Reich, die gute Nachricht von Jesus, die dich von Sünde, Schuld und Verdammnis befreit und dich dazu bringt, auf eine neue und lebendige Weise mit Gott in Beziehung zu treten; nicht darauf basierend, wie gut du darin bist, ein heiliges Leben zu führen, nicht auf dem Gesetz und auch nicht auf deinem Wohlverhalten gründend, sondern auf dem Glauben an das vollbrachte Werk Jesu.

Die gute Nachricht vom Reich besteht darin, dass Jesus deine Sünden, jede einzelne von ihnen – vergangene, gegenwärtige und künftige Sünden –, gebündelt von dir weggenommen hat und am Kreuz den Preis für sie vollständig bezahlte. Sie sind restlos beglichen. Dein himmlischer Vater legt dir nichts mehr zur Last. Er rechnet dir keine deiner Sünden an (siehe 2Kor 5,19). Niemals. Er hat dich durch den Glauben an Jesus zu einer neuen Kreatur gemacht, dich für immer vollkommen gemacht und dir ein Anrecht an den Verheißungen und dem Erbe Abrahams gegeben. Du hast vollen Anspruch darauf.

Das ist deine Realität. Und wenn du damit in Übereinstimmung kommst, wirst du die Erfahrung machen, dass dein Körper von explosiver Auferstehungskraft bewohnt wird. Wenn du diese Realität für dich annimmst, bist du wie ein Mensch, der ein Senfkorn nimmt, das man ihm gegeben hat, und es in seinen Garten sät. Und dann geschieht etwas. Der Same des Evangeliums – nicht des Gesetzes –, der Same der Ungezwungenheit und Gerechtigkeit und Freiheit in Christus ist guter Samen. Er wird wachsen. Er beginnt im Inneren zu keimen, wo niemand es sehen kann; genau wie beim Samenkorn, das im Erdreich liegt, bleibt das Wachstum zunächst unsichtbar, aber dann bricht das, was daraus erwächst, schließlich durch und wird für alle sichtbar. Das Samenkorn kann nicht anders. Es liegt in seiner Natur.

Darin besteht der Unterschied zwischen dem alten Bund des Gesetzes und dem neuen Bund der Gnade. Die Gnade wächst immer nach oben, entfaltet sich und gibt Gott die Ehre. Wie ein Baum, der seine Äste himmelwärts reckt, so weist die Gnade ausnahmslos immer nach oben zum Himmel, zu Gott. **Gnade lässt dich zu Gott hinwachsen. Das Gesetz lässt dich nach innen, nach unten und auf dich selbst gerichtet wachsen. Das Gesetz lenkt deine Aufmerksamkeit auf dich selbst, darauf, wie gut oder wie schlecht du dich verhältst.**

Johannes der Täufer (zu Jesu Zeiten) sagte, dass dieser Bund weichen würde. Die Axt ist bereits an die Wurzel dieses Baumes gelegt; wir reißen diesen Baum mitsamt den Wurzeln aus. Er sagte: »Ich tauche euch ins Wasser und habe dabei die Sünden im Blick, aber der eine, der nach mir kommt, Jesus, wird euch in Gott eintauchen.« Wenn du in etwas eintauchst, ist das, was dich umgibt, alles, was du sehen kannst. Wenn du in das Gesetz und das Sündenbewusstsein eingetaucht werden willst, wirst du nichts außer deiner Unwürdigkeit sehen. Aber wenn du in Gott eintauchst, wirst du nur Gott sehen. Du wirst seine Gerechtigkeit und seine Liebe – wahre Liebe – zu dir sehen, wirst seinen Reichtum in Herrlichkeit, seinen Segen über dir, seine Hilfe, seine Führung, seine Heilung, seine Kraft und seinen Plan für dich sehen. Wir reden hier von übernatürlichen Dingen.

Ich habe das zuvor nie wirklich verstanden. Jesus spricht hier von einem Senfkorn. Senfkörner wachsen zu Senfsträuchern heran. Die Menschen zu Jesu Zeiten waren alle Bauern, also wussten sie das. Man sät ein Senfkorn, man bekommt einen Senfstrauch. Ich habe viele Prediger gehört, die eine Erklärung zu finden versucht haben. Die wie auch ich alles durchforsteten, um Aufschluss darüber zu bekommen, welche Art von Senfkorn zu einem Baum heranwächst. Und wenn man lange genug sucht, findet man die eine oder andere wilde Sorte, deren Stängel einigermaßen in die Höhe wachsen; von einem Baum sind sie aber trotzdem noch weit entfernt. Mir ist inzwischen aber klar, dass Jesus hier etwas ganz Bestimmtes zum Ausdruck bringen will. Er redet nicht einfach von *irgendeinem* Samen. Er nennt *ausdrücklich* das Senfkorn. Er sagt nicht, dass das Reich Gottes wie eine Eichel ist, die zu einer großen Eiche wird. Er sagt, das Reich Gottes ist wie ein Senfkorn, das ein Mensch in seinen Garten sät und das dann zu einem »großen Baum« heranwächst (Vers 19). Das griechische Wort hier ist *megas*. Es wächst zu einem Mega-Baum heran. Das ist der Punkt. Das Reich Gottes zeigt sich nicht als das, was im Natürlichen zu erwarten wäre. Es wächst zu keiner krautigen Pflanze heran. Es wird zu etwas Übernatürlichem, es wird zu einem Mega-Baum.

Wenn das Wort des reinen Evangeliums von dir empfangen und geglaubt und in dein Herz gesät wird, zeigt es übernatürliches Wachstum. Es ist größer, als du es erwartest. Es ist ein Wunder. Es ist Wachstum, das von Gott kommt. Es ist als von Gott kommend erkennbar. Das ist, was in deinem Leben gerade passiert. Dein Retter Jesus versorgt dich mit dem Wachstum, das von Gott kommt, dem Mega-Wachstum, der übernatürlichen Zunahme. Das ist nichts, was du tun kannst. Dafür kannst du nicht sorgen. Es hängt nicht von deiner Anstrengung ab; das Wachstum kommt von deinem Vater. Wenn du anfängst, »eine Tochter Abrahams« zu sein, wenn du anfängst, dich als dem Bund des Glaubens zugehörig zu sehen, dem Gnadenbund (dem Geistesbund) und nicht dem Leistungsbund (dem Gesetzesbund), kommt es zu Wachstum – nicht aufgrund *deiner* Heiligkeit, sondern weil das reine Evangelium Jesu in dir zunimmt.

Dein Vater-Gott will dich segnen. Er hat den Fluch von dir genommen, wie es im Galaterbrief steht, und was übrigbleibt, sind die Segnungen Abrahams, die dir gehören, weil du durch den Glauben zu Gottes Kindern zählst. Jesus erklärt hier nicht weniger als den Grund, weshalb eine Frau, die achtzehn Jahre lang verkrümmt gewesen war, sich auf wundersame Weise aufrichten und vor den Augen aller geheilt werden konnte: **Weil das Reich Gottes nicht natürlich ist.** Und um das Bild zu vervollständigen, erzählt Jesus von einem weiteren Aspekt dessen, was in dieser Frau vor sich geht, und er tut es mit einem weiteren Gleichnis.

»Es [das Reich Gottes] gleicht einem Sauerteig, den eine Frau nahm und heimlich in drei Scheffel Mehl hineinmischte, bis das Ganze durchsäuert war« (Vers 21). Kannst du dir vorstellen, wie Jesus dabei direkt diese Frau anblickt, die eben geheilt worden war? Sie ist diese eine Frau in dem Gleichnis! Und er sieht sie mit Mitgefühl, Liebe und Freude an. So viel Freude. Und er sagt: »Das Reich Got-

tes ist wie eine Frau, die die frohe Botschaft angenommen und in ihrem Herzen verborgen hat; es ist wie eine Person, die Sauerteig nimmt und ihn in den Teig steckt. Dieser Teig wird nie wieder so sein, wie er war.« Nun habe ich zwar noch nie in meinem Leben einen Laib Brot gebacken, aber ich habe meiner Oma dabei zugesehen. Und ich sage dir, es gibt nichts Besseres als Brot, das warm aus dem Ofen kommt – und wenn du es dann mit Butter bestreichst und diese ins Brot hinein schmilzt … so lecker!

Ich wusste nichts über das Brotbacken, also habe ich ein wenig darüber recherchiert. Ich fand heraus, dass Sauerteig, neben anderen Mikroorganismen, winzige, rundliche, farblose einzellige Hefepilze enthält. Und wenn ein solcher Sauerteig einem Backteig zugegeben wird, vermehrt sich der darin enthaltene Hefepilz extrem schnell. Tatsächlich ist der Prozess der Durchsäuerung so explosionsartig, dass er in der Backwarenherstellung nur schwer zu kontrollieren ist. Sobald dieser Sauerteig hinzugefügt wird, wandeln die Mikroorganismen darin die Stärke in Zucker um und bilden Alkohol und Kohlendioxid (das zu Luftbläschen im Brot wird). Am Ende des Prozesses hat sich die gesamte chemische Struktur des Teigs verändert. Er bekommt eine völlig neue Substanz.

Schau dir jetzt aber mal an, wie konkret Jesus bei diesem Gleichnis wird. Er sagt, dass die Frau, als sie den Sauerteig zum Teig hinzufügte – als die Tochter Abrahams das Wort der Gnade in sich aufnahm –, so vorging, dass sie den Sauerteig unter »drei Scheffel Mehl« mischte (Vers 21). Wie eigenartig, ausgerechnet drei Scheffel Mehl. Im griechischen Grundtext ist das Wort für Scheffel *saton*, also »drei *saton* Mehl«, genug für drei Brotlaibe.

Es ist das Wort der Gnade, das einen Menschen verändert. Die biblische Sicht auf die Natur eines jeden Menschen ist, dass wir ein dreiteiliges Wesen sind: Körper, Geist und Seele (unsere Seele besteht aus unserem Denken, unserem Willen, unseren Emotionen und unserem Gewissen). Wie Paulus in 1. Thessalonicher 5,23 sagt: *»Er selbst aber, der Gott des Friedens, heilige euch durch und durch, und euer ganzes [Wesen], der Geist, die Seele und der Leib, möge untadelig bewahrt werden bei der Wiederkunft unseres Herrn Jesus Christus!«* Paulus sagte an anderer Stelle, dass alles, was er über das Evangelium wusste, ihm von Jesus vermittelt worden war. Seine Aussage über die dreigeteilte Natur eines Menschen entsprang also Jesu eigener Lehre.

Jesus sagt uns in diesem Gleichnis, dass das reine Evangelium von ihm und seinem vollbrachten Werk, sobald du es aufgenommen hattest, dich zusehends zu verändern begann. Tatsächlich verändert es jeden Teil der menschlichen Natur. Dein Geist ist mit seinem Geist verbunden und du wirst zu einer neuen Kreatur (einer völlig neuen Spezies), die für immer vollkommen gemacht wurde. Nichts kann das ändern oder rückgängig machen. Deine Seele, wie du denkst, was du fühlst, deine Motive, deine Erwartungen, all das wird zunehmend davon beeinflusst. Die Kontrolle darüber liegt bei dir. Du kontrollierst die »Durchsäuerung« deiner Seele. Je mehr Sauerteig des Evangeliums du deiner Seele zuführst, desto stärker wird deine Seele dadurch verändert. Aber versteh das richtig: Nicht du veränderst deine Seele – Jesus tut es. Du selbst kannst nichts weiter tun, als deiner Seele Sauerteig hinzuzufügen oder auch nicht.

Wenn ein Gläubiger in dieser guten Nachricht lebt, heißt es nicht: »O Mann, ich sollte mich wohl besser anstrengen, ein tadelloses Leben zu führen. Ich muss mich richtig reinknien und versuchen, Gott mit jeder Faser meines Seins zu lieben.« Nein! Du kannst Gott nicht von dir aus lieben. Du kannst aus eigener Kraft kein wirklich gottgefälliges Leben führen. Du wirst es nicht einmal wollen. **Aber das Wunder der Gnade ist, dass eine Verwandlung stattfindet, sobald du deiner Seele die gute Nachricht zuführst. Du *willst* dann ein gottgefälliges, fruchtbares Leben führen. Du**

empfindest in deinem Herzen *Liebe* für Gott. Du liebst Gott! Diese Liebe hast nicht du erzeugt. Du hast sie nicht selbst aufkommen lassen. Sie ist das Ergebnis des Wunders, das geschieht, wenn du die »Hefe« des reinen Evangeliums empfängst.

Glaubst du etwa, dass die Frau, die achtzehn Jahre lang unter dem Geist der Krankheit gelitten hatte, mühevoll Liebe zu Gott in ihrer Seele heraufbeschwören musste, nachdem sie geheilt worden war? Ganz sicher nicht! Sie war augenblicklich Hals über Kopf in ihn verliebt! Die Liebe kam einfach über sie! Sie hat nichts *getan*! Sie hat einfach empfangen! Sie saß zu Jesu Füßen und hat von ihm gezehrt.

So machen es auch meine Frau Sherry und ich. Ich habe mein iPad direkt neben meinem Bett auf dem Nachttisch liegen, und wenn morgens der Wecker klingelt, stecke ich mir meist als Erstes die Ohrhörer in meine Ohren und höre mir die Lehre der reinen Gnade von einem Prediger an, von dem ich weiß, dass er mich mit Gnade füttern wird. Ich esse dann mein (geistliches) Frühstück. Und wenn ich danach aus dem Bett steige, bin ich wie verwandelt. Ich bin ein anderer Mensch. Meine Seele, meine Gedanken, meine Motive, meine Liebe, mein Gewissen – all das hat sich verändert. Ich bin froh, ein Mensch zu sein. Und ich weiß, dass mein Vater-Gott mich segnen wird. Später esse ich noch etwas mehr davon. Irgendwann ruft dann Sherry nach mir und gibt mir auch noch etwas zu essen.

Ich verändere mich nicht selbst. Jesus verändert mich. Es ist nicht schwer. Es ist total einfach. Ein einstufiger Umwandlungsprozess – einfach Sauerteig hinzufügen. Füge Jesus hinzu. Das ist alles. Es ist das einfachste von allen Rezepten. Ich versuche nicht, es übertrieben vereinfacht darzustellen oder dich mit leerem Gerede abzuspeisen. Mehr gehört einfach nicht dazu. Der Sauerteig des reinen Evangeliums wird dich verändern. Er verändert auch deinen

Körper, einen der drei Teile, die dich als Ganzes ausmachen. Wir empfangen Heilung und Genesung und eines Tages bekommen wir einen Körper, der den vollendeten Zustand deines Geistes in jeder Hinsicht exakt widerspiegelt. Er gehört dir bereits; wie einen Mantel wirst du ihn eines Tages einfach anziehen.

All das geschieht mit dir in diesem Moment, und du tust dabei nichts weiter, als einfach zu empfangen. Das ist es, was dem Herrn gefällt. Empfängst du gerade? Dann höre, wie Gott zu dir sagt: »Du bist mein geliebtes Kind, an dem ich große Freude habe. Mein Reich wächst in dir wie verrückt. Es verwandelt jeden Teil von dir von innen heraus.«

Kapitel 7

DAS GLEICHNIS VOM BARMHERZIGEN SAMARITER

Und siehe, ein Gesetzesgelehrter trat auf, versuchte ihn und sprach: Meister, was muss ich tun, um das ewige Leben zu erben? Und er sprach zu ihm: Was steht im Gesetz geschrieben? Wie liest du? Er aber antwortete und sprach: »Du sollst den Herrn, deinen Gott, lieben mit deinem ganzen Herzen und mit deiner ganzen Seele und mit deiner ganzen Kraft und mit deinem ganzen Denken, und deinen Nächsten wie dich selbst!« Er sprach zu ihm: Du hast recht geantwortet; tue dies, so wirst du leben! Er aber wollte sich selbst rechtfertigen und sprach zu Jesus: Und wer ist mein Nächster?

Da erwiderte Jesus und sprach: Es ging ein Mensch von Jerusalem nach Jericho hinab und fiel unter die Räuber; die zogen ihn aus und schlugen ihn und liefen davon und ließen ihn halb tot liegen, so wie er war. Es traf sich aber, dass ein Priester dieselbe Straße hinabzog; und als er ihn sah, ging er auf der anderen Seite vorüber. Ebenso kam auch ein Levit, der in der Gegend war, sah ihn und ging auf der anderen Seite vorüber. Ein Samariter aber kam auf seiner Reise in seine Nähe, und als er ihn sah, hatte er Erbarmen; und er ging zu ihm hin, verband ihm die Wunden und goss Öl und Wein darauf, hob ihn auf sein eigenes Tier, führte ihn in eine Herberge und pflegte ihn. Und am anderen Tag, als er fortzog, gab er dem Wirt zwei Denare und sprach zu ihm: Verpflege ihn! Und was du mehr aufwendest, will ich dir bezahlen, wenn ich wiederkomme. Welcher von diesen dreien ist deiner Meinung nach nun der Nächste dessen gewesen, der unter die Räuber gefallen ist? Er sprach: Der, welcher die Barmherzigkeit an ihm geübt hat! Da sprach Jesus zu ihm: So geh du hin und handle ebenso! — Lukas 10,25-37

Das vielleicht bekannteste Gleichnis, das Jesus je gelehrt hat, ist das Gleichnis vom barmherzigen Samariter. »*Und siehe, ein Gesetzesgelehrter trat auf, versuchte ihn und sprach: Meister, was muss ich tun, um das ewige Leben zu erben? Und er sprach zu ihm: Was steht im Gesetz geschrieben? Wie liest du?*« (Lk 10,25–26). Man beachte, dass dieser Gesetzesgelehrte nicht wirklich etwas lernen will. Er hat nicht die Haltung eines Lernenden. Seine Haltung ist die eines Verhörenden. Er trat auf, um Jesus auf die Probe zu stellen, um ihn zu verhören; tatsächlich bedeutet das griechische Wort, das hier mit »versuchen« übersetzt wurde, »vor Gericht stellen«. Er tritt also vor Jesus hin und ist dabei überzeugt, dass er selbst die richtige Antwort auf die Frage »Was muss ich tun, um das ewige Leben zu erben?« bereits hat. Er will sich nur vergewissern, dass Jesus ebenfalls weiß, wie die richtige Antwort darauf lautet.

»*Was muss ich tun, um das ewige Leben zu erben?*« – Wie lautet nun die richtige Antwort auf diese Frage? Die richtige Antwort im Kopf dieses Gesetzesgelehrten ist folgende: »Halte das Gesetz. Halte es ein, und du wirst vor Gott für gerecht befunden werden und so das ewige Leben erben.« Dieser Gesetzesgelehrte ist ein Gelehrter des religiösen Gesetzes. Er ist ein Experte für das Gesetz Gottes – nicht nur für die Zehn Gebote, sondern für alle Gesetze Gottes in der Thora, den ersten fünf Büchern der Bibel. Er kennt das Gesetz des alten Bundes von vorne bis hinten; es ist sein Leben! Und du kannst darauf wetten, dass er das Gesetz so gut einhält, wie man es nur einhalten kann, und dass er bei anderen religiösen Menschen gut angesehen ist.

Er kennt also die Antwort auf seine Frage. Aber er will aus Jesu eigenem Mund hören, was *er* für die richtige Antwort hält. Überleg mal! Dieser Mann stand Jesus misstrauisch gegenüber. Dieser Gesetzesgelehrte bezweifelte, dass Jesus die richtige Antwort auf die Frage geben würde. Jesu Lehren und sein Dienst hatten diesen Mann zu dem Schluss kommen lassen, dass Jesus abweichend darauf antworten würde, wie ein Mensch das ewige Leben erbt. Aber warum sollte dieser Gesetzesgelehrte das denken?

Nun, Jesus behandelte sündige, gesetzesbrüchige Menschen so, als seien sie von Gott geliebt und angenommen. Jesus heilte Sünder – gesetzesbrüchige Menschen. Jesus vergab Sündern – gesetzesbrüchigen Menschen. Jesus speiste auf wundersame Weise Sünder – gesetzesbrüchige Menschen. Er gab sündigen, gesetzesbrüchigen Menschen das Gefühl, gesegnet zu sein. Er sagte zu sündigen, gesetzesbrüchigen Menschen, dass sie ihr Denken ändern müssten (Buße tun): »Ändert die Art und Weise, wie ihr denkt; das Reich Gottes ist nahe. Es ist zum Greifen nah, ihr könnt es erreichen. Sündige Menschen (geistlich arme Menschen) können in das Reich Gottes eintreten und es erben.«

Das ergab für diesen Gesetzesgelehrten keinen Sinn. Diese sündigen Menschen, die geheilt und gespeist wurden und in den Genuss der Begünstigungen des Reiches Gottes kamen, *verdienten es einfach nicht*. Und dann bekamen sie auch noch eine falsche Vorstellung von Gott, weil Jesus sie segnete und irreführende Aussagen machte wie die, dass Gott sie liebe. Dieses ganze Zeug machte den Kerl einfach nur wütend, also stellte er Jesus auf die Probe. »Jesus, was muss ich tun, um das ewige Leben zu erben? Es sieht nämlich so aus, als wolltest du es einfach an Menschen verschenken, die es gar nicht verdienen. Also frage ich dich, **was muss ich tun**, um es zu erben?« Und dieses ganze Gleichnis und alles, was hier folgt, ist eine Antwort auf diese eine Frage. Was muss ich tun, um das ewige Leben zu erben? Was muss *ich tun*?

Die gesamte Frage geht von eigenem »Tun« aus und lässt Gnade als Möglichkeit komplett außen vor. Was muss *ich tun*? Tatsache ist: Wenn Menschen zu Jesus kamen, die in der Denkweise des alten Bundes, der eigenen Werke feststeckten, antwortete Jesus ihnen mit noch mehr vom alten Bund. Wenn du dich Gott mit einem »Was muss ich tun?« näherst, wenn du die Beziehung zu Gott durch das Gesetz, durch deine eigenen Bemühungen suchst, dann wird sich die Antwort, die du erhältst, auch nur auf deine Leistung beschränken. **Wenn du dich Gott mit Blick auf deine eigenen Bemühungen um Heiligkeit näherst, wirst du von Gott nur die Antwort bekommen, »dich mehr anzustrengen«.**

Andererseits antwortete Jesus den Menschen, die offen und belehrbar zu ihm kamen und die nicht auf das Gesetz bauten, immer mit überfließender Gnade. Der Gelähmte, der durch das Dach zu Jesus hinuntergelassen wurde, fragte nicht: »Was muss ich tun, um gesund zu werden?« Dieser Mann war nicht in der Lage, irgendetwas zu tun. Er konnte nur empfangen. Und bevor dieser Mensch auch nur ein Wort sagen konnte, hatte Jesus ihm alle seine Sünden vergeben, ihn von allen seinen Krankheiten geheilt und ihn mit einem neuen Leben, einem Leben der Freude, wieder auf den Weg geschickt! Nichts getan – nur unverdiente Gunst empfangen.

Aber schau dir diesen Gesetzesgelehrten an. Er kommt mit dem Gesetz zu Jesus, zu Gott, und alles, was er bekommt, ist mehr Gesetz. Denk an den reichen jungen Herrscher, der die gleiche Frage stellte: »Guter Lehrer, was soll ich tun, um das ewige Leben zu erben?« Jesus antwortete ihm sinngemäß so: »Wenn du etwas tun willst, um das ewige Leben zu erben, dann ist deine Antwort das Gesetz. Nur zu. Erfülle es. Was sagt das Gesetz?« Den Gesetzesgelehrten fragt er das Gleiche und dessen Antwort ist: »Du sollst den Herrn, deinen Gott, lieben mit deinem ganzen Herzen und mit deiner ganzen Seele und mit deiner ganzen Kraft und mit deinem ganzen Denken, und deinen Nächsten wie dich selbst!« Jesus sagt daraufhin zu ihm: »Du hast recht geantwortet; tue dies, so wirst du leben!« Jetzt will der Mann sich rechtfertigen und fragt Jesus: »Und wer ist mein Nächster?« (siehe Verse 27–28).

Jesus sagt: »Tu es. Erfülle das Gesetz. Nur zu. Liebe Gott zu jeder Zeit mit jeder Faser deines Seins. Und liebe deinen Nächsten mit der gleichen Intensität und Innigkeit und dem gleichen Eifer, mit dem du dich selbst liebst. Sei perfekt darin und, ja, dann wirst du leben.« Doch tief in seiner Seele hatte dieser Gesetzesgelehrte das nagende Gefühl, dass ihm etwas fehlte. Jeder, der unter dem Gesetz steht, empfindet so. Das sind Verdammnisgefühle. Der einzige Ausweg aus dieser Situation besteht darin, das Gesetz so zu beugen, dass es erfüllbar wird. Deshalb will er sich nun vor den anderen und vor sich selbst rechtfertigen, um zu zeigen, dass er einer ist, der das Gesetz einhält, und dass er somit das ewige Leben erben würde. Er will eine klare Definition (»Wer ist mein Nächster?), um es genau eingrenzen zu können. Er will das tun, was alle Pharisäer mit dem Gesetz gemacht haben: es erfüllbar machen.

Diese Art von Reaktion bekam Jesus von allen, die am Gesetz festhielten. **Seine Antwort sollte ihnen zeigen, wie unmöglich es ist, das Gesetz zu erfüllen. Er wollte sie zur Aufgabe dieses ganzen Systems bringen.** »Ihr habt gehört, dass gesagt wurde: ›Du sollst nicht ehebrechen!‹ Ich aber sage euch: Wer eine Frau ansieht, um sie zu begehren, der hat in seinem Herzen schon Ehebruch mit ihr begangen. Ihr habt gehört, dass gesagt wurde: ›Du sollst nicht töten.‹ Ich aber sage euch: Wenn ihr auf einen Bruder zornig seid, droht euch bereits das Höllenfeuer.« So geht es immer weiter. »Ihr müsst so vollkommen sein, wie euer Vater im Himmel es ist.« Er versucht sie davon abzubringen, sich Gott durch ihre eigene Leistung nähern zu wollen.

Jesus muss diesem Mann also irgendwie helfen, seine wahre Stellung vor Gott zu sehen. Deshalb erzählt er ihm dieses Gleichnis: *»Es ging ein Mensch von Jerusalem nach Jericho hinab und fiel unter die Räuber; die zogen ihn aus und schlugen ihn und liefen davon und ließen ihn halb tot liegen, so wie er war«* (Vers 30). Von wem spricht Jesus? Erkennst du, dass die zentrale Figur dieser Geschichte nicht der Samariter ist? Die Hauptperson in diesem Gleichnis ist der Mann, der zusammengeschlagen und dem Tod überlassen wird.

Bei der Frage des Gesetzesgelehrten, wie auch bei der ganzen Unterhaltung, geht es um diesen einen Punkt: »Was muss ich tun, um das ewige Leben zu erben?« Jesu Antwort ist: »Tun? Du kannst nichts tun. Ich erzähle dir eine Geschichte. Es lag ein halbtoter Mann am Straßenrand. Und der bist du. Du bist dieser Mann!« **Dies ist nicht die Geschichte des barmherzigen Samariters. Dies ist die Geschichte des halbtoten Mannes.** Räuber haben ihn angegriffen. Sie haben den Kerl grün und blau geschlagen. Ich glaube, sie waren zu zehnt und hatten alle den gleichen Nachnamen – »Gebote Gottes«. Jesus sagt, dass der Mann entkleidet und verwundet dalag. Seiner Kleidung beraubt, entblößt und beschämt, hatte er nichts, womit er seine Nacktheit verdecken konnte. Na sowas, das hört sich irgendwie vertraut an – klingt nach Adam und Eva im Paradies, gleich nachdem sie begonnen hatten, ihre Beziehung zu Gott auf das Fundament ihrer Kenntnis von Gut und Böse, ihrer eigenen Werke zu stellen. Es klingt nach *Scham*! Man hatte ihm die Kleidung heruntergerissen *und* er war so schwer verwundet, dass er halb tot war. Mit anderen Worten, er lebte, aber mit Genuss hatte dieses Leben sicherlich nichts zu tun.

Die Räuber entblößen ihn, nehmen ihm seine Würde, und er ist halb tot, unfähig, sich selbst zu helfen. So sieht die Lage von jemandem aus, der unter dem System des Gesetzes lebt. Das Gesetz verurteilt uns, es deckt unsere Schande auf. Wie Adam und Eva stellen wir fest, dass wir vor Gott nackt sind, und wir wollen etwas tun, um unsere Nacktheit zu verdecken. Aber halbtote Menschen können sich nicht selbst helfen. Sie können nichts weiter tun, als dazuliegen und vor sich hin zu bluten.

Ich erinnere mich, wie ich im Gebet vor Gott auf meine Brust geschlagen habe, weil ich ihn immer wieder enttäuscht hatte (meine Leistung sollte mich ihm nahebringen!). »Bitte vergib mir, bitte vergib mir noch dieses eine Mal.« Ich blutete – blutete Verurteilung aus. »Jesus, wenn du mir noch einmal verzeihen kannst, verspreche ich, dass ich beim nächsten Mal besser predigen werde. Ich werde die Person im Lebensmittelgeschäft ›evangelisieren‹, zu der ich nichts gesagt habe. Ich werde aufhören, so faul zu sein, und werde um 5:30 Uhr aufstehen und eine Stunde lang beten, bevor ich meinen Tag beginne. Ich will nicht lügen, ich will nicht gierig sein und auch nicht wütend oder böse auf meine Frau oder meine Kinder, aber irgendwie scheine ich dich mit allem, was ich tue, immer zu enttäuschen.«

Jeder Gesetzestreue betet etwas in der Art. Und die ganze Zeit, während wir so beten, wissen wir im Hinterkopf, dass wir wieder versagen *werden*, weil wir diese Art von Gebet schon so oft gebetet haben und trotzdem nie die Kraft fanden, uns zu ändern. Aber wir dachten immer, wenn wir jetzt, an diesem Tag, zumindest für eine Weile ins Reine mit ihm kämen, würde unser Inneres zur Ruhe kommen; wenn auch nur für ein paar Minuten. Das sind die blind eifernden Gebete eines halbtoten Menschen, der dauernd gut zu sein versucht und doch nie gut genug ist.

Dieses System des »Was muss ich tun?« lässt dich entblößt, beschämt, verwundet und eines Retters bedürftig zurück. Der Gesetzesgelehrte brauchte einen Retter. Er brauchte jemanden, der ihn rettete. Also fährt Jesus mit dem Gleichnis fort. Vers 31: »*Es traf sich aber, dass ein Priester dieselbe Straße hinabzog; und als er ihn sah, ging er auf der anderen Seite vorüber.*« Ein Priester kommt aus Jerusalem die Straße hinunter. Man beachte, dass es nicht einfach ein Mitjude war. Jesus will hier auf etwas ganz Bestimmtes hinaus. Dieser Priester war der Vermittler des alten Bundes. Er brachte stellvertretend für das Volk Opfer für dessen Sünden. Er sollte die Dinge zwischen den Menschen und Gott in Ordnung bringen. Wenn eine Person sündigte, brachte sie ein Tieropfer mit, das an ihrer Stelle geopfert werden sollte (meistens ein Lamm, das makellos sein musste). Die Schuld des Sünders wurde dann symbolisch auf das Lamm übertragen, und das Lamm erlitt als Folge dieser Sünden den Tod stellvertretend für den Sünder. Das war der alte Bund. Der Priester war der Mittler des alten Bundes zwischen Gott und den Menschen.

Das Problem beim alten Bund war aber, dass es nur ein Bild sein sollte, ein Wegweiser zur endgültigen Lösung, die Gott in Jesus bereithalten würde. Die Bibel sagt in Hebräer 10,4: »*Denn unmöglich kann das Blut von Stieren und Böcken Sünden hinwegnehmen!*« Das Opfer des alten Bundes war ein Schatten, ein Hinweis darauf, was Jesus tun würde. Als Johannes der Täufer Jesus zum ersten Mal sah, rief er, sodass alle es hören konnten: »*Siehe, das Lamm Gottes, das die Sünde der Welt hinwegnimmt*« (Joh 1,29)! Das Opfersystem konnte das nicht – nur Jesus konnte es. Auch die Priester konnten das nicht – nur Jesus konnte es tun.

Zurück zum verletzten Mann am Straßenrand: In Vers 31 sagt Jesus, dass der Priester, »*als er ihn sah, auf der anderen Seite vorüber[ging].*« Dem Schriftgelehrten sagt er damit: »Wenn du auf die Priester des alten Bundes vertraust und darauf, dass ihre Opfer die Dinge in Ordnung bringen, dann hast du dein Vertrauen auf die Falschen gesetzt. Der Priester wird dir nicht helfen. Der Priester ist nicht in der Lage, deine Schande zu bedecken und deine Wunden zu heilen. Der Priester kann die Dinge zwischen dir und Gott nicht in Ordnung bringen. Der Priester kann dir nicht helfen, das ewige Leben zu erben. Er läuft an dir vorüber.«

»Also, du Mann des Gesetzes, wer wird nun dein Retter sein?« Vers 32: *»Ebenso kam auch ein Levit, der in der Gegend war, sah ihn und ging auf der anderen Seite vorüber.«* Die Leviten waren die Hüter des Gesetzes. Sie waren keine direkten Nachkommen Aarons und konnten deshalb nicht als Priester dienen. Aber sie dienten den Priestern als Helfer und achteten als solche darauf, dass alles dem Gesetz Moses entsprechend ausgeführt wurde. Dieser Gesetzesgelehrte war wahrscheinlich ein Levit. Viele der Pharisäer dürften Leviten gewesen sein. Das waren die Leute, die einem genau sagen konnten, wie viele Schritte an einem Sabbattag erlaubt waren, bevor diese zu »Arbeit« wurden und somit gegen das Gesetz verstießen. Diese Leute versuchten mit aller Kraft, Gottes Liebe und Annahme zu erlangen, indem sie sein Gesetz einhielten, Gutes taten und alle Regeln befolgten. Auch heute, in der Gemeinde Christi, gibt es sie noch: Menschen, die denken, dass es beim Christsein darum geht, alles richtig zu machen, indem man das Gesetz einhält. Und ihre Botschaft lautet: »Du solltest anfangen, dich besser zu verhalten.«

Die Betonung liegt immer auf Leistung und Heiligkeit. »Ein untadeliges Leben wird die Dinge in Ordnung bringen. Gib dir mehr Mühe.« Der moderne Levit in der Gemeinde Christi wird dir sagen, dass deine Sünde dich von Gott trennt: »Jede Sünde trennt euch von ihm. Und wenn ihr die Sünde nicht bekennt und Buße tut, seid ihr verloren. An alle Ehebrecher, Homosexuelle und Alkoholiker: Ihr seid alle verloren! Lebt nach dem Gesetz Gottes oder tragt die Konsequenzen.« So reden ohnmächtige Heuchler, die sich irgendwie überzeugt haben, dass sie das Gesetz Gottes gut genug befolgen, sodass Gott nicht zornig auf sie ist – aber *du*, du musst in deinem

Leben aufräumen. Ist das der richtige Weg? Ist es das, was dich retten wird, wenn du vor Gott stehst? Nein, der Levit, der Gesetzesexperte, kann deine Wunden nicht heilen oder deine Schande bedecken; er enthüllt deine Schande nur noch weiter. Und so geht der Levit auf der anderen Seite der Straße vorüber.

»Wer wird dir zur Hilfe kommen, o du Gelehrter des Gesetzes?« Jetzt kommt der *Schamerim* ins Spiel. Das ist ein hebräisches Wort; bei der Übertragung ins Griechische wurde daraus der »Samariter«. Für uns ist das nur ein Eigenname, aber es steckt mehr dahinter. Die Samariter waren ein Volk von gemischt-jüdischer Abstammung. Sie waren keine reinen Juden, und die Juden verachteten sie nur. Dass der Held der Geschichte, der Retter, jemand war, den die Juden verachteten, ist somit ein schockierendes, aber bedeutungsvolles Detail in dem Gleichnis. Jesus wurde von seinem eigenen Volk verachtet und abgelehnt. Der Retter in dieser Geschichte wird ebenfalls verachtet und abgelehnt; er ist nicht die Art von Person, die der Gesetzesgelehrte wählen würde, um sich von ihm retten zu lassen. Aber hier geht etwas noch Tiefsinnigeres vor sich. Das hebräische Wort *schamerim*, das im Griechischen zu Samariter wurde, bedeutet »Hüter«. Es ist das gleiche Wort, das in 1. Mose 4,9 verwendet wird, nachdem Kain Abel ermordet hatte. Gott kommt zu Kain und fragt: »Wo ist dein Bruder Abel?« Und Kain antwortet: »Ich weiß es nicht. Bin ich der *Schamerim* meines Bruders?« Bin ich der Hüter meines Bruders? Bin ich der Beschützer meines Bruders?

»Ein Samariter aber kam auf seiner Reise in seine Nähe, und als er ihn sah, hatte er Erbarmen; und er ging zu ihm hin, verband ihm die Wunden und goss Öl und Wein darauf, hob ihn auf sein eigenes Tier, führte ihn in eine Herberge und pflegte ihn. Und am anderen Tag, als er fortzog, gab er dem Wirt zwei Denare und sprach zu ihm: Verpflege ihn! Und was du mehr aufwendest, will ich dir bezahlen,

wenn ich wiederkomme« (Lk 10,33–35). Jesus ist der *Schamerim*; er ist der Beschützer, er ist der Retter. Und ich möchte, dass du die liebevolle Fürsorglichkeit deines Erlösers hierin erkennst und sie auf dein Leben überträgst, denn alles, was er in dem Gleichnis für diesen halbtoten Menschen tut, hat dein Beschützer auch für dich getan.

Erstens: *»Er sah ihn.«* Jesus sah diesen Mann in seiner Not, in seiner Hilflosigkeit. Jesus sieht dich in deiner Not, in deiner Hilflosigkeit, und seine Antwort ist nicht »Tu was!« Nein, er sieht dich in deinem Zustand der Verwundung und Scham und hat Erbarmen mit dir, und er tut für dich, was du für dich nicht selbst tun kannst. *»Als er ihn sah, hatte er Erbarmen.«* Wenn du dich hilflos fühlst, verurteilt, geprügelt, niedergeschlagen, wenn du angesichts des Scheiterns und der falschen Entscheidungen in deinem Leben schmerzlich zusammenzuckst, sieht dein Beschützer Jesus dich mitfühlend an. Weder verurteilt er dich, noch verschlimmert er deine Wunden. Als Jesus bei dir ankam, hatte er ein Ziel: dich zu heilen. Dich heil werden zu lassen, damit du das »ewige Leben« erfahren kannst – Lebensqualität nach Gottes Standard.

Er goss Öl und Wein auf die Wunden des Mannes und verband ihn. Die Wunden sind die Stellen, an denen wir ausbluten. Das macht eine Wunde aus. Die Bibel sagt, dass das Leben eines Wesens in seinem Blut liegt. Wenn du geistlich blutest, fließt buchstäblich das Leben aus deinem Körper ab. Das tun die Forderungen des Gesetzes dir an. Wenn du dein eigener Retter bist, dann bist du auch dein eigenes Sündopfer. Du gibst dein Bestes, du gibst dein Lebensblut. Das Gesetz entzieht dir das Leben und lässt dich blutleer und erschöpft zurück. Deshalb sagt der Prophet Jesaja, dass »all unsere Gerechtigkeiten wie ein beflecktes Kleid« sind (Jes 64,5). Er bezieht sich dabei auf ein durch Menstruationsblut verunreinigtes Kleid einer Frau. Damit will er uns sagen, dass der Versuch, unsere Gerechtigkeit als Orientierungspunkt zu nehmen, wenn wir uns Gott nähern, nur dazu führt, dass unser Lebensblut aus uns herausfließt. Unsere »Gerechtigkeiten« lassen das Leben – echtes Leben – aus uns abfließen, bis wir blutleer und leblos sind.

Als Erstes stoppt Jesus die Blutung. Er versorgt die Wunden und bandagiert sie. Er behandelt die Wunden mit Wein und Öl. Der Wein ist das Symbol des neuen Bundes – sein für dich vergossenes Blut. Er wendet seinen Bund auf die Wunde an. Wenn sein Blut vergossen wurde, wenn dein Beschützer das Opfer für dich erbracht hat, dann kannst du mit dem Opfern aufhören. Gott verlangt nicht, dass du dein Leben für ihn lässt; er ist der gute Hirte, der sein Leben für dich hingegeben hat. Lass ihn das auf deine Wunden auftragen. **Es ist Zeit, geheilt zu werden. Er will, dass du heil bist.** ***Er will, dass du aufhörst, dein Leben für ihn zu opfern.*** Er möchte dich sein Leben erfahren lassen, das er für dich hingegeben hat. Er möchte, dass du in ihm überfließendes Leben erfährst. Lass ihn den Wein auf deine Wunden gießen. Jetzt, während du dies liest, benetzt er sie damit. Du kannst dich entspannen. Du kannst dich frei in sein vollbrachtes Werk fallen lassen.

Er wendet den Wein und das Öl an. Öl – das Symbol des Heiligen Geistes, sein Dienst der Ermutigung. Der Heilige Geist öffnet keine neuen Wunden in dir. Der Heilige Geist überführt dich nicht von deiner Sünde – er *überzeugt* dich von deiner Gerechtigkeit. Vielen von uns wurde zu Unrecht beigebracht, dass der Heilige Geist einen der eigenen Sünden überführt. Das hat Jesus nie gesagt. In Johannes 16,8–11 sagte er, als er über den Heiligen Geist sprach: *»Und wenn jener kommt, wird er die Welt überführen von Sünde und von Gerechtigkeit und vom Gericht; von Sünde, weil sie nicht an mich glauben; von Gerechtigkeit aber, weil ich zu meinem Vater gehe und ihr mich nicht mehr seht; vom Gericht, weil der Fürst dieser Welt gerichtet ist.«*

Jesus sagte, dass der Geist die Welt von Sünde überführt, weil sie nicht an ihn glaubt. **Der Heilige Geist öffnet die Augen der ungläubigen Welt für eine bestimmte Sünde – die Sünde des Unglaubens im Hinblick auf Jesus. Er überführt keine Gläubigen ihrer Sünden. Er überführt (oder überzeugt) Gläubige (Vers 10) von der Gerechtigkeit,** *»weil ich zu meinem Vater gehe und ihr mich nicht mehr seht«*. Weil Jesus zurück in den Himmel ging, nachdem er von den Toten auferstanden war, konnten die Jünger ihn nicht mehr jeden Tag um sich haben und ihn sagen hören, was er bei der letzten gemeinsamen Mahlzeit zu ihnen gesagt hatte: »Ihr seid schon rein. Mein Wort hat euch rein gemacht. Ihr seid gerecht, euch ist vergeben, ihr seid heilig und würdig vor dem Vater. Ihr seid von ihm angenommen.«

Der Tröster, der Heilige Geist, wurde gesandt, um dich von der Wahrheit deiner Gerechtigkeit zu überzeugen. Er ist nicht der nörgelnde Ehepartner, der ständig hinter dir herläuft und dir ins Ohr zischt, was du alles falsch machst. Er ist der Tröster, der Ermutiger, derjenige, der dir diese Botschaft, dass du gerecht und heilig und wunderbar und würdig und gut und in deinem Geist vollkommen bist, als wahr bestätigt. Das ist Gottes Sicht auf dich. Und da er Gott ist, sollte er es beurteilen können. Der Geist bestätigt das Werk Jesu. Das Öl und der Wein gehören zusammen. Lass Jesus beides auf deine Wunden auftragen. Es ist Zeit, heil zu werden und mit dem Leben zu beginnen.

Und so wie der Samariter den Mann auf seinen eigenen Esel setzte und ihn an einen Ort brachte, an dem er genesen konnte, hat Jesus dich an einen Ort der Heilung gebracht. Auf irgendeinem Weg ist es dazu gekommen, dass du gerade die Botschaft hörst, von der sich halbtote Menschen auf der ganzen Welt wünschten, sie könnten sie hören. Er brachte dich hierher, zu dieser Botschaft, oder zu einem Bibelkreis, in dem Gnade gelehrt wurde, oder zu irgendeinem anderen Ort, wo noch mehr Wein und Öl aufgetragen wurden.

Er brachte dich dorthin, wo man dir ins Bewusstsein ruft, wie viel Kraft in seinem vollbrachten Werk liegt, wo man dir sagt, wie Gott dich sieht, und wo du dank der unerschöpflichen Vorsorge Christi ausruhen kannst. **Fällt dir auf, dass Jesus alle entstehenden Kosten für den Verwundeten im Voraus bezahlte? Er bezahlte sie vorab. Er begleicht die Kosten, bevor sie entstehen. Der Preis für deine Heilung ist im Voraus bezahlt worden.** Er lässt dich noch nicht einmal auf den Gedanken kommen, dass seine Bezahlung nicht ausreichen könnte. Jesus sagt: »Wenn ich zurückkommen und alles noch einmal für dich tun müsste, würde ich es tun. Ich würde es tun. Für dich ist gesorgt. Es ist nichts mehr zu bezahlen. Ich gebe dir mein Wort.«

Die letzten Worte, die Jesus in dieser kurzen Begegnung mit dem Gesetzesgelehrten ausspricht, lauten: »So geh du hin und handle ebenso!« Sei derjenige, der den Beschützer zu den Menschen bringt. Sei derjenige, der die Wunden der Menschen heilt. Sei derjenige, der die Barmherzigkeit Gottes zu halbtoten Menschen bringt, die nichts tun können, außer Gnade zu empfangen. Jesus schaut dich gerade an, und er hat Mitgefühl mit dir. Er gießt Öl und Wein aus und verbindet die Wunden. Lass ihn sein Werk tun. Und du, ruh dich aus. Lass ihn dienen.

Kapitel 8

DIE ENTWURZELUNG DES MAULBEERBAUMS

Er sprach aber zu den Jüngern: Es ist unvermeidlich, dass Anstöße [zur Sünde] kommen; wehe aber dem, durch welchen sie kommen! Es wäre für ihn besser, wenn ein großer Mühlstein um seinen Hals gelegt und er ins Meer geworfen würde, als dass er einem dieser Kleinen einen Anstoß [zur Sünde] gibt. Habt acht auf euch selbst! Wenn aber dein Bruder gegen dich sündigt, so weise ihn zurecht; und wenn es ihn reut, so vergib ihm. Und wenn er siebenmal am Tag gegen dich sündigte und siebenmal am Tag wieder zu dir käme und spräche: Es reut mich!, so sollst du ihm vergeben

Und die Apostel sprachen zum Herrn: Mehre uns den Glauben! Der Herr aber sprach: Wenn ihr Glauben hättet wie ein Senfkorn, so würdet ihr zu diesem Maulbeerbaum sagen: Entwurzle dich und verpflanze dich ins Meer!, und er würde euch gehorchen. Wer aber von euch wird zu seinem Knecht, der pflügt oder weidet, wenn er vom Feld heimkommt, sogleich sagen: Komm her und setze dich zu Tisch? Wird er nicht vielmehr zu ihm sagen: Bereite mir das Abendbrot, schürze dich und diene mir, bis ich gegessen und getrunken habe, und danach sollst du essen und trinken? Dankt er wohl jenem Knecht, dass er getan hat, was ihm befohlen war? Ich meine nicht! So sollt auch ihr, wenn ihr alles getan habt, was euch befohlen war, sprechen: Wir sind unnütze Knechte; wir haben getan, was wir zu tun schuldig waren! — Lukas 17,1–10

Wir haben uns jetzt bereits einige Worte unseres Herrn Jesus angesehen, die zu den etwas schwierigeren gehören. Hoffentlich hat dir das zu einem besseren Verständnis verholfen, und vielleicht kannst du dich ja sogar über sie freuen. Jesu Herz war *immer* – vergiss das nie! – von Liebe und Mitgefühl bestimmt. Wie sehr sein Herz den Menschen zugewandt ist, zeigt sich in Lukas Kapitel 15: Wenn du hundert Schafe hast, von denen sich eines verirrt, lässt du die restlichen 99 zurück, um das verirrte Schaf zu suchen, bis du es gefunden hast. Wenn der Verlorene, der sündigt, nach Hause kommt, läuft ihm der Vater entgegen, um ihn wiederherzustellen, noch bevor er seine Sünde bekennt. So sieht das Herz des Vaters aus und die Bibel sagt, dass Jesus die exakte Darstellung des Vaters ist. Es ist also auch Jesu Herz. Das ist der neue Bund, in dem Jesus zum Weg in den Frieden mit Gott geworden ist.

Wenn du also Dinge liest, die Jesus gesagt hat und bei denen es um Verurteilung geht oder darum, einen Mühlstein um den Hals gehängt zu bekommen und ins Meer geworfen zu werden, wie es hier der Fall ist, musst du sofort eine von zwei Überlegungen anstellen: 1) Das Gesagte könnte sich auf den alten Bund beziehen, der auf eigene Werke aufbaut; also »Tu Gutes – empfang Gutes, tu Böses – empfang Böses«; oder 2) es beschreibt jemanden, der den neuen Bund der unverdienten Gunst ablehnt.

Ich möchte dir zeigen, dass Jesus diese Passage benutzt, um seinen Jüngern zu der Erkenntnis zu verhelfen, wie aussichtslos es für sie ist, ihre gerechte Stellung vor Gott auf eigene Leistungen gestützt erarbeiten oder verdienen zu wollen.

Bedenke, dass Jesus hier das Leben unter dem Gesetzesbund beschreibt. In Vers 1 heißt es: *»Es ist unvermeidlich, dass Anstöße [zur Sünde] kommen; wehe aber dem, durch welchen sie kommen!«* Wehe der Person, die an solchen Anstößen zur Sünde beteiligt ist. Wehe dieser Person. Mit anderen Worten: Diese Person ist in ernsten Schwierigkeiten. Wenn du sündigst, bekommst du Ärger. Und alle Jünger schlucken schwer, senken die Köpfe und fragen sich, von wem er da wohl spricht.

»Es wäre für ihn besser, wenn ein großer Mühlstein um seinen Hals gelegt und er ins Meer geworfen würde, als dass er einem dieser Kleinen einen Anstoß [zur Sünde] gibt.« Das, was in der Übersetzung lediglich als Mühlstein bezeichnet wird, ist im Griechischen ein aus zwei Wörtern zusammengesetzter Begriff, der eigentlich »sehr großer Mühlstein« bedeutet. Ein fetter, riesiger Mühlstein wird an deinen Hals gebunden und dann bekommst du eine Seebestattung, denn darauf läuft die Erwähnung des Meeres in diesem Zusammenhang hinaus. Etwas verschwindet im Meer und man hört nie wieder davon. Oder wie man bei der Mafia sagen würde: »Er schwimmt bei den Fischen, capito?« Niemand wird ihn je wieder finden. Für immer begraben. Jesus sagte, das wäre ein besseres Schicksal als das eines Menschen, der einem »dieser Kleinen« Anstoß zur Sünde gibt. Der Punkt ist folgender: Wenn du im Leben Fehler machst, heißt es »Wehe dir«. Wenn du aber einem Kind zum Stolperstein wirst, dann wäre es nach Gottes Rechtssystem besser, wenn dich die Mafia erwischt, weil du sonst nämlich bei Gott »dran bist«.

Aber warte, es kommt noch schlimmer. Vers 3–4: *»Habt acht auf euch selbst! Wenn aber dein Bruder gegen dich sündigt, so weise ihn zurecht; und wenn es ihn reut, so vergib ihm. Und wenn er siebenmal am Tag gegen dich sündigte und siebenmal am Tag wieder zu dir käme und spräche: Es reut mich!, so sollst du ihm vergeben.«* Denn was passiert, wenn du es nicht tust? Du wirst zum Anlass für Sünde, und wenn du das wirst, dann »wehe dir«. Die Zahl sieben in der Bibel steht für Vollkommenheit. Jesus lehrt nach rabbinischer Art. Er meint nicht: »Sieben ist die Anzahl der Male, die du vergeben musst.« Er sagt damit: »Wenn sie sich gegen dich versündigen, wenn sie dich so richtig auf die Palme bringen, und du ihnen nicht vollkommen vergibst, ist das dein Untergang.«

»Deshalb, o Jünger, (ihr, die ihr versucht, Gott gegenüber gerecht genug zu sein, ihr, die ihr unter dem Bund des Gesetzes steht): Wenn ihr sündigt, ›wehe euch‹. Wenn ihr einen Kleinen zur Sünde verleitet, dann ist das ›wehe euch‹ noch viel gewaltiger. Und was passiert, wenn jemand gegen euch sündigt und ihr ihm nicht vollkommen vergebt? – Daran will ich nicht einmal denken.«

Was tut Jesus da? **Er begräbt sie unter dem Gesetz. Er will sie dazu bringen, dass sie sehen, wie jämmerlich die Methode ist, die sie für ihren Umgang mit Gott gewählt haben.** »Ich werde das Richtige tun, und dann werde ich gesegnet sein. So werde ich meine Beziehung zu Gott führen.« Es ist tragisch, denn das ist die Art und Weise, wie die Welt sich Gott nähern will, und nicht weniger tragisch ist es, dass auch die meisten Christen ihre Beziehung zu Gott so führen. Sie versuchen, eine nach unten fahrende Rolltreppe hinaufzulaufen. Ein Großteil der Christen denkt, dass Gott es von ihrem Wohlverhalten abhängig macht, ob er sie annimmt, Gemeinschaft mit ihnen hat und sie segnet. Das ist nicht der neue und lebendige Weg in Jesus. Das ist der alte und tote Weg des Gesetzes.

Die meisten Christen reagieren auf diese Worte Jesu genau so, wie es die Jünger getan haben. Sie schlucken schwer, und dann setzen sie Jesu Worte auf die wachsende Liste von Geboten, die sie nun, als Gläubige, halten müssen, um Gott zufriedenzustellen. Tatsächlich versuchen die meisten Menschen das, was Jesus gesagt hat, so zu manipulieren, dass es machbar erscheint. Sie *müssen* es schaffbar machen, sonst droht ihnen Strafe, und sie wollen nicht das Gefühl haben, unter Strafe zu stehen. Aber Jesus macht es unmöglich. »Wenn du gesündigt hast, warst du ein Ärgernis, und dann wehe dir.« Hast du gesündigt? Jemals? Auch nur einmal? Dann wehe dir.

Immerhin nahmen die Apostel die Worte Jesu ernst und reagierten entsprechend verzweifelt. Schau dir in Vers 5 ihre Reaktion an: *Und die Apostel sprachen zum Herrn: »Mehre uns den Glauben!«* Was sie tatsächlich sagten, war: »Ahhhhh!« Und erst dann, nachdem sie sich wieder etwas beruhigt hatten, sagten sie: »Unser Glaube muss wohl zu klein sein, wir schaffen das nicht. Gib uns mehr Glauben!«

Und hier wird es interessant. Vers 6: *Der Herr aber sprach: »Wenn ihr Glauben hättet wie ein Senfkorn, so würdet ihr zu diesem Maulbeerbaum sagen: ›Entwurzle dich und verpflanze dich ins Meer!‹, und er würde euch gehorchen.«* All die Predigten, die ich dazu gehört habe, reißen diesen Vers aus dem Zusammenhang und machen ihn zu einer Lehre über die Kraft des Glaubens. »Seht nur, was der Glaube bewirken kann. Er kann es mit einem Baum aufnehmen. Wenn ihr auch nur ein klitzekleines bisschen Glauben habt, könnt ihr dem Baum befehlen, sich ins Meer zu verpflanzen.« Jesus spricht an anderen Stellen wohl über die Kraft des Glaubens. Aber ich kann dir versichern, dass es bei der Unterhaltung in diesem Abschnitt nicht um den Glauben geht, sondern hierum: »Unter welchem Bund wollt ihr wirklich leben?« Bei dieser Lehreinheit über den Glauben bedient sich Jesus der Symbolsprache, die dazu beitragen soll, seine Jünger zu befreien.

Hast du dich je gefragt, warum Jesus ausdrücklich einen Maulbeerbaum entwurzeln wollte? In der *Elberfelder Bibel* steht »Maulbeerfeigenbaum«. In der *Phillips-Übersetzung* heißt er »Feigenbaum«. *Young's Literal Translation* nennt ihn »Sykomore«. In der *New Life Version* steht nur »Baum«. Würdest du auch nur zwei Übersetzungen vergleichen, kämst du darauf, dass hier Klärungsbedarf besteht.

Das griechische Wort in all diesen Fällen ist *sukaminos*. *Suka* bedeutet »Feigenbaum«. *Sukaminos* bezeichnet einen feigenartigen

Baum oder jeden Baum, der durch seine Blätter den Feigenbaum gewissermaßen imitiert. Jesus hielt das für wichtig. Das ist Symbolsprache und Jesus will damit etwas Bestimmtes sagen. Dieser Baum, den der Glaube ausreißen und ins Meer werfen kann – ins Meer als Ort der Bestattung, als Ort der Zerstörung, an dem Sünder mitsamt ihren Mühlsteinen landen –, ist nicht irgendein beliebiger Baum. Es geht hier um Symbolsprache. In Micha 7,19 heißt es: »*Er wird sich wieder über uns erbarmen, unsere Missetaten bezwingen. Ja, du wirst alle ihre Sünden in die Tiefe des Meeres werfen!*« Das ist der neue Bund. Und dementsprechend will der Vater dort draußen nicht dich, sondern deine Sünde versenken. Aber noch etwas anderes muss verschwinden und ebenfalls dort hinein geworfen werden, damit wir den neuen Bund verstehen können.

Neben dem Baum des Lebens und dem Baum der Erkenntnis von Gut und Böse ist der erste in der Bibel erwähnte Baum der Feigenbaum. In welchem Zusammenhang wird er erwähnt? Nachdem Adam und Eva gesündigt hatten, gingen sie zum Feigenbaum und banden dessen Blätter zu einem Schurz, um sich zu bedecken. Warum? Weil sie sich schämten. Sie versuchten, ihre Schande zu verbergen. Die Feigenblätter wurden zum Symbol ihrer Bemühungen, mit ihrer Sünde selbst fertig zu werden.

Später wird der Feigenbaum zum Sinnbild für Israel. Israel sollte die Frucht der Buße hervorbringen (es sollte offen sein für den neuen Bund, eine neue Denkweise – das ist die Frucht der Buße, die Frucht des Sinneswandels). Aber das Volk lehnte Jesus ab. Somit kommt Jesus zum Feigenbaum und alles, was er hat, sind Blätter. Es gibt keine Früchte. Was macht er also? Er verflucht den Feigenbaum. Warum? Die Feigenblätter sind das Symbol unserer eigenen Bemühungen im Umgang mit der Sünde. Die Feigenblätter sind keine Lösung. Die Antwort auf deine Sünde lautet nicht »Streng dich mehr an!«. Du hast keine Lösung für deine Sünde. Gott hasst deine Bemühungen, dich selbst und zwischen ihm und dir alles in Ordnung zu bringen (als ob du das könntest – das sind deine Feigenblätter). Und er hasst deine Bemühungen und Versuche, mit ihm im Reinen zu bleiben, als ob du das bewerkstelligen könntest! Diese Bemühungen sind Feigenblätter.

Gehen wir zurück zu unserem Text. Jesus sagt: »*Wenn ihr Glauben hättet wie ein Senfkorn.*« Welche Art von Glauben? Glaube an ihn. Hätten die Jünger auch nur einen Funken Glauben an Jesus, könnten sie zu jedem einzelnen Feigenbaum sagen: »Geh mir aus den Augen«, und er würde mitsamt seiner Wurzeln ausgerissen und ins Meer versenkt, dem Ort des Fluches. Deine Bemühungen, dich heilig und gerecht zu machen, gehören an denselben Ort, an dem Gott deine Sünde versenkt hat. Sie sollen »bei den Fischen schwimmen«. Begraben, vergessen und nie wieder zur Sprache gebracht.

Für Gläubige ist das ein schwieriges Thema. Satan will, dass du deine Zeit mit dem Zusammenbinden von Feigenblättern verplemperst und dich dauernd zu bedecken versuchst. Wenn du dir wegen Gesagtem laufend Vorwürfe machst, wenn du dich wegen Getanem ständig fertigmachst, wenn du Dinge sagst wie: »Ich hätte mich besser verhalten sollen, es tut mir so leid, Gott, ich war ein schlechter Vater, ich war eine schlechte Mutter, ich war so ein schlechter Ehepartner, ich weiß, dass ich dich hierin wirklich enttäuscht habe, Vater. Wenn du mir nur vergibst, werde ich mich mehr anstrengen. Ich werde mich bessern, versprochen.« Das ist unsinnig und völlig falsch. Du versuchst, deine Beziehung zu Gott auf der Basis deines Handelns zu führen. Das sind alles nur Feigenblätter.

Das grundlegendste Prinzip des Evangeliums ist die simple Tatsache, dass der Preis für jede einzelne Sünde, jede einzelne Verfehlung bereits bezahlt worden ist; Gott denkt nicht mehr an sie. Jesus hat beim Bezahlen nicht die eine oder andere deiner Sünden vergessen. Er hat keine einzige deiner begangenen oder **zu-**

künftigen Sünden ausgelassen; das kannst du durch nichts kaputtmachen. Und wenn du nur diese eine Sache weißt, wenn du auch nur das kleinste bisschen Glauben an das Werk Jesu hast, wirst du den anklagenden, bettelnden und feilschenden Stimmen den Mund verbieten und ihnen befehlen, sich ins Meer zu werfen.

Jemand sagte mir kürzlich, dass er sich wegen etwas, das er zu mir gesagt hatte, Vorwürfe zu machen begann. Es war überhaupt nichts Schlimmes gewesen, diese Person hatte nur gesagt, was sie für angebracht hielt. Und ich stimmte ihr absolut zu. Aber später, im Auto, kamen dieser Person Zweifel über die Richtigkeit des Gesagten und sie fing an, es zu bereuen. Doch sie erkannte, wer ihr da wirklich ins Ohr flüsterte, und rief daraufhin laut aus: »Satan, halt die Klappe!«

Wer wagt es, irgendeine Anklage gegen Gottes Auserwählte zu erheben (siehe Röm 8)? Hör auf, dich Gott im Verhandlungsmodus zu nähern! Hör auf, dein Wohlverhalten zur Basis für deinen Umgang mit Gott zu machen. Hör auf, die Feigenblätter hervorzuholen und Ausflüchte zu suchen. Bade einfach in der Liebe und Annahme und Vergebung und Gunst, die er dir als Geschenke gegeben hat.

Wenn du nur das geringste bisschen Glauben an Jesus hast, wirst du alles, was auch nur im Entferntesten wie ein Feigenbaum aussieht, nehmen und von dir werfen. Das ist genau die Botschaft, die die Jünger hören mussten. Aber wenn du siehst, was Jesus gleich im Anschluss sagte, wird dir klar, dass er immer noch bemüht ist, sie zu der Erkenntnis zu bringen, welch schlechter Deal der alte Bund des Gesetzes wirklich für sie ist.

»Wer aber von euch wird zu seinem Knecht, der pflügt oder weidet, wenn er vom Feld heimkommt, sogleich sagen: ›Komm her und setze dich zu Tisch?‹ Wird er nicht vielmehr zu ihm sagen: ›Bereite mir das Abendbrot, schürze dich und diene mir, bis ich gegessen und getrunken habe, und danach sollst du essen und trinken?‹ Dankt er

wohl jenem Knecht, dass er getan hat, was ihm befohlen war? Ich meine nicht! So sollt auch ihr, wenn ihr alles getan habt, was euch befohlen war, sprechen: ›Wir sind unnütze Knechte; wir haben getan, was wir zu tun schuldig waren!‹« (Lk 17,7–10).

So sieht das Leben unter dem alten Bund aus. Selbst wenn man alles genau richtig macht, bekommt man keinen lobenden Klaps auf die Schulter. Alles, was du am Ende über dich selbst sagen kannst, ist: »Ich bin ein unnützer Knecht.« Das griechische Wort an dieser Stelle lautet *achreios. Chreios* bedeutet »nützlich«. Das vorangestellte »a« kehrt die Wortbedeutung um, sodass »nutzlos« daraus wird. *Ich bin ein nutzloser Sklave.* Das ist die höchste Stellung, die du erreichen kannst, wenn deine Beziehung mit Gott auf deinen eigenen Leistungen basiert – und das auch nur, wenn du alles richtig machst. Du dienst und dienst und dienst, und wenn du damit fertig bist, sagst du: »Ich bin ein nutzloser Sklave.«

Christen, die unter dem alten Bund leben, meinen, dass sie durch den Glauben gerettet werden, um Gott zu dienen. Sie wurden gerettet, um anschließend zu dienen. Und wenn du dann alles getan hast und dich bei deinem Versuch, gut genug zu sein, völlig verausgabt hast, wird niemand diese Worte zu dir sagen müssen. Denn du wirst sie zu dir selbst sagen: »Ich bin wertlos. Ich bin nutzlos. Gott, wie kannst du mich lieben?«

Wenn du jetzt alles, was Jesus hier gerade gesagt hat, nimmst und ins Gegenteil verkehrst, findest du darin den neuen Bund. **Du bist kein Sklave; du bist ein Sohn, eine Tochter. Du gürtest (oder kleidest) dich nicht selbst; Jesus legt dir das Kleid der Gerechtigkeit an. Du bist nicht gerettet, um Gott zu dienen, sondern Gott lädt dich ein, an seiner Festtafel Platz zu nehmen, wo du bedient wirst.** Du wirst nicht als nutzlos und unprofitabel bezeichnet; du wirst für gerecht und geeignet erklärt. Gott sagt, dass du alle Dinge tun kannst. Nicht du musst dich anstrengen, um dir das zu erarbeiten; Gott ist derjenige, der es dir schenkt. Matthäus 20,28 erklärt uns: »*Der Sohn des Menschen [ist] nicht gekommen, um sich dienen zu lassen, sondern um zu dienen und sein Leben zu geben als Lösegeld für viele.*« Und warum? Weil er dich für eine bessere Art des Lebens zurückkaufen wollte.

Kapitel 9

DAS GLEICHNIS VOM FEIGENBAUM

Es waren aber zur selben Zeit etliche eingetroffen, die ihm von den Galiläern berichteten, deren Blut Pilatus mit ihren Opfern vermischt hatte. Und Jesus antwortete und sprach zu ihnen: Meint ihr, dass diese Galiläer größere Sünder gewesen sind als alle anderen Galiläer, weil sie so etwas erlitten haben? Nein, sage ich euch; sondern wenn ihr nicht Buße tut, werdet ihr alle auch so umkommen! Oder jene achtzehn, auf die der Turm in Siloah fiel und sie erschlug, meint ihr, dass diese schuldiger gewesen sind als alle anderen Leute, die in Jerusalem wohnen? Nein, sage ich euch; sondern wenn ihr nicht Buße tut, so werdet ihr alle auch so umkommen!

Und er sagte dieses Gleichnis: Es hatte jemand einen Feigenbaum, der war in seinem Weinberg gepflanzt; und er kam und suchte Frucht darauf und fand keine. Da sprach er zu dem Weingärtner: Siehe, drei Jahre komme ich und suche Frucht an diesem Feigenbaum und finde keine. Haue ihn ab! Warum macht er das Land unnütz? Er aber antwortet und spricht zu ihm: Herr, lass ihn noch dieses Jahr, bis ich um ihn gegraben und Dünger gelegt habe, ob er vielleicht doch noch Frucht bringt – wenn nicht, so haue ihn danach ab! — Lukas 13,1–9

Diese neun Verse mögen ziemlich hart klingen, aber ich möchte, dass du in ihrem Inhalt erkennst, wie sehr du Jesus am Herzen liegst. Eines der Argumente, mit denen Atheisten gerne die Existenz Gottes bestreiten, ist die von der Theodizee gestellte Frage: Wieso lässt ein allmächtiger und liebender Gott die Existenz des Bösen zu und wie kann es sein, dass ein allmächtiger und liebender Gott das Schlimme auf der Welt nicht verhindert?

Schau dir diese beiden Ereignisse an, die Jesus hier zur Sprache bringt. Galiläer, deren Blut Pilatus mit ihren Opfern vermischt hatte, und die achtzehn Menschen, die getötet wurden, als der Turm auf sie fiel. Die eine Tragödie war auf das Böse zurückzuführen; Pilatus, der Statthalter von Judäa, war ein Erfüllungsgehilfe von Satan. Das ist derselbe Pilatus, der später den Befehl gab, Jesus zu kreuzigen. Ist dieser Typ vom Heiligen Geist geleitet oder von Satan? Laut dem Lukasevangelium tötete dieser Mann einige Juden, während sie Gott anbeteten und ihm Opfer brachten. Er brachte sie direkt im Haus der Anbetung um. Das klingt für mich nach Satan. Das ist ein offener Akt des Bösen. Der zweite Vorfall ereignete sich in Siloah und war offensichtlich ein Unfall. Ein Turm stürzte auf einige Leute und tötete sie. Eine zufällige Tragödie. Hier haben wir also das Böse in dem einen Fall und den tragischen Unfall in dem anderen.

Die Menschen jener Zeit versuchten, eine Erklärung für diese Tragödien zu finden, wie es die Menschen angesichts schlimmer Ereignisse und tragischer Unfälle auch heute noch tun. Religiöse Menschen, die sich diese Dinge ansehen, betrachten die Tragödien oder Unfälle in ihrem eigenen Leben und fragen sich: »Was habe ich getan, um das zu verdienen? Ich muss etwas Schreckliches verbrochen haben, sonst würde mir das nicht passieren.« Die Logik dahinter ist: Gott hat mir das geschickt, weil ich etwas Schlechtes getan habe. Gott hat *ihnen* etwas Schlimmes zustoßen lassen, weil *sie* etwas Schlimmes verbrochen haben. Gott hat *Böses* zugelassen, weil sie *Böses* getan haben. Was tust du damit, wenn du so etwas sagst? Du verfährst nach dem elementaren Prinzip dieser Welt, das da lautet: »Tu Gutes – empfang Gutes, tu Böses – empfang Böses.« Das ist Karma, aber nicht die Bibel, die das genaue Gegenteil sagt. Die Bibel erklärt: »Das ist nicht der Weg Christi.« In Kolosser 2,8 steht: *»Habt acht, dass euch niemand beraubt durch die Philosophie und leeren Betrug, gemäß der Überlieferung der Menschen, gemäß den Grundsätzen der Welt und nicht Christus gemäß.«*

Wenn dein Denken »nicht Christus gemäß« ist, dann **musst du deine Denkweise ändern**. Würden wir Griechisch sprechen, wäre meine Aufforderung an dich: »Metanoia« (*meta* = ändern; *noia* = was du denkst). *Metanoia* – das Wort, das im Allgemeinen mit »Buße« übersetzt wird, bedeutet in Wirklichkeit »Ändere die Art und Weise, wie du denkst«. Ich würde bei der Übersetzung biblischer Texte die Formulierung »Buße tun« nicht verwenden, weil uns dazu eine sehr enge Sichtweise vermittelt wurde. Die meisten von uns denken, es bedeute, sich von den eigenen Sünden abzuwenden. Es gibt durchaus ein Abwenden von den Sünden, das darin besteht, deine Meinung über dein Verhalten zu ändern. Das war die Botschaft von Johannes dem Täufer. Aber es war nicht die Botschaft Jesu. **Die ersten Worte aus Jesu Mund, als er seinen Dienst begann (gemäß Markus 1,15), lauteten nicht: »Tut Buße von euren Sünden (ändert die Art und Weise, wie ihr über euer Verhalten denkt)«, sondern »Das Reich Gottes ist nahe (in eurer Reichweite)«.** Und alle Sünder sagten: »Was? Es ist in *meiner* Reichweite? Das kann nicht sein.« Erst dann sagt Jesus: »Tut Buße! Ändert die Art und Weise, wie ihr über Gott denkt! Und glaubt diese gute Nachricht!«

Jesus spricht also zu der Menge über diese Tragödien und sagt in Lukas 13,2: *»Meint ihr, dass diese Galiläer größere Sünder gewesen sind als alle anderen Galiläer, weil sie so etwas erlitten haben?«* Mit anderen Worten: »Glaubt ihr, das ist passiert, weil sie etwas Schlimmes getan haben? Glaubt ihr, hier kam Karma ins Spiel? **Glaubt**

ihr, Gott hat sie gekillt, weil sie etwas Sündhaftes getan haben?« Und jeder dort hätte wohl geantwortet: »Ja genau, das glauben wir.« Und dann sagt Jesus: »Tut Buße! Ändert die Art und Weise, wie ihr denkt! So, wie ihr darüber denkt, ist es in Wirklichkeit nicht!«

Gott gab Adam und Eva Autorität und die Herrschaft über die Erde. *Und Gott sprach: »Lasst uns Menschen machen nach unserem Bild, uns ähnlich; die sollen herrschen über die Fische im Meer und über die Vögel des Himmels und über das Vieh und über die ganze Erde, auch über alles Gewürm, das auf der Erde kriecht!« Und Gott schuf den Menschen in seinem Bild, im Bild Gottes schuf er ihn; als Mann und Frau schuf er sie* (1Mo 1,26–27). Gott hat dich nach seinem Ebenbild geschaffen und dazu bestimmt, die Erde zu beherrschen. Gott hat seine Autorität über die Erde aufgegeben und sie den Menschen übertragen.

Du und ich hatten in Adam und Eva die volle Autorität und Herrschaft. Indem wir Satan erlagen, traten wir diese Autorität an ihn ab. Deshalb konnte Satan Jesus alle Reiche der Welt und ihre Herrlichkeit anbieten, als er ihn in der Wüste versuchte. Jesus nannte Satan den »Herrscher dieser Welt«. Gott ist nicht der Verantwortliche für diese Welt. Die Menschheit hat Satan das Ruder in die Hand gegeben. Deshalb kam Jesus als Mensch, um für uns alles zurückzukaufen, was wir verloren und weggegeben hatten, damit wir in Christus, durch seine Gerechtigkeit, durch seine Autorität und Kraft, im Leben wieder herrschen können. Wie es in Römer 5,17 heißt, *»werden die, welche den Überfluss der Gnade und das Geschenk der Gerechtigkeit empfangen, im Leben herrschen durch den Einen, Jesus Christus!«* **Wir herrschen im Leben, wenn wir die Fülle der Gnade kennen und uns in ihr bewegen. Je mehr du die Gnade erkennst und je mehr du von ihr empfängst, desto mehr herrschst du.** Je mehr du dich auf Jesus verlässt, desto mehr herrschst du. Gleicherweise gilt: Je mehr du dich auf eigenes Bemühen verlässt, je mehr du eigenes Wohlverhalten zur Basis für deine Beziehung zu Gott machst (Tu Gutes – empfang Gutes, tu Böses – empfang Böses), desto weniger herrschst du. So funktioniert das Leben gemäß Christus.

Jesus sagt den Menschen in diesem Abschnitt des Lukasevangeliums nicht voller Zorn, dass sie Buße von ihren Sünden tun sollen, da sie sonst »alle auch so umkommen«. Vielmehr lassen sein Herz der Liebe – Jesu Herz des Erbarmens für leidende Menschen –, seine Sorge und sein großes Mitgefühl für die Söhne Adams und die Töchter Evas ihn ausrufen: »Ändert die Art, wie ihr denkt. Es gibt einen Weg, der Schutz bietet, es gibt einen Weg, der Kraft und Sieg im Leben bietet, und Gott will, dass ihr ihn bekommt. Um ihn empfangen zu können, müsst ihr eure Denkweise ändern. Es geht nicht darum, Gutes zu tun und dafür Gutes zu bekommen, es geht allein um Gnade.«

Jesu unmittelbares Publikum in diesem Bibelabschnitt sind die Juden. Ihnen galt sein irdischer Dienst – den Juden. Die Juden waren die ersten, denen sich die Gelegenheit bot, weil sie das Bundesvolk, die Auserwählten Gottes waren. Jesus hatte ihnen diese Botschaft der Gnade immer wieder gepredigt, aber die Juden in ihrer Gesamtheit als Nation verstanden sie einfach nicht. Also erzählt Jesus ihnen dieses Gleichnis vom Feigenbaum. Vers 6 beginnt mit »Es hatte jemand einen Feigenbaum …«

Seine Zuhörer werden mit Sicherheit sofort gewusst haben, dass dies eine Geschichte über sie, über Israel war, denn der Feigenbaum war ein Symbol für Israel. Es gibt noch andere Symbole, beispielsweise Schafe. Aber im pflanzlichen Bereich gibt es drei Gewächse, die Israel auf besondere Weise symbolisieren: den Feigenbaum, den Olivenbaum und den Weinstock. Und jedes von ihnen steht für einen bestimmten Dienst, den das Volk erfüllen sollte.

Nicht eines allein steht für Israel, sondern alle zusammen ergeben Israel.

In Richter 9,8–15 forderte das Volk von Gott einen menschlichen König, der sie regieren sollte. Sie lehnten Gott und seine Führung zugunsten der menschlichen Herrschaft ab. *»Die Bäume gingen hin, um einen König über sich zu salben«* (beachte, es sind »Bäume«, Plural; sie repräsentieren Israel; welche Art von »Bäumen«? Lies weiter …). *»Und sie sprachen zum Ölbaum: ›Sei unser König!‹ Aber der Ölbaum antwortete ihnen: ›Soll ich meine Fettigkeit lassen, die Götter und Menschen an mir preisen, und hingehen, um die Bäume zu beschirmen?‹«* (Das Öl **des Olivenbaums** stellt den Heiligen Geist dar. Der Dienst, Menschen in die Erfüllung mit dem Heiligen Geist und in dessen Kraft zu führen, sollte das Erbe und der Dienst Israels sein, aber beides konnte nur kommen, wenn Gott ihr König blieb.)

»Da sprachen die Bäume zum Feigenbaum: ›Komm du und sei König über uns!‹ Aber der Feigenbaum sprach zu ihnen: ›Soll ich meine Süßigkeit lassen und meine gute Frucht und hingehen, um die Bäume zu beschirmen?‹« (Die Frucht **des Feigenbaums** ist wie die Süße, die aus der Frucht der Umkehr kommt, von der Jesus in unserem Gleichnis spricht.) *»Da sprachen die Bäume zum Weinstock: ›Komm du und sei unser König!‹ Aber der Weinstock sprach zu ihnen: ›Soll ich meinen Most lassen, der Götter und Menschen erfreut, und hingehen, um die Bäume zu beschirmen?‹«* (Die Frucht **der Rebe** ist der neue Wein des neuen Bundes! Dies ist der neue Wein, der neue Bund, der nicht in die alten Weinschläuche des alten Bundes gefüllt werden konnte. Es ist der Wein, der Bund, der sowohl Gott als auch den Menschen Freude bereitet. Dieser Bund macht die Menschen glücklich und er macht Gott glücklich. Das ist es, was Gott für uns will; das ist das Erbe Israels; aber auch dies konnte nur geschehen, wenn Gott sein Volk regiert, nicht durch mensch-

liche Herrschaft und menschliche Prinzipien.) »*Da sprachen alle Bäume zum Dornbusch: ›Komm du und sei König über uns!‹ Und der Dornbusch sprach zu den Bäumen: ›Wollt ihr mich wirklich zum König über euch salben, so kommt und nehmt Zuflucht unter meinem Schatten! Wenn aber nicht, so soll Feuer ausgehen vom Dornbusch und die Zedern des Libanon verzehren!‹*« (Der Dornbusch steht für menschliche Herrschaft durch das Gesetz unter Androhung von Strafe. Diese Art von Herrschaft hält das Böse überall dort, wo die Rahmenbedingungen der Dornen (Gesetze und ihre Strafandrohungen) Geltung haben, bis zu einem gewissen Grad in Schach. Es ist die einzige Art von Herrschaft, mit der die Menschheit abseits von Gott aufwarten kann.

Die Bäume (Plural), die zusammenkamen, stehen für Israel. Die drei Bäume, die genannt werden, sind Olive, Feige und Wein. Ein Weinstock ist nicht wirklich ein Baum, aber Gott nennt ihn zusammen mit den anderen und bezeichnet alle drei als »Bäume«, was in der Tat sogar ziemlich wichtig ist. Aber sieh dir jetzt mal eine andere Bibelstelle an. Amos 4,8–9: »*Und es wankten zwei, drei Städte zu einer Stadt, um Wasser zu trinken, und bekamen doch nicht genug. ›Dennoch seid ihr* [damit ist Israel gemeint] *nicht zu mir umgekehrt!‹, spricht der HERR. ›Ich schlug euch mit Getreidebrand und mit Vergilben; wenn eure Gärten und eure* **Weinberge**, *eure* **Feigenbäume** *und eure* **Ölbäume** *viel hervorbrachten, fraß es die Heuschrecke ab. Dennoch seid ihr nicht zu mir umgekehrt!‹, spricht der HERR.*«

Das war prophetisch; alle drei Aspekte des Dienstes Israels würden aufhören – wahre Buße/Umkehr, neuer Bund und Heiliger Geist. Das sind die Früchte des Dienstes, aber sie wurden nicht durch Israel hervorgebracht. Sie aßen die Früchte weder selbst, noch versorgten sie andere damit. Du weißt ja, dass die Frucht deines Dienstes als Gläubiger sowohl für dich als auch für andere ist. Gott bringt diese Frucht in uns hervor, wenn wir durch Jesus mit ihm verbunden sind. Und das gibt mir große Hoffnung für die Gemeinde Christi.

Alle, die fest mit Jesus verbunden sind, werden die reine Gnadenbotschaft empfangen. Und sie werden Buße tun, das heißt, sie werden ihre Ansicht darüber ändern, auf welcher Basis die Beziehung mit Gott stattfindet, weil nämlich **Gott derjenige ist, der diese Frucht erzeugt**. Wir müssen nichts weiter tun, als mit Jesus verbunden zu bleiben und unseren Blick auf ihn zu richten. Er bringt die Frucht der Buße, des Umdenkens, in uns hervor, und wenn diese Frucht da ist, genießen wir sie und helfen anderen dabei, sie ebenfalls zu genießen. Sie essen von deinem Baum des Dienstes. Das ist dein Feigenbaum. Wenn du mit Jesus verbunden bleibst, bringt er die Trauben des neuen Bundes hervor. (»Bleibt in mir«, sagt Jesus. »Ich bin der Weinstock, ihr seid die Reben; wenn ihr in mir bleibt, werden Trauben entstehen.«) Du wirst die Trauben des neuen Bundes essen und gesegnet sein, und rate mal, andere werden ebenfalls von deiner Frucht essen, denn Frucht zu tragen ist deine Natur. Auf diese Weise werden die Menschen den neuen Bund empfangen.

Du bist in den Ölbaum Israels eingepfropft, wie Paulus in Römer 11,24 sagt: *»Denn wenn du aus dem von Natur wilden Ölbaum* [damit meint Paulus die Heiden] *herausgeschnitten und gegen die Natur in den edlen Ölbaum* [das wahre Israel] *eingepfropft worden bist, wie viel eher können diese, die natürlichen [Zweige], wieder in ihren eigenen Ölbaum eingepfropft werden!«* Damit meint Paulus, dass Gott Israel wieder in dessen Dienst zurückbringen wird.

Es gibt noch andere Bibelstellen über die Bäume, die Israel darstellen. Micha 6,15: *»Du wirst säen, aber nicht ernten; du wirst Oliven pressen, aber dich nicht mit Öl salben«* (das ist der Heilige Geist, der durch die Juden als Gabe in Jesus kommen sollte, aber sie selbst würden sich nicht salben und diesen Segen und Dienst des Geistes versäumen). *»Most keltern, aber keinen Wein trinken!«* (der neue Bund, der durch Israel – durch Jesus – gegeben werden sollte; von ihnen würde der Wein kommen, aber sie würden nicht davon trinken). Olivenbaum, Feigenbaum und Weinstock; sie sind die Bäume, die Israels Dienste repräsentieren.

Sieh dir Lukas 13,6 noch einmal an. Jesus sagte: *»Es hatte jemand einen Feigenbaum, der war in seinem Weinberg gepflanzt; und er kam und suchte Frucht darauf und fand keine.«* Welche Art von Baum? Ein Feigenbaum. Wofür steht die Frucht des Feigenbaums? Buße; anders über Gott denken; aus der Vorstellung von »Tu Gutes – empfang Gutes, tu Böses – empfang Böses« ausbrechen. Darum geht es in der Geschichte über die Galiläer und über den Turm von Siloah (»Glaubt ihr, sie haben etwas Schlimmes getan und deshalb dieses Unglück verdient?«)

»Und er kam und suchte Frucht darauf und fand keine.« Jesus kam zu Israel und wünschte sich von ihnen Buße als Reaktion auf die Güte Gottes, die sich in seinem Dienst offenbarte. Jesus war Segen und Heilung und Lehre; bei ihm flossen die Segnungen reichlich. Wie Paulus sagte: »Weißt du nicht, dass dich die Güte Gottes zur Buße führt – und damit die Art und Weise verändert, wie du über ihn denkst?« Wenn du genug von der Güte Gottes gesehen hast, beginnst du zu denken: »Hmm, vielleicht ist er ja doch nicht böse auf mich. Vielleicht geht er mit uns gar nicht entsprechend unserer Sünden um. Womöglich hält er mir meine Sünden überhaupt nicht vor und segnet mich stattdessen aufgrund *seiner Gnade.«* Genau das tut Jesus!

Er hat nichts als Güte für dich und er möchte sie gerne auf dich ausgießen. Je mehr du seine Güte erfährst, desto mehr tust du Buße (desto mehr änderst du deine Meinung darüber, dass Gottes Segen von deiner Leistung abhängt). Das Problem ist nur, dass Israel nicht reagierte. *»Er kam und suchte Frucht darauf und* *fand keine«* (Vers 6). Was fand er stattdessen? Blätter. Nur Blätter. Wofür stehen die Blätter des Feigenbaums? Sieh dir 1. Mose 3 an, wo der Feigenbaum zum ersten Mal in der Bibel erwähnt wird. Adam und Eva sündigen gegen Gott; Gott kommt und sucht nach ihnen. Sie schämen sich wegen ihrer Nacktheit und machen sich einen Schurz aus Feigenblättern, um ihre Blöße zu bedecken. Sie wollen ihren Mangel verbergen, das Problem mit ihrer Sünde selbst in den Griff bekommen.

Feigenblätter stehen für die menschlichen Bemühungen im Umgang mit der Sünde. Sie stehen für Menschen, die sagen: »Ich werde mehr Gutes als Schlechtes tun; ich werde meinen Mangel überdecken.« Das ist menschliche Anstrengung. Der Besitzer kam auf der Suche nach Frucht zum Feigenbaum und fand nur Blätter vor. Er suchte nach einem Umdenken, fand aber immer noch nur das Gesetz und Menschen vor, die sich Gott auf der Grundlage ihres Handelns zu nähern versuchten, die ihn durch menschliche Anstrengung besänftigen wollten.

Jesus hat das ganz praktisch erlebt, wie wir in Matthäus 21,19 erfahren: *»Und als er einen einzelnen Feigenbaum am Weg sah, ging er zu ihm hin und fand nichts daran als nur Blätter. Da sprach er zu ihm: Nun soll von dir keine Frucht mehr kommen in Ewigkeit! Und auf der Stelle verdorrte der Feigenbaum.«* Jesus hatte genug davon, nur Blätter, nur Eigenbemühungen zu sehen. Es war nämlich völlig widernatürlich, dass ein Feigenbaum Blätter, jedoch keine Feigen hervorbringen sollte. Tatsächlich wachsen Feigen in den Achseln der Blatttriebe, die aus dem Zweig sprießen. Israel produzierte nur Blätter, **nur tote Werke**. Jesus sagt deshalb: »Es reicht mit den toten Werken. Genug mit den Feigenblättern. Ändert euer Denken, kehrt um. Gott hat euch Gnade anzubieten. Aber ihr müsst sie empfangen. Ihr müsst eure Denkweise ändern.«

»Da sprach er zu dem Weingärtner: ›Siehe, drei Jahre komme ich und suche Frucht an diesem Feigenbaum und finde keine. Haue ihn ab! Warum macht er das Land unnütz?‹« (Lk 13,7). **Wie lange sucht er? Drei Jahre. Wie lange dauerte der irdische Dienst Jesu an den Juden? Drei Jahre. Drei Jahre lang goss Jesus die Güte Gottes auf sein auserwähltes Volk aus.** Doch er bekam nichts als Blätter. Deshalb seine Antwort: »Haue ihn ab.«

Hier spricht kein zorniger Gott, der Israel von seinem Erbe abschneiden will. Dies ist der liebevolle, mitfühlende Jesus, der bereit ist, für die Sünden der ganzen Welt zu sterben. Der alle Menschen, sowohl Juden als auch Heiden, aus dem Reich und der Herrschaft Satans befreien will und der sein auserwähltes Volk braucht, um die deutliche Botschaft der Umkehr und Buße zu einer Welt zu bringen, die an Karma glaubt! **Gottes vorrangiger Wunsch war es, Israel mit seiner Güte zu segnen, um so sein Volk zu der richtigen Denkweise zu führen.** Aber Israel versteht es nicht. Also würde Jesus den Baum dieses Dienstes fällen und den Dienst einem anderen übertragen. Israel würde nicht vollständig abgeschnitten werden, doch der Dienst, für den die Juden bestimmt waren, würde von ihnen abgetrennt und den Heiden gegeben werden.

Aber eines Tages wird er wieder den Juden gehören. Die Zeit, in der die Heiden die Führungsrolle hatten, wird zu Ende gehen. In Lukas 21,29–30 spricht Jesus über die Endzeit, die Trübsal und die Wiederkunft Christi und woran wir erkennen werden, wann all dies geschehen wird. Schau dir Vers 29 an: *»Und er sagte ihnen ein Gleichnis: Seht den Feigenbaum und alle Bäume!«* Der Feigenbaum Israel *und alle* Bäume – Israel als Olivenbaum, Feigenbaum und Weinstock. Vers 30: *»Wenn ihr sie schon ausschlagen seht, so erkennt ihr von selbst, dass der Sommer jetzt nahe ist.«* Der Sommer ist die Zeit der Freude, die Zeit der Befreiung. Woran sollen wir erkennen, dass das herrliche Kommen Jesu bevorsteht? Israel, als die

Auserwählten Gottes, wird seinen Platz einnehmen – als Feigenbaum, der Früchte der Buße hervorbringt, als Weinstock, aus dem die Frucht des neuen Bundes hervorgeht, und als Olivenbaum, der die Salbung des Heiligen Geistes auf die Welt tropfen lässt. **Jesus hat sein Volk nicht aufgegeben. Er gibt Menschen nicht auf. Er gibt *dich* nicht auf.**

Empfange deinen Dienst. Du bist in das wahre Israel eingepfropft! Du bist der wilde Olivenbaum, der in den kultivierten Baum eingepfropft wurde, um die Welt mit dem Heiligen Geist zu segnen. Du bist der Feigenbaum, in dem Gott die Frucht der Buße, der Umkehr, entstehen lässt, damit die Menschen um dich herum anders über Gott denken! Du bist in den Weinstock eingepfropft und bringst Trauben hervor, damit die Menschen den Segen des neuen Bundes der Gnade trinken können! Das ist dein Moment. Das ist deine Zeit. Nimm deinen Dienst an! Genieße die Frucht! Und reiche die Frucht auch an andere weiter!

Kapitel 10

ICH BIN DER WEINSTOCK – JOHANNES 15

Ich bin der wahre Weinstock, und mein Vater ist der Weingärtner. Jede Rebe an mir, die keine Frucht bringt, nimmt er weg; jede aber, die Frucht bringt, reinigt er, damit sie mehr Frucht bringt. Ihr seid schon rein um des Wortes willen, das ich zu euch geredet habe. Bleibt in mir, und ich [bleibe] in euch! Gleichwie die Rebe nicht von sich selbst aus Frucht bringen kann, wenn sie nicht am Weinstock bleibt, so auch ihr nicht, wenn ihr nicht in mir bleibt.

Ich bin der Weinstock, ihr seid die Reben. Wer in mir bleibt und ich in ihm, der bringt viel Frucht; denn getrennt von mir könnt ihr nichts tun. Wenn jemand nicht in mir bleibt, so wird er weggeworfen wie die Rebe und verdorrt; und solche sammelt man und wirft sie ins Feuer, und sie brennen. Wenn ihr in mir bleibt und meine Worte in euch bleiben, so werdet ihr bitten, was ihr wollt, und es wird euch zuteilwerden. Dadurch wird mein Vater verherrlicht, dass ihr viel Frucht bringt und meine Jünger werdet. — Johannes 15,1–8

Es gibt gleich mehrere Gründe, warum Menschen diese Bibelstelle beunruhigend finden. Einer ist der, dass der zweite Vers besagt, dass Gott der Vater als Weingärtner jede Rebe (vom Weinstock) entfernen wird, die keine Frucht trägt. Also lesen wir das und denken: »Ich will nicht von Jesus entfernt werden, ich leg mal besser los und bringe Frucht. Denn wenn ich zumindest ein wenig Frucht bringe, wechsle ich von denen, die entfernt werden, zu denen, die beschnitten werden. Das hört sich zwar auch nicht so gut an, ist aber immer noch besser, als entfernt zu werden.«

Ich muss also Frucht bringen. Und in Jesus bleiben muss ich auch noch, denn in Vers 6 steht, dass eine Rebe, die nicht in ihm bleibt, ausgesondert und, wenn sie verdorrt ist, ins Feuer geworfen wird. Ich muss daher Frucht bringen und in Jesus bleiben, denn der Vater will Frucht tragende Reben. *»Dadurch wird mein Vater verherrlicht, dass ihr viel Frucht bringt und meine Jünger werdet.«* Wir festigen unsere Stellung als Nachfolger Christi und sichern uns die Jüngerschaft, indem wir Frucht tragen.

Ich spreche gerade nur aus, was viele Leute denken, wenn sie diesen Bibelabschnitt lesen. Doch wahr ist, dass die Menschen, die ihn so lesen, hoffen, dass sie sich irren, denn in Anbetracht dessen, was wir in anderen Versen gelesen haben, klingt das alles so völlig falsch. Zum Beispiel sagt Jesus in Johannes 10,28–29, dass niemand seine Schafe aus seiner Hand reißen kann und dass darüber hinaus auch niemand in der Lage ist, die Schafe aus der Hand des Vaters zu reißen. Darin liegt so viel Sicherheit. Und dann liest du diese Verse. Die Leute behelfen sich, indem sie einfach den Teil herauspicken, der ihnen gefällt – Jesus als Weinstock und wir als die, die mit ihm verbunden sind –, und alle anderen Verse, die ihnen nicht so behagen, nur flüchtig überfliegen.

Aber ich sage dir, dass Jesus in diesem Abschnitt liebevoll zu seinen Jüngern gesprochen hat. Seine Worte sind als Ermutigung für die Gläubigen gedacht. Sie dienen nicht dazu, diejenigen, die an Jesus glauben, in Angst und Schrecken zu versetzen. Lass uns also in diese Verse eintauchen. Jesus sagte in Vers 1: *»Ich bin der wahre Weinstock.«* Man beachte, dass er nicht einfach »Ich bin der Weinstock« sagt. Er sagt: »Ich bin der **wahre** Weinstock.« Warum formuliert er es so? Weil die Menschen andere Bilder davon im Kopf hatten, wer der Weinstock ist.

Lass uns zu den Bildern zurückgehen, die Israel im Alten Testament symbolisieren. Wie wir bereits wissen, wird Israel, das Volk Gottes, sinnbildlich durch drei verschiedene Arten von Bäumen dargestellt: den Feigenbaum, den Olivenbaum und den Weinstock, der ja eigentlich kein Baum ist, aber als solcher bezeichnet wird. In Richter 9,8 heißt es: *»Die Bäume gingen hin, um einen König über sich zu salben, und sie sprachen zum Ölbaum: Sei unser König!«* Anschließend gingen sie zum Feigenbaum. Und danach zum Weinstock. **Alles Bäume, die für Israel stehen, oder genauer gesagt für die Dienste Israels, und jeder dieser Bäume ist dazu bestimmt, die ihm eigene Art von Frucht hervorzubringen.**

Der Feigenbaum steht für unsere Bemühungen, uns Gott gegenüber annehmbar zu machen. Adam und Eva fügten Feigenblätter zu einem Schurz zusammen, um damit ihre Schande zu bedecken. Sie wollten ihren Makel ausgleichen, um sich vor Gott wieder sehen lassen zu können. Dieses System, bei dem wir ein Leben aus eigener Anstrengung führen, ist im Gesetz Gottes fest verankert. Das Gesetz wurde gegeben, um jeden Mund zum Schweigen zu bringen. Wir sollten daran verzweifeln und es aufgeben. In dem System des Gesetzes sind wir ständig darum bemüht, uns selbst zu bedecken, und uns durch ein tadelloses Leben gerecht zu machen. Nur ist es so, dass das Gesetz einen Menschen nicht gerecht machen kann. Wenn wir uns dem Gesetz aufrichtig stellen, wird es nur eines hervorbringen: *das Wissen um unser Versagen.* Das ist die Frucht des Feigenbaumes.

Ausgerüstet mit dem Wissen um unser Versagen – unsere Bedürftigkeit vor Gott – werden wir als Menschen offen sein für eine Alternative in Jesus. Der alternative Weg zur Gerechtigkeit ist der, dass Gott uns Gerechtigkeit als Geschenk gibt. Das ist der Moment, in dem Jesus auftritt. Er kommt nach Israel. Er kommt zum Feigenbaum, aber Israel, der Feigenbaum, hat keine Frucht hervorgebracht. **Es hat nicht die Frucht der Erkenntnis um das eigene Versagen hervorgebracht, sondern bloß Blätter.** Jesus verflucht den Feigenbaum, weil er in der Erwartung zu ihm kam, Frucht vorzufinden, doch da war keine.

Und dann setzt er das Gleichnis fort. Er sagt, wenn du auch nur ein kleines bisschen Glauben hast, wirst du zu diesem Feigenbaum sagen: »Entwurzle dich und wirf dich ins Meer«, und er wird dir gehorchen. **Mit nur einem Funken Glauben an das vollbrachte Werk Jesu wirst du zu diesem Feigenbaum, diesem System der Selbstbedeckung, der Eigenbemühung, bei dem du hart daran arbeitest, vor Gott gerecht zu werden, sagen: »Geh mir aus den Augen und lass dich in den Tiefen des Meeres begraben.«** Man beachte, dass Jesus in unserem Abschnitt aus Johannes 15 nicht sagt: »Ich bin der wahre Feigenbaum«, weil dieser nämlich herausgerissen gehört. Dieser Baum sollte von dir, in einer bewussten Entscheidung, ins Meer geworfen werden.

Jesus sagt auch nicht: »Ich bin der wahre Ölbaum.« Der Ölbaum bringt Olivenöl hervor. Der gesamte Ölberg (wo Jesus betete) war eine einzige Ölproduktionsstätte. Das Öl ist ein Symbol für Gottes eigenen Geist. Öl auf jemandes Kopf zu gießen ist ein Sinnbild dafür, dass Gottes eigener Geist auf einer Person ist. Erinnere dich, dass Gott in Joel 3,1 selbst sagte: *»Ich will meinen Geist über alles Fleisch ausgießen.«* Dieses Bild soll uns zeigen, wie Gott das Olivenöl über die ganze Erde ausgießt. Gethsemane, wo Jesu Todeskampf begann, liegt am Fuße des Ölbergs; es ist Teil des Ölbergs, direkt im Tal. Und Gethsemane bedeutet »Ölpresse«. Die Qualen und die Folter, die Jesus erlitt, läuteten das Zeitalter des Geistes ein.

Noch einmal, Jesus sagt in unserem Bibelabschnitt nicht: »Ich bin der wahre Ölbaum.« **Er sagt sehr konkret, dass er der dritte Baum ist. *»Ich bin der wahre Weinstock.«*** Das ist bemerkenswert, denn von allen drei Bäumen, die Israel repräsentieren, wurde der Weinstock als das wahrhaftigste Wesen Israels hervorgehoben. In Jesaja 5,7 wird davon gesprochen. Dort heißt es: *»Denn das Haus Israel ist der Weinberg des HERRN der Heerscharen.«* In Jeremia 2,21 (HFA) sagt Gott: *»Ich hatte dich als edlen Weinstock eingepflanzt.«* In den Psalmen sagt er, dass Israel der Weinstock ist, der aus Ägypten gekommen ist. Der Geschichtsschreiber Josephus sagte, er habe, als er Jerusalem Anfang des ersten Jahrhunderts besuchte, über dem Eingang zum Tempel einen kunstvoll geschnitzten Weinstock gesehen. Dieser war das eigentliche Symbol der Nation. Es war kein politisches Emblem; es war ein religiöses Symbol, wie es das Kreuz für uns ist. Wenn ich dich fragen würde: »Auf wen weist das Kreuz hin?«, würdest du »Jesus« sagen.

Wenn du zu Jesu Zeiten gelebt und jemanden gefragt hättest: »Auf wen weist der Weinstock hin?«, hätte jeder »Israel« gesagt. Israel war die verheißene Segenslinie. Israel war das Volk, durch das der Messias kommen würde. Israel sollte die Nation sein, die den Segen für die Welt bereitstellt; die Frucht Israels, die Frucht des Weinstocks, sollte Gottes Segen in Form des messianischen Königreichs auf der Erde sein.

Und jetzt kommt Jesus daher und sagt: »Ich bin der wahre Weinstock.« Mit anderen Worten: »Nicht die Nation Israel ist der Weinstock, sondern ich bin es. Ich bin der wahre Weinstock. Ihr braucht nicht an Israel festzuhalten. Bleibt in mir. Ich bin derjenige, durch den der neue Bund kommt.«

»Ich bin der wahre Weinstock, und mein Vater ist der Weingärtner. Jede Rebe an mir, die keine Frucht bringt, nimmt er weg; jede aber, die Frucht bringt, reinigt er, damit sie mehr Frucht bringt«

(Joh 15,1–2). Ist dir aufgefallen, dass Jesus »jede Rebe *an mir*« sagte? Das ist wichtig. Die Betonung in diesem ganzen Abschnitt liegt auf diesen beiden kleinen Worten: »an mir«. Diese Formulierung kommt sechsmal in sechs Versen vor. Jesus will uns hier deutlich machen, dass es nur eine Sache gibt – den Weinstock. Der Weinstock und nichts sonst. Da sind noch die Reben, keine Frage, aber sie sind Teil des Weinstocks. *»Jede Rebe an mir.«* Siehst du es? Es gibt in Wirklichkeit keine eigenständig existierenden Reben, es sei denn, sie werden vom Weinstock entfernt.

Du bist ein Teil des Weinstocks. Paulus würde sagen: »Du als Gläubiger bist *in Christus*.« Wo er ist, bist auch du. Deshalb sitzt du mit ihm im Himmel. Wenn die Engel im Himmel Jesus anschauen, sehen sie nicht dich; sie sehen Jesus, aber du bist in ihm. Wenn die Menschen auf der Erde dich anschauen, sehen sie nicht Jesus; sie sehen dich, aber Jesus ist da. Diejenigen, die in Christus sind, sind im Geist eins mit ihm geworden. Man kann nicht erkennen, wo du endest und er beginnt. Du und ich, als Gläubige, sind eine Art hybrides Geistwesen, eine völlig neue Art der Schöpfung in Christus.

Jesus ist der Weinstock dieser neuen Art von hybridem Leben, und du bist an bzw. in ihm. »Jede Rebe in mir, *in mir*!« Spür nur, wie sicher sich das anfühlt. Du bist ein Teil von ihm. Er wird dich nicht wegwerfen, auch wenn er das in diesem Vers scheinbar sagt. *»Jede Rebe an mir, die keine Frucht bringt, nimmt er weg.«* Oh, Augenblick mal! Wenn du die *New King James Version* liest, siehst du dort eine Fußnote, in der sich, wie auch in vielen anderen Übersetzungen, das Wort »hochheben« als alternative Lesart findet.

Die Übersetzer mussten eine Entscheidung darüber treffen, wie das griechische Wort *airo* auszulegen ist. Es hat zwei verschiedene Bedeutungen; es kann entweder »wegnehmen« bedeuten oder »hochheben«, wie es in anderen Teilen des Johannesevangeliums übersetzt wird. Der Gelähmte in Kapitel 5 hob seine Matte auf (*airo*) und ging nach Hause. Die Pharisäer in Kapitel 8 hoben (*airo*) Steine auf, um Jesus zu steinigen. Jesus sagte in Kapitel 10, Vers 18 (GNB): *»Niemand kann mir das Leben nehmen. Ich gebe es aus freiem Entschluss. Es steht in meiner Macht, es zu geben, und auch in meiner Macht, es wieder an mich zu nehmen.«* Da steht *airo* – hochheben, an sich nehmen (um es zu behalten)!

Jesus sagte in diesem privaten und herzlichen Moment zu seinen Jüngern: »Freunde, ihr seid in mir, dem Weinstock. **Jede Rebe in mir, die keine Frucht trägt, hebt der Vater hoch.« Er richtet dich auf. Er hebt dich aus dem Schmutz.** Er bindet dich dorthin auf, wo du hingehörst. Er bringt dich in eine Position, in der du genügend Sonne und Feuchtigkeit abbekommst.

Das ist die Arbeit des Weingärtners. Der Weingärtner macht das. Das musst nicht du tun. Es ist nicht deine Aufgabe. Wenn du »im Weinstock« bist, erfährst du die Fürsorge des Weingärtners. Wenn du am Boden liegst, im Schmutz der Verdammnis oder im Schmutz der Unmoral, hervorgerufen durch ein Leben nach dem Fleisch, wenn du im Schmutz deiner vermeintlichen Unwürdigkeit liegst, die du empfindest, wenn du dich ihm näherst, **wird er dich aufrichten. Er wird dich daran erinnern, wer du in Christus bist.** Du bist gerecht. Du bist heilig. Wie Paulus sagen würde: »Ihr wurdet gereinigt und seid für ein neues Leben gerüstet. Erwacht zu eurer Gerechtigkeit. Erwacht zu dem, was ihr wirklich seid.« Neue Kreaturen, die von Selbsthass, Verurteilung und Unmoral befreit sind. Wir sind Teil des Weinstocks! Die Lebenskraft Jesu durchfließt uns (als seine Reben) in diesem Moment.

Wenn du das allmählich verstehst, fängst du an, die Frucht des neuen Bundes zu tragen. Siehst du, was für eine wunderbare Nachricht das für die Gläubigen ist? Du bist ein Teil des Weinstocks. Und selbst wenn du am Boden, im Schmutz deines Lebens liegst und keine Frucht trägst, wird der Vater dich dort nicht liegen lassen. Er wird dich aufheben und dort befestigen, wo du hingehörst. Genau das ist es, was er in dir tut. Ich denke, wir sollten ihn seinen Job machen lassen.

»Ich bin der wahre Weinstock, und mein Vater ist der Weingärtner. Jede Rebe an mir, die keine Frucht bringt, hebt er hoch; jede aber, die Frucht bringt, reinigt er, damit sie mehr Frucht bringt.« Das ist jetzt wirklich wichtig: Wie reinigt der Vater eine Rebe? Das hat Jesus im nächsten Vers deutlich gemacht: *»Ihr seid schon rein um des Wortes willen, das ich zu euch geredet habe.«* Dabei musst du wissen, dass das Wort »reinigen« und das Wort »beschneiden«, wie es in einigen Übersetzungen steht, vom selben Wurzelwort kommen. **Wie wurden die Jünger rein? Indem sie den Worten Jesu glaubten.** »Ihr seid schon rein (ihr seid schon beschnitten) um des Wortes willen, das ich zu euch geredet habe.«

Also, wie beschneidet der Vater seine Reben? *Er beschneidet sie durch das Wort des Herrn.* Jesus hat es klar und deutlich gesagt. Das Wort Gottes beschneidet uns. Das Wort Gottes reinigt uns. Wie wird man als Rebe fruchtbarer? Du glaubst dem Wort immer mehr. Du lässt dich vom Wort korrigieren, wenn du Korrektur brauchst. Das Wort weist uns in die richtige Richtung. Es korrigiert unser Denken. Paulus verglich diese von Gott kommende Korrektur durch sein Wort mit einem Vater, der sein Kind erzieht und korrigiert. In Hebräer 12 gibt es einen ganzen Abschnitt über die Züchtigung des Vaters, der uns liebt. In Vers 11 heißt es: *»Alle Züchtigung aber scheint uns für den Augenblick nicht zur Freude, sondern zur Traurigkeit zu dienen; danach aber gibt sie eine friedsame Frucht der Gerechtigkeit denen, die durch sie geübt sind.«* Das Wort für Züchtigung ist *paideia*, was so viel wie Erziehung oder Unterweisung von Kindern bedeutet.

Gott lehrt uns auch heute noch durch sein Wort. Und ich muss sagen, es gab und gibt Zeiten, in denen Gottes Korrektur anfangs schmerzhaft für mich war bzw. ist, weil sie bedeutet, dass ich zugeben muss, dass ich falsch lag oder mein Bild unvollständig war. Wenn ich über die Jahre zurückblicke, erkenne ich, dass Gott über einen langen Zeitraum hinweg versuchte, mir ein vollständigeres Bild von der Gnade zu vermitteln. Aber ich konnte es nicht empfangen. Er hat dann nur einen Samen in mich gepflanzt, und dann noch einen weiteren. Ich bekam schließlich eine Offenbarung über das vollbrachte Werk Jesu, das sich so zusammenfassen lässt: Gott war in Christus und versöhnte die Welt mit sich selbst, indem er den Menschen ihre Sünden nicht anrechnete. Gott rechnet dir deine Sünden nicht an und wird es auch nie tun.

Als ich das endlich erkannte, war mein erster Gedanke nicht von Freude, sondern eher von Entsetzen erfüllt, denn schließlich war ich seit zwanzig Jahren Pastor und predigte eine Mischung aus den beiden Bünden. Ich fing an, meine Predigten aus vergangenen Jahren zu lesen, und mein Herz rutschte mir in die Hose. Mir drehte es angesichts dessen, was ich gepredigt hatte, buchstäblich den Magen um. Ich dachte: »Wie kann das sein, wie kann das nur sein?«

Ich sage dir nur, wie es ist. Als Prediger predigst du sechs- oder siebenhundert Mal. Du denkst, du checkst alles. Du glaubst zu wissen, wie man es richtig macht. Du denkst, du weißt genau, worum es geht. Ich werde nie den Tag vergessen, an dem ich sechs randvolle Kisten voller Predigten – etwa 1500 Stück (die ich gewissermaßen immer als mein Vermächtnis betrachtet hatte) – nahm und sie eine nach der anderen in den Müllcontainer der Wohnanlage warf, in der wir damals lebten. Es schmerzte. Aber dann kam Freude auf. Denn im Vergleich zu der überragenden Kostbarkeit, Christus Jesus zu kennen, meinen Herrn, betrachtete ich sie alle als Müll. Es ist nicht so, dass es aus diesen Predigten vorher keine dem Reich entsprechende Frucht gab; da war schon einiges. Aber der Vater liebte mich genug, um mich beharrlich aufzuheben und durch das Wort zu beschneiden. Und ich bin so froh, dass er es getan hat.

Er beschneidet nur auf diesem und keinem anderen Weg – durch sein Wort. Jesus sagt das. Er beschneidet oder korrigiert dich nicht durch Tragödien, und er tut es auch nicht durch Krankheit. Diese Dinge stehen im Widerspruch zum Charakter Gottes. Er liebt uns und korrigiert uns nur durch sein Wort. Er ist ein guter Gott. Er ist ein guter Vater. Er liebt dich! Er liebt dich so sehr, dass er dich nicht im Irrtum belässt, wo du nur wenig Frucht bringst. Nein, er wird dich hochheben und dir die verborgenen Dinge in seinem Wort zeigen.

Und dann wirst du viel Frucht bringen. Diese Frucht ist die Frucht des neuen Bundes. Es ist eine Frucht, die aus der Lebenskraft des Weinstocks genährt wird. Aber um das klarzustellen: Die Frucht des neuen Bundes besteht nicht in guten Taten. Jesus sagte, dass die Art von Frucht, von der er spricht, ohne ihn nicht hervorgebracht werden kann. Absolut jeder kann für andere Menschen nette Dinge tun. Preis dem Herrn, dass sie es tun. **Aber die Frucht des neuen Bundes ist anders. Die Frucht des neuen Bundes ist eine Frucht, die das Leben Jesu weitergibt.** Sie ist eine Frucht, die aus dir wächst und von anderen gegessen wird, damit die Gerechtigkeit und das Leben Jesu an diese Menschen weitergegeben wird.

Das ist die Frucht, von der Jesus spricht. Weil du im Weinstock bist und durch das Wort hochgehoben und beschnitten wurdest, wirst du zu den Menschen, die in Sünde sind, sagen: »Gott ist nicht böse auf dich. Gott hält dir deine Sünden nicht vor. Jesus hat zwischen deinem Vater-Gott und dir Frieden hergestellt. Er möchte, dass du diesen Frieden empfängst. Er möchte jetzt seine Liebe in dich ausgießen; er will, dass du seine Liebe erfährst.« Du wirst, wenn Jesus dich innerlich dazu leitet, zu jemandem hingehen und sagen: »Sei geheilt, im Namen Jesu.« Und genau so ist es dann auch.

Getrennt von Jesus kannst du das nicht tun. Du kannst das Leben Jesu nicht an jemanden weitergeben, es sei denn, du bist selbst mit Jesu Leben verbunden.

Also, lass dich in Jesus nieder. Das ist, was »in mir bleiben« eigentlich bedeutet. Jesus sagte: »Bleibt in mir.« Das griechische Wort dafür lautet *meno*. Es bedeutet »niederlassen in«. Das ist keine Übergangslösung, kein zeitweiliges Arrangement. Es gibt kein »Heute bin ich in ihm zu Hause und morgen bin ich wieder woanders«. Du bleibst nicht in der einen Minute in ihm und in der nächsten bist du wieder raus. Wenn du dich in Jesus niederlässt, wenn du in ihm dein Zuhause findest, wirst du viel Frucht bringen. Aber wenn du nicht in Jesus zu Hause bist, was bist du dann? Du bist eine verdorrte Rebe, die aufgesammelt und ins Feuer geworfen wird. (Die Beschreibung dieser verdorrten Rebe ist grammatisch sehr merkwürdig; Jesus hat das Ganze in die Vergangenheitsform gebracht. Er sagte, die Person, die sich entschieden habe, sich nicht in ihm niederzulassen, sei schon verdorrt – wenn man sich *Young's Literal Translation* ansieht, kann man die Vergangenheitsform erkennen.) Lass dich nicht von dem Wort »bleiben« irritieren. Lies es einfach so, wie es gemeint ist, nämlich als »niederlassen in«.

Betrachten wir diesen Bibelabschnitt noch einmal, aber diesmal so wie eben. Lass den Vater dabei dein Denken beschneiden. Das wird richtig gut. Keine Sorge, es tut nicht weh, aber es wird mächtig Wirkung haben. *»Ich bin der wahre Weinstock, und mein Vater ist der Weingärtner. Jede Rebe an mir, die keine Frucht bringt, hebt er hoch; jede aber, die Frucht bringt, beschneidet er, damit sie mehr Frucht bringt. Ihr seid schon beschnitten um des Wortes willen, das ich zu euch geredet habe. Lasst euer Zuhause in mir sein, und lasst mich in euch sein! Gleichwie die Rebe nicht von sich selbst aus Frucht bringen kann, wenn sie nicht im Weinstock ihr Zuhause findet, so auch ihr nicht, es sei denn, ihr lasst euch in mir nieder. Ich* *bin der Weinstock, ihr seid die Reben. Wer in mir sein Zuhause hat und mich in ihm wohnen lässt, der bringt viel Frucht; denn getrennt von mir könnt ihr nichts tun. Wenn sich jemand nicht in mir niederlässt, ist er verdorrt und wurde als Rebe verworfen; und solche sammelt man und wirft sie ins Feuer, und sie verbrennen. Wenn ihr euer Zuhause in mir findet und meine Worte ihr Zuhause in euch finden, werdet ihr bitten, was ihr wollt, und es wird euch gegeben. Dadurch wird mein Vater verherrlicht, dass ihr viel Frucht bringt und meine Jünger werdet.«*

Jesus sagte, wenn du dein Zuhause in ihm findest (Ist dein Zuhause in Jesus? – Ja) und wenn, wie er sagte, »meine Worte ihr Zuhause in dir finden (Glaubst du an die Worte Jesu, glaubst du an das, was er über dich sagt? – Ja) dann bitte, was du willst, und es wird dir gegeben«. Mehr Voraussetzungen dafür gibt es nicht.

Kapitel 11

DAS GLEICHNIS VOM UNBARMHERZIGEN DIENER

Da trat Petrus zu ihm und sprach: Herr, wie oft soll ich meinem Bruder vergeben, der gegen mich sündigt? Bis siebenmal? Jesus antwortete ihm: Ich sage dir, nicht bis siebenmal, sondern bis siebzigmalsiebenmal! Darum gleicht das Reich der Himmel einem König, der mit seinen Knechten abrechnen wollte. Und als er anfing abzurechnen, wurde einer vor ihn gebracht, der war 10 000 Talente schuldig. Weil er aber nicht bezahlen konnte, befahl sein Herr, ihn und seine Frau und seine Kinder und alles, was er hatte, zu verkaufen und so zu bezahlen. Da warf sich der Knecht nieder, huldigte ihm und sprach: Herr, habe Geduld mit mir, so will ich dir alles bezahlen! Da erbarmte sich der Herr über diesen Knecht, gab ihn frei und erließ ihm die Schuld.

Als aber dieser Knecht hinausging, fand er einen Mitknecht, der war ihm 100 Denare schuldig; den ergriff er, würgte ihn und sprach: Bezahle mir, was du schuldig bist! Da warf sich ihm sein Mitknecht zu Füßen, bat ihn und sprach: Habe Geduld mit mir, so will ich dir alles bezahlen! Er aber wollte nicht, sondern ging hin und warf ihn ins Gefängnis, bis er bezahlt hätte, was er schuldig war. Als aber seine Mitknechte sahen, was geschehen war, wurden sie sehr betrübt, kamen und berichteten ihrem Herrn den ganzen Vorfall. Da ließ sein Herr ihn kommen und sprach zu ihm: Du böser Knecht! Jene ganze Schuld habe ich dir erlassen, weil du mich batest; solltest denn nicht auch du dich über deinen Mitknecht erbarmen, wie ich mich über dich erbarmt habe? Und voll Zorn übergab ihn sein Herr den Folterknechten, bis er alles bezahlt hätte, was er ihm schuldig war.

So wird auch mein himmlischer Vater euch behandeln, wenn ihr nicht jeder seinem Bruder von Herzen seine Verfehlungen vergebt. — Matthäus 18,21–35

Hat Jesus das wirklich so gemeint? Er kann die letzten paar Verse über die Folterknechte doch unmöglich ernst gemeint haben, oder? Bestimmt wollte er damit sagen, dass du dir ein bisschen Mühe geben und versuchen solltest, der Person, die dir Unrecht getan hat, vielleicht zu verzeihen. Dann wird Gott über deine restliche Unversöhnlichkeit (den Groll, der hin und wieder aufflammt) hinwegsehen und alles ist wieder im Lot. Andernfalls kriegst du richtig Ärger, selbst wenn nur das kleinste bisschen Unversöhnlichkeit in deinem Herzen ist. Du wirst dann den Folterknechten übergeben. Und was ist hiermit: Will Jesus wirklich sagen, dass dieser König (Gott) dem Diener völlige Vergebung geschenkt hat und sie ihm dann wieder weggenommen hat? Kein Prediger mag dieses Gleichnis wirklich, denn wenn man es nicht ein wenig abmildert und umdeutet, kann es einen ziemlich beunruhigen. Und das sollte es auch, wenn ich das mal so sagen darf.

Doch wir Prediger haben diese Worte manipuliert, um sie für die Gläubigen leichter verdaulich zu machen. Es führt kein Weg daran vorbei: Wenn du den Unterschied zwischen den beiden Bünden nicht verstehst – dem alten Bund des Gesetzes, der auf deinem Wohlverhalten beruhte, und dem neuen Bund der Gnade, den Jesus einführte –, wird dich deine Deutung des Gesagten entweder in Angst vor dem Gericht und den Folterknechten leben lassen oder du wirst Jesu Worte so weit entschärfen, dass du sie befolgen kannst.

Es gibt also zwei verschiedene Bünde. Der neue Gnadenbund beginnt am Kreuz. Jesus ist die Übergangsfigur zwischen den beiden Bünden. Und in seinem Dienst tut Jesus immer zwei Dinge: Er hilft den Menschen zu erkennen, wie unmöglich der alte Bund des Gesetzes einzuhalten ist, und er hilft ihnen zu glauben, dass in ihm ein neuer, lebendiger Weg (der Gnade) besteht, der ihnen Zugang zu Gott gibt. Man kann diese beiden Bünde nicht kombinieren. Wenn du die beiden Bünde miteinander vermischst, wirst du dich immer fragen, welche Stellung du vor Gott hast. **Wenn du beide Bünde zu einem einzigen Bund zusammenfügst, wirst du ständig um Vergebung bitten und dich nie sicher fühlen. Du wirst deine Gerechtigkeit nicht verstehen.** Du wirst keinen Frieden erleben. Und du wirst nicht siegreich und im Segen leben, weil du nicht in dem vollbrachten Werk Jesu verankert sein wirst.

Jesus will seine Jünger dazu bringen, ihre Bemühungen aufzugeben, Gott dem Gesetz nach gefallen zu wollen. Er begräbt sie förmlich unter dem Gesetz. Er kann es nicht deutlicher machen als mit diesem Gleichnis. Er benutzt krasse Übertreibungen, damit es uns nicht entgeht. Mit anderen Worten, er überspitzt das Ganze ins Groteske, damit wir nicht übersehen, worum es ihm tatsächlich geht. Und trotzdem kapieren wir es nicht. Hier ist die moralische Lektion, die Menschen aus diesem Gleichnis ziehen, wenn sie dessen eigentlichen Sinn nicht begreifen: »Du vergibst anderen besser von ganzem Herzen (machst nicht nur Lippenbekenntnisse wie damals, als ihr Kinder wart und du deinen Bruder geschlagen hast und deine Mutter sagte: ›Sag deinem Bruder, dass es dir leid tut‹, und du gesagt hast: ›Tut mir leid!‹). Nein, du musst vorbehaltlos, von ganzem Herzen vergeben, sonst bist du verdammt. Gott wird dir nicht verzeihen. Da gibt es nichts zu beschönigen. Ende der Geschichte.«

Aber jetzt sage ich dir, das ist nicht der neue Bund. Das ist der alte Bund. Schauen wir uns diese Geschichte an. Von Anfang an will Jesus, dass wir verstehen. Wie oft soll ich vergeben, Jesus? Wenn ein Typ ohne Versicherung meinen neuen Mercedes rammt, muss ich ihm dann bis zu siebenmal verzeihen? Petrus hält das insgeheim für viel zu viel, aber er will herausstellen, wie ernsthaft er bemüht ist, das Gesetz Gottes, den alten Bund, einzuhalten. Jesus sagt: »Nein, siebzigmal siebenmal.« Petrus fällt die Kinnlade runter. Was?! Auf keinen Fall!! Komm schon, ich schaff das nicht. *Genau. Das schaffst du nicht.*

Wie sieht Petrus seine Beziehung zu Gott? Sie beruhte auf dem alten Bund, dem einzigen, den er kannte. »Jesus, wenn ich mich wirklich, wirklich, *wirklich* bemühe und siebenmal vergebe, muss das doch reichen.« Doch Jesus sagt, dass es nicht einmal annähernd reicht! Was tut Jesus da? Gibt er dir ein weiteres Gesetz, das du befolgen sollst? Nein, auf keinen Fall! Er will, dass du es aufgibst, deine Beziehung mit Gott auf Basis deiner Leistungen führen zu wollen. Und nachdem er Petrus gesagt hatte, dass er siebzigmal siebenmal vergeben muss, hätte Jesus eigentlich nur noch ein »Amen, Ende der Predigt« hinzufügen müssen. Aber damit du auch wirklich verstehst, worum es hier geht, erzählt er direkt anschließend die Geschichte vom unbarmherzigen Diener.

In Vers 23 heißt es: *»Darum gleicht das Reich der Himmel einem König, der mit seinen Knechten abrechnen wollte.«* Wie oft sagte Jesus: »Das Reich der Himmel *ist wie* …?« Ziemlich oft, richtig? Genau so ist es. Weißt du aber auch, dass er nicht immer »Das Reich der Himmel ist« (Präsens) sagte? Manchmal sagte er auch: »Das Reich der Himmel wird sein« (Futur), wie er es im Gleichnis von den zehn Jungfrauen einige Kapitel später in Matthäus 25 tut. **Er benutzt dort die Zukunftsform, weil er uns nicht sagt, wie das**

Himmelreich jetzt ist, sondern weil er uns erklärt, wie es bei seinem zweiten Kommen sein wird. Das ist wichtig.

Bei dem, was ich dir jetzt sagen werde, musst du dich nicht allein auf mein Wort verlassen. Im Internet lassen sich super einfach Interlinearübersetzungen des Alten und des Neuen Testaments finden, die den zugrunde liegenden Text zergliedern, sodass du dir die jeweilige Zeitform der Verben selbst anschauen kannst. Hier in Vers 23 sagt Jesus jedenfalls nicht: »Das Himmelreich ist wie« (Passiv Präsens); er sagt: »Das Himmelreich war wie« (Vergangenheitsform, genauer: aoristische Passivform). Ich habe nur eine Bibelübersetzung gefunden, die das korrekt und eindeutig übersetzt, und das ist *Young's Literal Translation.* Sieh dir Youngs Übersetzung, wenn möglich, am besten selbst an.

Was also sagt Jesus hier? Er sagt: »So hat es unter dem Sinai-Bund funktioniert. Petrus, das ist die Art von Beziehung mit Gott, bei der es darauf ankommt, wie gut du darin bist, anderen zu vergeben. Aber das ist nicht der Bund, wegen dem ich gekommen bin. Lass mich dir etwas über das alte System erzählen, nach dem du dich richtest. Du musst darin vollkommen vergeben, von ganzem Herzen, siebenundsiebzigmal siebenmal, oder du gehst geradewegs in die Hölle. Das ist das alte System, das bald vergehen wird. Lass mich dir etwas darüber erzählen.«

»Das Reich der Himmel glich einem König, der mit seinen Knechten abrechnen wollte.« Man beachte hier, dass es eindeutig noch offenstehende Rechnungen gibt. Hier geht es um den Gesetzesbund, unter dem jeder Tag eine neue Gelegenheit bietet, Gott gegenüber Fehler zu machen. Und wenn du es vermasselt hast, musst du bereuen, dich schuldig fühlen, Gott ein Opfer bringen und ihn bitten, dir zu vergeben. **Das ist nicht der neue und lebendige Weg. Unter dem neuen Bund sind alle Rechnungen ein für alle Mal von Jesus beglichen worden.**

In 2. Korinther 5,19 (NLB) steht: »*Denn Gott war in Christus und versöhnte so die Welt mit sich selbst und rechnete den Menschen ihre Sünden nicht mehr an.*« Jesus nahm alle Sünden auf sich und bezahlte die Strafe für sie. Du musst nicht für deine Sünden bezahlen, wenn Jesus es schon getan hat! Jesus hat jede einzelne offene Rechnung durch sein Leiden und seinen Tod beglichen. Wenn du denkst, du müsstest für deine Sünden selbst bezahlen und wärst dazu auch tatsächlich in der Lage, sagst du im Grunde, dass das, was Christus getan hat, wirkungslos war und er eigentlich nicht für dich hätte sterben müssen. Setze das, was Jesus getan hat, nicht herab. Bei seiner Geburt verkündeten die Engel »Friede gegenüber den Menschen«. Dieser Friede ging von Gott aus und galt den Menschen. Gott schloss Frieden mit der ganzen Welt. Gott rechnet dir deine Sünden nicht zu. Das Buch deiner Sündenschuld, das die Sünden deines gesamten Lebens umfasst, trägt einen großen, fetten »Voll bezahlt«-Stempel auf dem Einband. Es bleibt nur noch die Frage: »Glaubst du das?« Jesus hat dein Konto ausgeglichen. In dieser Wahrheit kannst du ruhen. Und falls du heute noch irgendetwas Dummes anstellen solltest, kannst du dir dessen trotzdem sicher sein.

Hier, in diesem Gleichnis, ist die Rechnung allerdings noch offen. Und zwar deshalb, weil hier beschrieben wird, wie schlimm die Dinge unter dem alten Bund des Gesetzes standen, der deine Leistung zur Grundlage machte. Deine Beziehung zu Gott bestand aus Tun, Tun und noch mehr Tun. Jetzt, unter dem neuen Bund, bist du angenommen, du hast den Geist der Kindschaft, der dich »Abba, Vater!« rufen lässt. Du gehörst zur Familie. **Familie basiert nicht auf Tun, Tun, Tun. Familie bedeutet Beziehung.** Bedeutet Liebe. Überleg mal: All dieses Tun klingt doch sehr nach einer Beziehung zwischen Dienstherr und Knecht. So nennt Jesus diesen Typen. Der Meister bezeichnet diesen Schwerbeschäftigten als Knecht, nicht als Sohn (wie im Gleichnis vom verlorenen Sohn). Er ist ein Knecht, ein Diener. Doch das stimmt nicht so ganz, denn diese Übersetzung ist viel zu mild. In Wirklichkeit benutzte Jesus ein anderes Wort; im griechischen Grundtext ist es das Wort *doulos*, was »Sklave« bedeutet.

Dieser König und Gebieter ruft seinen vielbeschäftigten Sklaven zu sich, um mit ihm abzurechnen. Der König öffnet das Schuldenbuch und rate mal, was folgt. »Hier steht, dass du mir 10.000 Talente schuldest.« Ich habe mal nachgerechnet, damit du weißt, wie absurd das ist, was Jesus da gerade gesagt hat. Das Talent ist eine Gewichtseinheit. Wenn man zu Jesu Zeiten mit großen Geldsummen umging, zählte man nicht einzelne Münzen ab, sondern benutzte eine Waage mit Gewichten. Man schüttete einfach so viele Münzen in die Schale einer Balkenwaage, bis sie mit dem Standard-Talent, das als Gegengewicht in der anderen Waagschale lag, ausbalanciert waren.

Es ist eine archäologische Tatsache, dass ein Talent etwa 75 US-Pfund entspricht. Ein Pfund ist gleich 16 Unzen. Multiplizieren wir also 16 mit 75, stellen wir fest, dass ein Talent 1200 Unzen entspricht. Das ist deshalb wichtig, weil wir in diesem Gleichnis über Gold reden. Ein Talent entspricht also 1200 Unzen Gold. Gold wird aktuell bei rund 1300 US-Dollar pro Unze gehandelt (Stand Mai 2019). Wenn wir 1200 Unzen Gold mit 1300 Dollar pro Unze multiplizieren, ergibt das 1,56 Millionen Dollar. Das ist eine Menge Geld. Aber halt, Jesus sagte, dass der Typ 10.000 Talente schuldete. Multiplizieren wir 1,56 Mio. Dollar mit 10.000, ergibt das einen Betrag von 15,6 *Milliarden* Dollar.

Der gesamte Jahreshaushalt von König Herodes, der zu Jesu Zeiten König von Palästina war, betrug umgerechnet knapp 800.000 Dollar. Anders gesagt, mit 800.000 Dollar konnte man alle Richter, alle Fürsten, alle Truppen, das gesamte Hofpersonal, sämtliche Bauprojekte sowie das große Heer der »Gesichtslosen« bezahlen, die für den laufenden Betrieb eines Königreichs notwendig waren, und hatte trotzdem noch genügend Geld übrig für Juwelen, Dinnerpartys, Bestechungen und was sonst noch mit der Führung eines Landes einhergeht. Mit anderen Worten, nicht einmal Herodes der Große konnte eine Million Dollar schulden, geschweige denn 15,6 Milliarden Dollar. Und wie Jesus sagte, reden wir hier nicht über Herodes den Großen, lieber Petrus, sondern über einen Sklaven.

Der Jahreslohn eines Sklaven betrug null. Der Sklave, der kein Einkommen hat, aber fast 16 Milliarden Dollar schuldet, sagt in Vers 26 zu seinem König und Gebieter: *»Hab Geduld mit mir, und ich werde dir alles bezahlen.«* Was? Wie? Und wie, bitteschön, willst du das machen?

Was tut dieser Sklave? Er nähert sich dem König auf der Grundlage des einzigen Systems, das er kennt; es ist fest in seinem Kopf verankert und lässt ihn denken: »Irgendwie muss ich aus eigener Kraft mit Gott ins Reine kommen. Wenn ich mich nur mehr anstrenge, wenn ich einfach mehr tue, kann ich vielleicht ein Gleichgewicht herstellen und diese ganze Karma-Geschichte ins Lot bringen.« Die ganze Welt verfährt im Umgang mit Gott nach dem System des Leistungsprinzips. Jesus will hier eines ganz deutlich machen: *Dieses System ist aussichtslos!* All dein Tun, Tun und noch mehr Tun bringt dir bei Gott nichts – unter dem System bist du ein Sklave. Nach dem Gesetzesbund bist du ein Sklave; für dich gibt es kein Weiterkommen. Du hängst fest.

Allerdings konnte man auch unter dem alten Bund Vergebung finden, indem man sämtliche Anbetungsrituale einschließlich der von Gott vorgeschriebenen Opferhandlungen vollzog – alles Opfer, die auf Jesus hinwiesen. Nimmt der Mann in dem Gleichnis diese Möglichkeit wahr? Ich werde dir noch etwas anderes zeigen, und auch diesmal gilt: Verlass dich nicht nur auf mein Wort, sondern sieh selbst nach. Ich weiß nicht, warum dermaßen viele Übersetzungen das, was in Vers 26 ursprünglich steht, anders formulieren. In der *King James Version* liest es sich so: »Der Diener warf sich hin, betete ihn an und sprach: ›Herr, habe Geduld mit mir, und ich will dir alles bezahlen.‹« Dort steht wirklich »betete ihn an«. Das ist keine alternative Lesart. Das griechische Wort für Anbetung lautet *proskyneo*. Im Griechischen heißt es demnach: »Der Diener warf sich hin und *proskyneo*-te ihn.« Er kam in die Anbetung. Ein Aspekt, den Jesus für wichtig hielt.

Jesus versuchte in diesem Gleichnis, die Verbindung zum alten Bund herzustellen. Im Grunde sagte er: »Da war ein Mensch, dem seine große Sünde bewusst wurde, und unter dem alten Bund des Gesetzes tat er, was der Herr ihm zu tun befohlen hatte; er kam in die Anbetung. Er vollzog die vorgeschriebene Anbetung. Und obwohl er etwas Dummes sagte – »Gott, gib mir Zeit und ich werde diese Sündenschuld abarbeiten, ich werde Dinge tun, die all das Schlechte, was ich getan habe, aufwiegen« – hatte Gott, unter dem alten Bund, Erbarmen mit ihm.

Gott geht auf sein Angebot, die Schulden mit der Zeit zu begleichen, gar nicht erst ein, denn das wäre aussichtslos. Es gibt nur eines, was diesen Sklaven vor Schwierigkeiten bewahren kann: Die Schuld muss auf andere Weise beglichen werden. Denk drüber nach. Eine Schuld geht nicht einfach so weg. Wenn ich dir Geld schulde und die Schuld nicht bezahlen kann und du mir diese Schuld erlässt, löst sich die Schuld nicht einfach auf. Passiert ist einfach nur, dass du dich entschieden hast, den geschuldeten Betrag selbst zu tragen. **Schulden müssen immer von jemandem bezahlt werden. Die Sündenschuld des Sklaven ist nicht einfach verschwunden. Sie ist weg, weil der König diese Sündenschuld selbst übernommen hat.** Auf den neuen Bund übertragen, wissen wir, dass **die Sünden-**

schuld des Sklaven Jesus in Rechnung gestellt wurde. *Sünde verschwindet also nicht einfach, sondern es wird immer dafür bezahlt.*

Jesus macht deutlich, dass dieser Sklave unter dem alten Bund sich in der Anbetung niederwarf, dass der König daraufhin Mitleid mit ihm hatte und ihm seine gesamte 15,6-Milliarden-Dollar-Schuld erließ. Das ist schon mal ziemlich gut. Gott hatte dies als Möglichkeit geschaffen, damit sein Volk unter dem Bund des Gesetzes Vergebung erlangen konnte. Allerdings brachte dieser Gesetzesbund Probleme mit sich. Die Bibel sagt in Jakobus 2,10: *»Denn wer das ganze Gesetz hält, sich aber in einem verfehlt, der ist in allem schuldig geworden.«*

Was passiert mit dem Sklaven? Er verlässt seinen Herrn als freier Mann, unbelastet und von seiner Schuld befreit. Aber was macht er? Er findet einen Typen, der ihm zwanzig Dollar schuldet, und er vergibt ihm nicht. Mit anderen Worten, er macht sich wieder einer Sünde schuldig. Es hätte jede beliebige Sünde sein können, aber Jesus beantwortet gerade die Frage von Petrus, wie oft er anderen vergeben muss. Also nimmt er als Beispiel die Sünde der fehlenden Vergebungsbereitschaft. Was geschieht als Nächstes?

Der König und Gebieter lässt den Sklaven erneut antreten, um mit ihm abzurechnen. Und weil dieser Mann gesündigt hat, wird ihm seine gesamte Sünde wiederauferlegt, denn nach dem Gesetzesbund bist du in allen Punkten schuldig, wenn du in einem versagst. **Unter dem Bund des Gesetzes machst du dich schuldig, das ganze Gesetz gebrochen zu haben.** Und der Sklave wird den Folterknechten übergeben (in die Hölle geworfen) und zum Dortbleiben verdonnert, bis er – als Sklave – die gesamten 15,6 Milliarden Dollar, die er schuldet, bezahlt. Als Petrus das hört, fällt ihm die Kinnlade runter. Das ist echt kein guter Deal.

Der Bund des Gesetzes ist unerbittlich. Es wird dich letzten Endes nicht ungestraft davonkommen lassen. Diejenigen von uns, die ihr Wohlverhalten aus eigener Kraft zur Grundlage ihrer Beziehung zu Gott machen, wird der Gesetzesbund stets zur Rechenschaft ziehen. Man könnte übrigens sogar sagen, dass der König in diesem Gleichnis für den Bund des Gesetzes steht; denn so, wie Jesus der Gnadenbund ist, so ist der König der Gesetzesbund. Der Gesetzesbund ruft dich immer zur Verantwortung. Wenn du deine Beziehung zu Gott davon abhängig machst, wie gut du dich schlägst, prangert das Gesetz laufend deine Schuld an. Du schuldest, schuldest, schuldest – »Sieh dir dein Leben an. Schau nur, was du getan hast. Du hast schon wieder Mist gebaut. Du bist nicht gut genug. Dafür musst du bezahlen. Bring es unter das Blut. Du musst es bekennen.« Du kannst es drehen und wenden, wie du willst, aber schlussendlich steckt immer der Bund des Gesetzes dahinter. »Gib mir Zeit und ich werde dir alles zurückzahlen!«

Viele Menschen lebten so, bis sie einfach erschöpft waren und wie Petrus sagten: »Ich kann das nicht mehr.« **Und dann fanden sie heraus, dass es zwischen dem alten und dem neuen Bund einen Unterschied gibt und dass man die beiden nicht miteinander vermischen kann**. Sie verstanden endlich, was Jesus meinte, als er sagte: »Komm zu mir, kommt her, ich werde euch Ruhe geben. Hier ist ein besseres Angebot; hier ist der neue Bund. Er ist ein neuer und lebendiger Weg. **Und so funktioniert er: Ich habe ein einmaliges Opfer für alle Sünden gebracht, das ewig gültig ist, und ihr glaubt einfach an mich und mein Werk.** Und *»ich werde nie wieder an [euer] Unrecht und [eure] Sünden denken«* (siehe Hebr 10,17–18). Er sagte nicht: »Ich werde mich nicht mehr an sie erinnern, bis du eine neue Sünde begangen hast.« Nein. »Ich werde nie wieder an sie denken. Wieso? Weil deine Schuld für immer bereinigt wurde. Jetzt entspann dich. Komm in meine Freude! Tritt in meine Ruhe ein.«

Kapitel 12

DAS GLEICHNIS VON DEN ANVERTRAUTEN TALENTEN

Denn es ist wie bei einem Menschen, der außer Landes reisen wollte, seine Knechte rief und ihnen seine Güter übergab. Dem einen gab er fünf Talente, dem anderen zwei, dem dritten eins, jedem nach seiner Kraft, und er reiste sogleich ab. Da ging der hin, welcher die fünf Talente empfangen hatte, handelte mit ihnen und gewann fünf weitere Talente. Und ebenso der, welcher die zwei Talente [empfangen hatte], auch er gewann zwei weitere. Aber der, welcher das eine empfangen hatte, ging hin, grub die Erde auf und verbarg das Geld seines Herrn. Nach langer Zeit aber kommt der Herr dieser Knechte und hält Abrechnung mit ihnen.

Und es trat der hinzu, der die fünf Talente empfangen hatte, brachte noch fünf weitere Talente herzu und sprach: Herr, du hast mir fünf Talente übergeben; siehe, ich habe mit ihnen fünf weitere Talente gewonnen. Da sagte sein Herr zu ihm: Recht so, du guter und treuer Knecht! Du bist über wenigem treu gewesen, ich will dich über vieles setzen; geh ein zur Freude deines Herrn! Und es trat auch der hinzu, der die zwei Talente empfangen hatte, und sprach: Herr, du hast mir zwei Talente übergeben; siehe, ich habe mit ihnen zwei andere Talente gewonnen. Sein Herr sagte zu ihm: Recht so, du guter und treuer Knecht! Du bist über wenigem treu gewesen, ich will dich über vieles setzen; geh ein zur Freude deines Herrn!

Da trat auch der hinzu, der das eine Talent empfangen hatte, und sprach: Herr, ich kannte dich, dass du ein harter Mann bist. Du erntest, wo du nicht gesät, und sammelst, wo du nicht ausgestreut hast; und ich fürchtete mich, ging hin und verbarg dein Talent in der Erde. Siehe, da hast du das Deine! Aber sein Herr antwortete und sprach zu ihm: Du böser und fauler Knecht! Wusstest du, dass ich ernte, wo ich nicht gesät, und sammle, wo ich nicht ausgestreut habe? Dann hättest du mein Geld den Wechslern bringen sollen, so hätte ich bei meinem Kommen das Meine mit Zinsen zurückerhalten. Darum nehmt ihm das Talent weg und gebt es dem, der die zehn Talente hat!

Denn wer hat, dem wird gegeben werden, damit er Überfluss hat; von dem aber, der nicht hat, wird auch das genommen werden, was er hat. Und den unnützen Knecht werft hinaus in die äußerste Finsternis! Dort wird das Heulen und Zähneknirschen sein. — Matthäus 25,14–30

Das Gleichnis von den anvertrauten Talenten ist ein Gleichnis von Jesus, das schon von vielen Predigern benutzt wurde, um die Leute in ihren Gemeinden auf Vordermann zu bringen und sie auf eine höhere Ebene (der Knechtschaft gegenüber dem Gesetz) zu befördern. Wenn du ins Internet gehst und in deiner Suchmaschine das »Gleichnis von den anvertrauten Talenten« eingibst, wirst du als Ergebnis einen endlosen Strom von Predigten finden, die dir alle sagen werden, dass du gut daran tätest, hart zu arbeiten und deine Talente, Fähigkeiten, Ressourcen, deine Zeit und alles, womit du sonst noch gesegnet bist, ins Reich Gottes zu investieren. Wenn du dich nämlich nicht voll und ganz einbringst (als eine Art Rendite für das, was Jesus in dich investiert hat), dann kannst du dich auf sehr große Schwierigkeiten gefasst machen, sobald Jesus zurückkommt; du landest dann in der äußersten Finsternis, wo geheult und mit den Zähnen geknirscht wird.

Dieses Gleichnis wird hauptsächlich unter dem Motto »Deine Leistung wird dir deinen Platz im Himmel sichern« gepredigt. Und ich kann dir sagen, dass Prediger auf der ganzen Welt diese Art von Botschaft lieben. Erstens können wir Menschen so dazu bringen, mehr für die Gemeinde zu tun. Wir wecken Zweifel bei ihnen, ob sie ihre Talente gut genug genutzt haben, und lassen anschließend Listen herumgehen, in die sie sich für freiwillige Dienste, die noch unbesetzt sind, eintragen können. Zweitens ist es ein großartiges Gleichnis, um Leute anzuspornen, mehr Geld zu geben. Ich meine, wenn man es richtig macht, kriegt man an einem einzigen Sonntag alles unter einen Hut: Man richtet einen Altaraufruf an alle Nachlässigen, bis die Leute sich schuldig und verurteilt fühlen. Die Angst vor der Hölle treibt sie nach vorne, wo sie ihr Leben Jesus neu widmen. Sofort anschließend werden die Anmeldebögen für Freiwilligendienste herumgereicht, sodass die offenen Positionen besetzt werden können. Danach animiert man die Leute noch zu der Entscheidung, mehr von ihrem Geld zu geben, um dadurch zu zeigen, wie ernst es ihnen mit allem ist. »Was für ein mächtiges Wirken des Geistes! Was für ein toller Sonntag! Halleluja! Ich denke, ich nehme mir nächsten Sonntag frei, es ist ja alles erledigt.«

Im Grunde ist das eine ernste Angelegenheit, oder nicht? Denn wenn die Talente in diesem Gleichnis tatsächlich für deine Fähigkeiten und Ressourcen stehen und Gott aus dem, was du hast, einen Ertrag erwartet, dann wirst du, wenn du nicht hart genug gearbeitet oder genügend gegeben hast, in die äußerste Finsternis geworfen. Das sind gravierende Folgen. Ich garantiere dir, wenn das die Bedeutung dieses Gleichnisses ist, gibt es keine einzige Person, die diese Lehre hören und sich nicht verurteilt fühlen wird. Jeder wird sich bei einer solchen Predigt fragen, ob er genug getan hat. Und er wird hoffen, dass er nicht der Person gleichkommt, die mit ihrem einen Talent nichts Sinnvolles angestellt hat. **Jeder Mensch wird danach unter einer Wolke der Verdammnis weggehen – sogar der Prediger selbst, obwohl nur wenige von ihnen es zugeben würden.**

Ich glaube ganz und gar nicht, dass es das ist, was dieses Gleichnis bedeutet. Du wirst dich heute nicht besiegt, verurteilt und unzulänglich fühlen. Du wirst dieses Buch zur Seite legen und dich über die Güte Gottes freuen.

Betrachten wir das Ganze mal mit neuen Augen. Ich möchte jetzt deine Aufmerksamkeit auf Jesu eigene Auslegung dieses Gleichnisses lenken. Vers 29: »*Denn wer hat, dem wird gegeben werden, damit er Überfluss hat; von dem aber, der nicht hat, wird auch das genommen werden, was er hat.*« Es besteht kein Zweifel daran, dass das die dazugehörende Auslegung ist, denn sie ist in das Gleichnis eingebettet. Im nächsten Vers, Vers 30, beschließt Jesus das Gleichnis hiermit: »*Und den unnützen Knecht werft hinaus in die äußerste Finsternis! Dort wird das Heulen und Zähneknirschen sein.*«

Jedem, »der hat«, wird also mehr »gegeben, damit er Überfluss hat«. **Das ist die Auslegung, darum geht es in diesem Gleichnis. Dem, der hat, wird mehr gegeben werden; dem, der nicht hat, wird auch das, was er hat, weggenommen werden.** Dieser Satz sollte dir vertraut vorkommen, denn Jesus sagte das Gleiche bei anderen Gelegenheiten.

Sieh dir Matthäus 13,11–12 an: Jesus hat gerade das Gleichnis von dem Samen erzählt, der auf verschiedene Arten von Boden gesät wurde – den steinigen Boden, den dornenübersäten Boden, den guten Boden. Er spricht offensichtlich über den Samen des Evangeliums, die gute Nachricht über sein vollbrachtes Werk, der in die Menschen gesät wird. **Tatsächlich ist es Jesus selbst, der durch die**

Lehre und Predigt hierüber in die Herzen der Menschen gesät wird. Jesus sagte zu seinen Jüngern: *»Euch ist es gegeben, die Geheimnisse des Reiches der Himmel zu verstehen; jenen aber ist es nicht gegeben* [was ist den Jüngern/Gläubigen gegeben? – die Geheimnisse des Himmelreichs]; *denn wer hat* [wer was hat? – die Geheimnisse des Himmelreichs], *dem wird gegeben werden, und er wird Überfluss haben; wer aber nicht hat* [was nicht hat? – die Geheimnisse des Himmelreichs], *von dem wird auch das genommen werden, was er hat.*

Was ist das Geheimnis des Himmelreichs, das einige haben und andere nicht? Der Apostel Paulus, der von Jesus selbst (nach dessen Auferstehung) unterwiesen wurde, bezieht sich immer wieder auf das Geheimnis des Christus. Paulus und Jesus befanden sich damit auf der gleichen Wellenlänge. Epheser 3,1–4: *»Deshalb [bin] ich, Paulus, der Gebundene Christi Jesu für euch, die Heiden. Ihr habt ja gewiss von der Haushalterschaft der Gnade Gottes gehört, die mir für euch gegeben worden ist, dass er mich das Geheimnis durch Offenbarung wissen ließ, wie ich zuvor kurz geschrieben habe. Daran könnt ihr, wenn ihr es lest, meine Einsicht in das Geheimnis des Christus erkennen.«* Wer hat Paulus das Geheimnis wissen lassen? Christus Jesus selbst. Paulus schrieb ihnen und lehrte sie über das Geheimnis Christi.

Ich kann dir Bibelstelle um Bibelstelle nennen, worin Paulus sich auf dieses zentrale Thema seiner Lehre, das Geheimnis des Christus, bezieht. Jeder andere Teil der Glaubenslehre, und das Gottesverständnis an sich, floss aus dieser einen Einsicht in das Geheimnis des Christus. Was ist das Geheimnis des Christus? **Es ist Jesus, der in dich hineinkommt und sich mit dir, in deinem Geist, dauerhaft verbindet, damit du eine neue Schöpfung bist.** Kolosser 1,27: *»Ihnen wollte Gott bekannt machen, was der Reichtum der Herrlichkeit dieses Geheimnisses unter den Heiden ist, nämlich: Christus in* *euch, die Hoffnung der Herrlichkeit.«* Was für ein radikaler Gedanke. Gott – nicht irgendwo da draußen, wo du ihn zufriedenzustellen versuchst, sondern dauerhaft und unwiderruflich mit deinem Geist verbunden, um so eine neue Kreatur zu erschaffen: **»Christus in dir«**. Dem, der das hat, wird mehr gegeben werden, und er wird es im Überfluss haben. Dem, der das nicht hat, wird auch das, was er hat, genommen werden.

Und jetzt lass mich dir das Freudige an diesem Gleichnis zeigen. Gehen wir mal die wichtigsten Akteure durch. Jesus ist der Herr, der weggeht, aber wieder zurückkehren wird. Er ruft seine Diener zusammen und gibt ihnen allen ein Maß an Talenten.

Bedauerlicherweise unterscheidet sich das biblische »Talent« in Schreibweise und Aussprache nicht von dem »Talent«, wie wir es in unserem heutigen Wortschatz verwenden. Die meisten Leute werden es wohl wissen, aber um es nochmal klarzustellen: Jesus spricht hier nicht von deiner tollen Stimme, deinem Scharfsinn, deiner Redegewandtheit oder deiner Musikalität. Wir sind hier nicht bei »Das Supertalent«. **Das Wort »Talent« bezog sich zu Jesu Zeiten auf ein Maß zum Wiegen von Geld.** Damals zählte man große Geldsummen nicht in Münzen ab, sondern bestimmte sie nach Gewicht. Tatsächlich war das Talent die größte bekannte Maßeinheit, um Geld abzuwiegen.

Durch archäologische Funde wissen wir genau, wie viel ein Talent wiegt. Nach dem angloamerikanischen Maßsystem sind es, wie bereits erwähnt, 75 Pfund. Wenn Jesus das Wort »Talent« verwendet, sprechen wir also von 75 Pfund eines Edelmetalls, 75 Pfund Gold. Eine Pfund entspricht 16 Unzen; eine Unze Gold kostet derzeit knapp 1300 US-Dollar. Wenn du deinen Taschenrechner herausholst, kannst du selbst nachrechnen: 75 Pfund Gold sind fast 16 Millionen Dollar wert. Doch dieser Typ hat nicht nur 75 Pfund Gold bekommen, er hat nicht nur ein Talent bekommen; er hat fünf

Talente bekommen, also 375 Pfund Gold. Rechne es aus – Millionen und Abermillionen von Dollar.

Was sagt Jesus hier? Ein Mann gibt seinen Dienern mehrere Talente. Nur um es klarzustellen, das griechische Wort für Diener ist *doulos*, was, wenn man völlig korrekt sein will, mit »Sklave« übersetzt werden sollte. Und genau das ist der Punkt, den Jesus betonen will. Sklaven haben nichts Eigenes. Jesus (der »Herr« in diesem Gleichnis) hat es mit Menschen zu tun, die bettelarm sind.

Und was passiert dann? Dieser Herr kommt und gibt dem ersten fünf Talente, was eine astronomische Summe Geld ist – völlig absurd. Die Menschen, die das zu Jesu Zeiten hörten, mussten das Lachen unterdrücken. Ganz unmöglich. Absolut unglaublich. Der Herr gibt einer bankrotten Person Millionen und Abermillionen von Dollar. Er gibt sie einem Sklaven, einem *Sklaven*!!! Jemandem, der es nicht verdient hat, der mittellos ist, der weder Verbindungen noch Ansehen hat! Die Zuhörer sind völlig baff. Worum mag es hier wohl gehen? Es geht um das Geschenk, das diese Leute, das dich und mich über unser Verständnis hinaus reich gemacht hat. Beschenkt mit Jesus. Beschenkt mit der Gnade. Das Geheimnis, das jetzt offenbart ist: Christus in dir, die Hoffnung der Herrlichkeit!

Du sagst vielleicht: »Aber, Pastor, das ergibt keinen Sinn. Ein Diener erhielt fünf Talente, einer zwei, und einer nur ein Talent. Kommt Jesus zu einer Person mehr als zu einer anderen?« Nein, Jesus sagte, dass jeder von ihnen »nach seiner Kraft« empfing. Wenn Jesus in ein Leben kommt, dann nur in vollem Maß. Du bekommst ihn ganz oder du bekommst ihn gar nicht. **Worüber wir hier tatsächlich reden, ist unsere Fähigkeit, den Reichtum seiner Gnade vollständig zu empfangen.**

Wenn du nicht weißt, was du in seiner Gnade hast, wirst du dich nie voll darin investieren können. Früher glaubte ich nie, dass mir alles vergeben worden war. Ich verstand nicht, dass Jesus sich am Kreuz um meine gesamte Sündenproblematik gekümmert hat. Ich bat ihn ständig um Vergebung, jedes Mal, wenn ich etwas Falsches getan hatte. Das machte mich unglücklich. Man könnte sagen, ich lebte in geistlicher Armut, ich war im Geist arm.

Und dann zeigte mir jemand in Hebräer 10, dass Jesus ein einziges, ewiggültiges Opfer für alle Sünden gebracht hat und sich danach setzte. Jesus hat sich ein für alle Mal um die Sünde gekümmert. In 2. Korinther 5,19 (NLB) heißt es: »*Denn Gott war in Christus und versöhnte so die Welt mit sich selbst und rechnete den Menschen ihre Sünden nicht mehr an.*« Und im Hebräerbrief steht, dass Gott nicht mehr an unsere Sünden denkt. In Jesaja steht, dass Gott nie zornig auf mich ist. Als ich diese eindeutigen Wahrheiten aus der Bibel empfing, öffnete sich der Himmel für mich.

Hatte Jesus mir bis zu diesem Zeitpunkt etwas vorenthalten? Nein, aber ich konnte nur empfangen, wozu mein spärliches Verständnis in der Lage war. Ich konnte nur »nach meiner Kraft« empfangen. Als mir jemand den neuen Bund erklärte, hatte ich plötzlich die neue Fähigkeit, das Geheimnis vom Reich – Christus in mir – zu verstehen. **Ich habe nicht Jesus in einem größeren Maß bekommen, ich konnte nur mehr von ihm profitieren, weil ich nun besser verstand und das Verstandene glaubte.**

Ich bin ein gerechter Mensch! Er hat mir seine Gerechtigkeit, die Gerechtigkeit Gottes, als Geschenk gegeben. Das macht mich seines Segens würdig. Das lässt mich empfangsberechtigt sein. Ich fühle jetzt seine Liebe. Er liebt mich. Darüber bin ich sehr froh. Und weil ich tatsächlich glaube, dass Jesus eins mit mir ist und er mich liebt und nie böse auf mich ist, habe ich das Gefühl, dass ich mit ihm als meinem ständigen Versorger und Helfer und Vertrauten an meiner Seite durchs Leben gehen kann. Er ist Kraft. Er ist Segen. Er ist meine Gesundheit. Er ist Wohlergehen. Er ist Liebe.

Und er ist in mir! Von ihm erwarte ich mir meinen Segen. Und er segnet mich. Dem, der hat, wird mehr gegeben werden!

Nur als Beispiel: Kürzlich ging in unserer Verwandtschaft eine Infektionskrankheit um; viele bekamen Fieber und es ging ihnen richtig schlecht. Sherry und ich spürten, wie dieser Virus auch uns beide zu befallen versuchte. Doch wir blickten auf Jesus, der in uns ist, der unsere Gesundheit ist, und nahmen gemeinsam das Abendmahl ein und sprachen Gesundheit über unsere Körper aus (denn Gesundheit ist für meinen Geist, mein wahres Ich, die Realität). Sherry und ich wurden nicht krank, obwohl uns die Kinder anniesten und anhusteten und wir uns um einige der Kranken kümmerten. Neulich wandte ich mich an Sherry und sagte: »Sherry, wann waren wir eigentlich das letzte Mal krank?« Wir konnten uns ehrlich nicht erinnern. Es ist Jahre her. Aber davor fehlte mir die Kraft, daran zu glauben. Und wie unschwer zu erraten ist, spiegelte mein Leben genau das wider. Ich spürte seine Liebe nicht. Ich war nicht gesund. Ich glaubte, es nicht verdient zu haben, dass irgendetwas gelang.

Hör zu, mein Freund, je mehr du das, was Jesus für dich hat, einfach annimmst, je besser du verstehst und glaubst, welch schwindelerregender Reichtum er *in dir* bedeutet, desto mehr wirst du »haben«; und weil du hast, wird dir mehr gegeben werden und du wirst Überfluss haben.

Wenn du die Wahrheit über Gottes gigantische Gnade in Jesus, über deine Gerechtigkeit, seine Liebe, deine Kindschaft, seine beständige Verbundenheit mit dir irgendwie in deinen Kopf bekommen kannst, dann bist du eine Person, die fünf Talente besitzt und diese – allein dadurch, dass sie glaubt – in vollem Umfang zu investieren beginnt. Du nimmst seine Gnade in Anspruch! Du ziehst Nutzen aus seiner Gemeinschaft mit dir! Oh, wie sehr ihn das freut! Es geht nicht darum, dass du etwas tust, verstehst du? Es geht nur darum, von Jesus und seinem »Fantastilliarden«-Dollar-Wert in dir Besitz zu ergreifen. Ihn in dir zu erkennen! Ich denke, ich spreche hier zu einem Haufen Leute mit fünf Talenten in ihrer Hand. Du hast, und es kommt noch mehr, bis du im Überfluss hast.

Du gehörst nicht zu den Leuten mit einem Talent oder mit zwei Talenten. Ich sage dir, wie Zwei-Talente-Menschen aussehen. Du kannst das nehmen, darüber nachdenken und darüber beten, um herauszufinden, ob ich Recht habe. Aber als ich dieses Gleichnis zum ersten Mal richtig verstand, fragte ich Jesus, wer die Leute mit den zwei Talenten seien. Und ich glaube, dass Jesus mir antwortete, dass es Gläubige (von ihm gerettete Menschen) seien, die aber nur ein sehr begrenztes Verständnis von seiner Gnade und ihrem gerechten Stand vor dem Vater hätten.

Noch vor sieben Jahren war ich ein solcher Mensch mit zwei Talenten. Ich würde in den Himmel kommen, ich war errettet, aber dennoch war ich ziemlich unglücklich und nicht in der Lage, viele der Segnungen, die Gott für mich hatte und hat, zu empfangen. Aber Jesus hat zu mir sehr eindringlich darüber gesprochen. Ich war an dem Punkt, an dem so viele Gläubige sind, die versuchen, Gott zu gefallen, indem sie Gutes tun, und die sich dennoch nie gut genug fühlen. Gottes Liebe zu ihnen und seine Freude über sie ist trotzdem reichlich vorhanden. Ich meine, ihnen entgeht so viel, aber ich bin überzeugt, dass Jesus mir offenbart hat, wie sehr Gott sich allein schon deshalb über sie freut, weil sie an Jesus glauben. **Tatsächlich sagt Jesus in diesem Gleichnis genau das gleiche zu ihnen wie zu denjenigen, die fünf Talente empfangen konnten: *»Geh ein zur Freude deines Herrn.«***

Wenn du jemand mit zwei Talenten bist, der sich abgemüht hat, für Gott gut genug zu sein, und deshalb völlig erschöpft ist, dann ist hier mein Rat an dich: Was auch immer du tust, hör damit auf. Lass es einfach sein. Hör auf, dich selbst qualifizieren zu wollen. Hör mit dem Zehntengeben, dem Fasten und dem Gutes-Tun infolge von Schuld- und Verdammnisgefühlen auf und nimm einfach das Geschenk an, das Jesus dir gegeben hat. Du wirst geliebt, dir ist vergeben und du bist tauglich gemacht, und nichts davon hat etwas mit deinen eigenen Bemühungen zu tun. In Kolosser 1,12 (ELB) steht: *»Dem Vater danksagend, der euch tauglich gemacht hat zum Anteil am Erbe der Heiligen im Licht.«*

Als du Jesus empfangen hast, bist du tauglich geworden, das Reich Gottes zu empfangen – alles davon und zu jeder Zeit, auch dann, wenn du etwas falsch machst oder richtig Mist baust. Du hörst nie auf, tauglich zu sein. Bevor du irgendwelche weiteren religiösen Dinge »tust«, mach dir eines erstmal richtig klar: Du bist tauglich. Falls du nie wieder einen weiteren Zehnten geben solltest, bist du trotzdem tauglich. Er hat dich tauglich gemacht! **Sag es jetzt gleich einmal: »Ich bin vor Gott tauglich. Jesus hat mich tauglich gemacht. Mir ist dauerhaft vergeben. Ich bin immer geliebt.«** Und sieh nur, wenn du das glaubst, bist du soeben von einer Person mit zwei Talenten zu einer Person mit fünf Talenten geworden.

Es ist nicht schwer. Es geht nur darum, den Reichtum Christi zu empfangen. Wir waren alle bankrott, bevor uns Jesus begegnete. Aber er hat alle Reichtümer mit im Gepäck. Total einfach, nicht wahr? Du wirst zu einem Großen im Reich Gottes, indem du seinen Reichtum empfängst. So einfach ist es. Jesus hat es noch anders ausgedrückt; er sagte, dass die Größten im Reich Gottes (die Menschen mit fünf Talenten) solche sind, die in ihrem Glauben am kindlichsten sind.

Es sind nicht diejenigen, die besonders klug, einflussreich, redegewandt, sportlich oder gebildet sind. Es sind die Sanftmütigen; diejenigen, die die Erde erben werden. Es sind die Einfachen unter uns, mit ihrem unkomplizierten Glauben. Die Kinder sind es. Jesus sagte: *»O Vater, Herr des Himmels und der Erde, ich danke dir, dass* *du die Wahrheit vor denen verbirgst, die sich selbst für so klug und weise halten. Ich danke dir, dass du sie stattdessen denen enthüllst, die ein kindliches Gemüt haben«* (Mt 11,25). Bei anderer Gelegenheit nahm Jesus ein Kind hoch und sagte: »Wenn ihr im Reich Gottes groß sein wollt, müsst ihr wie dieses Kind werden.«

Ein Kind trägt morgens keine logischen Argumente vor, warum es wegen seines Verhaltens am Vortag ein Frühstück verdient, oder auch nicht. Das Kind geht und holt sich einfach ein Pop-Tart aus dem Küchenschrank. Es nimmt und empfängt basierend auf der Sicherheit, die ihm durch die elterliche Liebe vermittelt wird. Das sind die Großen im Reich Gottes. Du hast es hier mit fünf Talenten zu tun. Solche Menschen empfangen viel vom Herrn. Warum? Weil sie fürs Königreich tauglich sind, mein Freund! Die haben es einfach voll gecheckt. »Papa liebt mich. Jesus liebt mich. Meine Sündenschuld ist weg. Ich bin würdig!« Die können zu anderen sagen: »Du kannst von mir aus weiter seufzend um Gottes Gunst flehen und betteln und hungrig am Tisch sitzend darauf warten, dass du irgendwann gut genug bist. Ich jedenfalls geh mir ein Pop-Tart holen, weil mein Papa gesagt hat, dass ich das darf.« Der Vater sagt: »Tritt in meine Freude ein.« Das sind die Leute mit fünf Talenten!

Vielleicht denkst du ja auch: »Ich bin in dem allen nicht besonders gut. Vielleicht bin ich ja wie die Person mit dem einen Talent, die am Ende in die äußerste Finsternis geworfen wird.« Hör zu, das bist nicht du, es sei denn, du hast Jesus völlig abgelehnt. Die Person mit dem einen Talent, die zur äußersten Finsternis und zum Gericht verdammt ist, ist jemand, der das Wort der Gnade gehört hat – dem es gegeben wurde – und der sich weigerte, darauf zu reagieren. Eine solche Person hat es nie für sich selbst angenommen.

Was macht so jemand mit dem Geschenk der Gnade? Er vergräbt es. Er wusste davon, hat es aber nicht geglaubt. Er hat es nie an sich genommen. Sieh dir die Verse 24 und 25 an: *»Da trat auch* *der hinzu, der das eine Talent empfangen hatte, und sprach: Herr, ich kannte dich, dass du ein harter Mann bist. Du erntest, wo du nicht gesät, und sammelst, wo du nicht ausgestreut hast; und ich fürchtete mich, ging hin und verbarg dein Talent in der Erde. Siehe, da hast du das Deine!«*

Lies nochmal! »*Siehe, da hast du das Deine!*« Kein Eigentumsanspruch. Vergleich das mal mit dem Mann, der fünf Talente hatte. Was sagt der in diesem Fall? »Siehe, ich habe mit ihnen fünf weitere Talente gewonnen« (Vers 20). Er gibt sie nicht zurück! Sein Herr will sie nicht zurück. Der Mann darf seine fünf Talente behalten, plus die anderen fünf, die er dazugewonnen hat. Aber was ist mit dem Mann, der nur ein Talent hatte? Sieh dir Vers 28 an: *»Darum nehmt ihm das Talent weg und gebt es dem, der die zehn Talente hat!«* Der Typ mit den fünf Talenten behält es. Er behält alles! Hier findet keine Rückgabe statt, es wird nur gezeigt, wie er es verwendet hat und wie sein Leben dadurch verändert wurde.

Aber der Mann, der das eine Talent hatte, empfing es nie als Eigentum. Er ist jemand, der das Wort der Gnade gehört und nichts damit angefangen hat. Er hat es nie als sein Eigentum in Empfang genommen. Hätte er es getan, dann wäre sein Leben verändert worden. Aber er lebte sein Leben so, als wäre das Geschenk nie gegeben worden. Er vergrub es. Und das sagt viel darüber aus, welche Art von Beziehung ein solcher Mensch zu Gott hat. Dieser Mann betrachtete Gott als hart und unmöglich zufriedenzustellen. Vers 24: *»Herr, ich kannte dich, dass du ein harter Mann bist. Du erntest, wo du nicht gesät, und sammelst, wo du nicht ausgestreut hast.«*

Wie kann man etwas ernten, das nicht gesät wurde? Ist das nicht unmöglich? Wie kann man sammeln, was nicht ausgestreut wurde? Das ist unmöglich! Und genau das ist der Punkt. Hier wird jemand beschrieben, der die Gnade Jesu im neuen Bund nicht empfangen hat. Dies ist jemand, der immer noch nach dem Gesetz des alten

Bundes vorgeht, der voller Furcht versucht, Gott zu gefallen, und doch stets daran scheitert. Das ist das Problem mit dem System des Gesetzes. Das Gesetz sagt dir, was du tun sollst, gibt dir aber nicht die Kraft, es in deinem Leben auch umzusetzen. Die Forderungen des Gesetzes sind unmöglich zu erfüllen. Es ist eine Situation, die völlig aussichtslos ist. Wie beeinflusst das dein Gefühl gegenüber Gott?

Der Typ in dem Gleichnis sagt: »Herr, ich sehe, wie du mit den Menschen unter dem alten Bund umgehst. Das ist das, was ich über dich weiß. Du musst ein harter Mann sein. Du erwartest das Unmögliche von mir.« Jeder, der schon versucht hat, sich Gott auf Basis des eigenen Wohlverhaltens zu nähern, weiß im Grunde, wie sinnlos das ist. Jesus sagte, dass du vollkommen sein musst, wie dein himmlischer Vater vollkommen ist! Bist du das? Bist du vollkommen? Dazu bist du nicht in der Lage. Du brauchst einen Retter. Du musst dich beschenken lassen, um aus der geistlichen Armut herauszukommen. Wenn du das Geschenk ablehnst, was bleibt dir dann noch? Unmögliche Forderungen von einem Gott, der ein harter Gebieter zu sein scheint. Gott ist hart und unnachgiebig, aber nur in Bezug auf die Sünde. Und für die hat er selbst bezahlt, als Jesus ans Kreuz ging.

Empfange sein Geschenk, empfange seine Leistung. Empfange seine Gnade; er hat es so einfach gemacht. Wenn du seine Leistung ablehnst und sie an Jesus zurückgibst und nichts damit anfängst, bleibt dir nichts mehr. Dem, der nicht hat, wird auch das, was er hat, weggenommen werden. Aber sei dir über eines bewusst: Es war der Herzenswunsch des Vaters, dich zu segnen und zu lieben und für dich zu sterben und dich aufzurichten und tauglich zu machen und Leben in dich hinein zu gießen!

Das ist es, was wir wollen! Das ist es, was wir in Jesus haben! Wir wollen alles, was Jesus für uns hat. Zahlen in der Bibel haben eine symbolische Bedeutung. In der Bibel steht die Zahl Fünf für die Gnade. Wie viele Talente erhält der erste Mann? Fünf – die Fülle der Gnade. *Dieser Mensch war in der Lage, die Fülle des vollbrachten Werkes Christi zu empfangen.*

Kapitel 13

DIE SCHAFE UND DIE ZIEGEN

Wenn aber der Sohn des Menschen in seiner Herrlichkeit kommen wird und alle heiligen Engel mit ihm, dann wird er auf dem Thron seiner Herrlichkeit sitzen, und vor ihm werden alle Heidenvölker versammelt werden. Und er wird sie voneinander scheiden, wie ein Hirte die Schafe von den Böcken scheidet, und er wird die Schafe zu seiner Rechten stellen, die Böcke aber zu seiner Linken. Dann wird der König denen zu seiner Rechten sagen: Kommt her, ihr Gesegneten meines Vaters, und erbt das Reich, das euch bereitet ist seit Grundlegung der Welt! Denn ich bin hungrig gewesen, und ihr habt mich gespeist; ich bin durstig gewesen, und ihr habt mir zu trinken gegeben; ich bin ein Fremdling gewesen, und ihr habt mich beherbergt; ich bin ohne Kleidung gewesen, und ihr habt mich bekleidet; ich bin krank gewesen, und ihr habt mich besucht; ich bin gefangen gewesen, und ihr seid zu mir gekommen.

Dann werden ihm die Gerechten antworten und sagen: Herr, wann haben wir dich hungrig gesehen und haben dich gespeist, oder durstig, und haben dir zu trinken gegeben? Wann haben wir dich als Fremdling gesehen und haben dich beherbergt, oder ohne Kleidung, und haben dich bekleidet? Wann haben wir dich krank gesehen oder im Gefängnis, und sind zu dir gekommen? Und der König wird ihnen antworten und sagen: Wahrlich, ich sage euch: Was ihr einem dieser meiner geringsten Brüder getan habt, das habt ihr mir getan!

Dann wird er auch denen zur Linken sagen: Geht hinweg von mir, ihr Verfluchten, in das ewige Feuer, das dem Teufel und seinen Engeln bereitet ist! Denn ich bin hungrig gewesen, und ihr habt mich nicht gespeist; ich bin durstig gewesen, und ihr habt mir nicht zu trinken gegeben; ich bin ein Fremdling gewesen, und ihr habt mich nicht beherbergt; ohne Kleidung, und ihr habt mich nicht bekleidet; krank und gefangen, und ihr habt mich nicht besucht!

Dann werden auch sie ihm antworten und sagen: Herr, wann haben wir dich hungrig oder durstig oder als Fremdling oder ohne Kleidung oder krank oder gefangen gesehen und haben dir nicht gedient? Dann wird er ihnen antworten: Wahrlich, ich sage euch: Was ihr einem dieser Geringsten nicht getan habt, das habt ihr mir auch nicht getan! Und sie werden in die ewige Strafe hingehen, die Gerechten aber in das ewige Leben. — Matthäus 25,31–46

Jesus erlaubt uns hier einen Blick in die Zukunft dieser Welt. Leider wurde diese Bibelstelle schon oft auf verschiedene Weise von Predigern missbraucht, um Menschen zu richtigem Verhalten zu motivieren. Ihre Botschaft dahinter lautet, dass du verflucht wirst und im ewigen Feuer, also in der Hölle landest, wenn du nicht das Richtige tust im Leben. Achte also darauf, dass du die Armen speist, die Bedürftigen kleidest, den Durstigen etwas zu trinken gibst, die Gefangenen besuchst und dich um die Kranken kümmerst. Wenn du genug davon tust, wird es dir am Tag des Jüngsten Gerichts gut gehen. Und wenn du zu wenig tust, fällst du unter die Kategorie Ziege (Ziegenbock) und hast ab da nur noch Schlimmes zu erwarten. Will Jesus wirklich, dass wir aus dem hier von ihm Gesagten diesen Schluss ziehen?

Bei dieser Geschichte gibt es zwei Dinge zu beachten, die für das korrekte Verständnis absolut entscheidend sind: *Kontext und Zeitpunkt.* Wenn wir beides betrachten, sehen wir, dass das Gesagte eine Zusammenfassung seiner Lehre von der Gnade sowie seiner Lehre über die Endzeit ist. Der Kontext ist die Gnade, der Zeitpunkt ist die Endzeit. Direkt davor, in Vers 29, beschließt Jesus sein Gleichnis von den anvertrauten Talenten mit diesen Worten: *»Denn wer hat, dem wird gegeben werden, damit er Überfluss hat; von dem aber, der nicht hat, wird auch das genommen werden, was er hat.«*

Was könnte ein Mensch besitzen, das ihm im Überfluss gibt, was er braucht? Was könnte einem Menschen *fehlen*, sodass er am Ende alles verliert? Die Antwort ist: Gnade. Darum geht es im Gleichnis von den Talenten. Wenn du das Geschenk der Gnade empfängst – Gottes nicht durch eigene Arbeit oder Leistung erworbene, unverdiente Gunst auf dir –, dann wirst du Segen über Segen empfangen. Und wenn du Gottes Geschenk der Gnade nicht annimmst, so wie derjenige, der das eine Talent nie wirklich in Empfang genommen hat, dann wird dir alles genommen. »Denn wer (die Gnade) hat, dem wird gegeben werden, damit er Überfluss hat; von dem aber, der (die Gnade) nicht hat, wird auch das genommen werden, was er hat.«

Mit anderen Worten, deine Stellung vor Gott fußt darauf, dass du von Gott empfängst. Genau das ist Gnade. Es geht nicht um eigenes Leisten und Arbeiten für Gott. Wenn du einfach nur die von Jesus angebotene Gnade als Geschenk annimmst, wenn du unverdiente Vergebung, unverdiente Gunst empfängst, **wenn du erkennst, dass deine Beziehung zum Vater auf dem vollbrachten Werk Jesu und nicht auf deinen eigenen Bemühungen um einen einwandfreien Lebenswandel basiert, dann bringst du dich damit in eine Position, in der Gott dich segnen kann.** Das ist der

Kontext! Es geht nicht darum, für Gott Dinge zu tun. Es geht darum, Gnade zu empfangen, ein Geschenk von Papa Gott zu empfangen. Gnade zu empfangen – oder besser gesagt, Jesus zu empfangen, denn Gnade und Jesus sind ein und dasselbe – verändert alles, weil es dich auf der Ebene des Geistes verändert.

Die Bibel sagt, dass wir durch Gnade gerettet werden, und in 2. Korinther 5,17 steht, dass wir dann zu neuen Geschöpfen in Christus werden. Wenn von neuen Geschöpfen die Rede ist, geht es dabei aber nicht um Handlungen. Unser Handeln ist lediglich ein Ausdruck davon, was uns innerlich motiviert. Deshalb konzentriere dich nicht auf äußerliche Handlungen, sondern auf die tiefere Realität. Die tiefere Realität ist, dass im Geist eines jeden Menschen, der Jesus empfängt, eine grundlegende Veränderung stattfindet. Jeder Mensch, der Jesus, das Geschenk der Gnade, empfängt, wird auf der Ebene des Geistes verwandelt. Er wird zu einer neuen Art von Geschöpf, das so vorher noch nicht existiert hat. *»Ist jemand in Christus, so ist er eine neue Schöpfung; das Alte ist vergangen«* (Vergangenheitsform). Nicht »das Alte vergeht«, und auch nicht »das Alte entwickelt sich langsam zu etwas Neuem«. Nein, was du einmal warst, bevor du die Gnade empfangen hast, ist für immer weg. Diese Person existiert nicht mehr. Das ist eine geistliche Realität. *»Das Alte ist vergangen; siehe* [schau dir das an, erfasse diese Realität], *es ist alles neu geworden!«* **Ein Gläubiger ist ein neues Geistwesen.**

Und dieser neue Geistmensch ist jetzt die Basis für den Umgang zwischen Papa Gott und dir. Jesus sagte in Johannes 4,23: *»Aber die Stunde kommt und ist schon da, wo die wahren Anbeter den Vater im Geist und in der Wahrheit anbeten werden.«* Gott stellt die Beziehung zu dir auf der Ebene des Geistes her, und er hält nach Menschen Ausschau, die das verstehen und sich auf der Grundlage dessen, wer sie in ihrem Geist sind, auf diese Beziehung mit ihm einlassen. Dein Geist ist eine Neuschöpfung. Dein Geist wurde mit Jesus verbunden, um zu einem neuen Geschöpf zu werden, das vorher noch nie existiert hat. Du bist in deinem Geist grundlegend verändert.

Wenn nun Jesus am Jüngsten Tag *»in seiner Herrlichkeit kommen wird und alle heiligen Engel mit ihm, dann wird er auf dem Thron seiner Herrlichkeit sitzen, und vor ihm werden alle Heidenvölker versammelt werden. Und er wird sie voneinander scheiden, wie ein Hirte die Schafe von den Böcken scheidet, und er wird die Schafe zu seiner Rechten stellen, die Böcke aber zu seiner Linken.«* Beachte bitte, dass Jesus sie nach der Art des Geschöpfes, das sie sind, unterscheidet. **Es sind alles Personen, menschliche Wesen. Aber sie sind nicht alle gleich.** Es gibt zwei grundlegend verschiedene Arten von Geschöpfen, und die werden auf einer Ebene voneinander getrennt, die nur Gott wahrnehmen kann.

Menschen sehen aus wie Menschen, weil unsere fleischlichen Augen nur das Fleisch erkennen können. Aber Gott nimmt den Geist wahr. Also trennt er sie gemäß ihrer geistlichen Realität. Bist du ein Schaf oder bist du eine Ziege (ein Ziegenbock)? Wenn du eine Ziege bist, kannst du dich durch nichts zu einem Schaf machen. Wenn du ein Schaf bist, kannst du nichts tun, um zu einer Ziege zu werden. Gott ist der Einzige, der Schöpfer sein kann. Er ist als Einziger in der Lage, ein Wunder zu erschaffen. Und nur durch ein Wunder wäre es möglich, eine Art von Kreatur zu nehmen und sie in eine andere Art von Kreatur zu verwandeln. Und genau das tut er für jeden einzelnen Menschen, der Jesus empfängt. Als sich unser Geist mit dem Geist Jesu verband, wurden wir auf wundersame Weise von einer Ziege in ein Schaf verwandelt. Es passiert ganz automatisch, wenn sich dein Geist mit Jesus vermischt.

Wenn du deshalb zum Schaf geworden bist, weil Jesus seinen Geist in dich hineingelegt hat, und wenn Jesus versprochen hat, dich *nie* zu verlassen oder aufzugeben, bedeutet das, dass du nie wieder eine Ziege sein kannst. Er wird es nicht zulassen. **Du bist auf der Ebene des Geistes für immer verwandelt. Einmal ein Schaf, immer ein Schaf.**

Die Menschen werden auf das, was die Schafe und die Ziegen in diesem Gleichnis tun, hinweisen und fragen: »Aber sagt uns Jesus hier nicht, dass wir je nachdem, was wir tun, entweder in den Himmel oder in die Hölle kommen?« Nein, das sagt Jesus nicht. Die von Jesus hervorgehobenen Handlungen – Hungrige speisen, Bedürftige kleiden und Gefangene besuchen – sind ein Indiz für das Vorhandensein einer bestimmten Identität. Sie sind jedoch nicht die Identität selbst.

Letzten Endes werden Schafe »schafartige« Dinge tun. Einfach deshalb, weil Handlungen ein Indikator für die eigene Identität sind. Aber nur weil ein Schaf einen Fehler macht und eine Zeit lang wie eine Ziege an einer Blechdose knabbert, ist es nicht weniger ein Schaf. Sein Herumkauen auf einer Dose ändert nichts an seiner Identität.

Was die Taten anbelangt, die von König Jesus gerichtet werden, will ich dich auf ein paar Punkte aufmerksam machen. Vergiss dabei nicht, dass es hier um einen Blick auf das Jüngste Gericht geht. Damit will ich sagen, dass das wirklich passieren wird. Sieh dir das Urteil über die Schafe an. Fällt dir etwas auf? Jesus erwähnt keine einzige ihrer schlechten Taten und auch keine Personen, denen sie nicht gedient haben. Glaubst du, dass jedes Schaf jedem seiner Brüder oder Schwestern in Not perfekt gedient hat, wenn es dazu aufgerufen war? Ganz sicher nicht. Aber Jesus bringt keinen dieser Fälle zur Sprache. Warum ist das so? Ich meine, was ist hier los?

Folgendes ist los: Es geht hier um das Preisgericht. Paulus spricht im Neuen Testament mehrmals darüber. Wenn die Bibel über den »Richterstuhl« Jesu spricht, ist damit das griechische Wort *bema* gemeint. Und jedes Mal, wenn Paulus dieses Wort verwendet, steht dessen Bedeutung im Zusammenhang mit einem sportlichen Ereignis. Die Bema war der Ort, an den der Sieger eines sportlichen Ereignisses geführt wurde. Der Sieger ging auf die Bema, also die Preisrichterbühne zu und erhielt dort seine Belohnung. Für gewöhnlich wurde ein Lorbeerkranz auf seinem Kopf platziert. In unserer heutigen Kultur würde ihm unter dem Jubelruf der Menge die Goldmedaille oder die Silbermedaille um den Hals gelegt.

Das ist der Bema-Stuhl, der Preisrichterstuhl, vor dem die Gläubigen stehen werden. Genau das wird in diesem Bild vom Jüngsten Gericht dargestellt, das Jesus uns malt. **Die Schafe, du und ich, werden dort stehen und Jesus wird all die wunderbaren Dinge hervorheben, die im Glauben getan wurden.** Dinge, über die du noch nicht einmal bewusst nachgedacht hast, sondern die du nur getan hast, weil du vom Heiligen Geist so geführt wurdest. Ja, jeder Akt des Mitgefühls wird Erwähnung finden und du wirst deine Belohnung erhalten. **Doch nicht eine einzige Sünde wird auf den Tisch kommen und unter die Lupe genommen werden, weil die Sündenfrage abschließend behandelt wurde.** Jesus hat den Preis für jede einzelne Sünde, die du je begangen hast und jemals begehen wirst, bezahlt. Alles ist bereits vergeben und unter dem Blut, und er wird nichts davon jemals wieder erwähnen. Alle Sünden sind erledigt. Du befindest dich in einem dauerhaften Zustand der Gnade und des Segens vor Gott, und am Tag des Gerichts werden du und ich angesichts der Großzügigkeit und Gnade unseres Vatergottes völlig überwältigt sein.

Aber hör dir das an – nicht nur den Schafen hält Gott ihre Sünden nicht vor, sondern auch bei den Ziegen tut er es nicht. Und das ist wirklich bemerkenswert. Schau genau hin, Jesus prangert nicht sämtliche Vergehen der Ziegen an. Sie kommen nicht wegen ihrer Sünden in die Hölle. Ist dir das aufgefallen? Er sagt nicht: »He, du

Sünder, du hast dein ganzes Leben lang gesoffen; du warst ein Trinker und verdienst die Hölle. Du warst ein Junkie. Und du da hast wie ein Matrose geflucht – was? Oh, du *warst* ein Matrose – nun, das erklärt alles. Du kommst jedenfalls in die Hölle. Und du da hast betrogen. Du hast gelogen, du hast gestohlen, du hast herumgehurt, du hast … such es dir aus. Du kommst in die Hölle, weil du ein Lügner warst. Und du kommst in die Hölle wegen deiner sexuellen Ausrichtung. Und du, weil du unverheiratet schwanger geworden bist.«

Nein. Nichts davon wird hier zur Sprache gebracht. Warum? Weil 2. Korinther 5,19 sagt: »*Gott ist durch Christus selbst in diese Welt gekommen und hat Frieden mit ihr geschlossen, indem er den Menschen ihre Sünden nicht länger anrechnet.*« Gott rechnet niemandem seine Sünden zu. Und am Tag des Jüngsten Gerichts wird keinem einzigen Sünder auch nur eine seiner Sünden zur Last gelegt werden. Kein Sünder wird nach seinen Sünden gerichtet werden; niemand wird das. Jesus war das Lamm Gottes, das die Sünden der Welt weggenommen hat.

Was wird die Basis für ihre Verurteilung sein? Dass sie Ziegen sind! Sie haben nie das Geschenk der Gnade für sich empfangen, das sie verwandelt hätte. Denn dann hätten sie der Natur eines Schafes gemäß gehandelt und dem Volk Gottes aus dem Glauben heraus gedient. Es kommt einfach aus dir heraus. Du kannst als Schaf nicht anders. Es ist wie bei einem Apfelbaum, der Äpfel hervorbringt. Ein Dornbusch kann keine Äpfel hervorbringen, weil er ein Dornbusch ist und er nur Dornen sprießen lassen kann. Du erkennst einen Baum an seiner Frucht. Aber die Frucht wird nicht unter Anstrengung aus dem Baum gepresst, sie wächst einfach ganz natürlich aus ihm heraus.

Ich war neulich in einem Gefängnis und besuchte dort einen jungen Mann, der erst vor kurzem die Gnadenbotschaft empfangen hat. Sie hat sein Leben verändert. Er liest anderen Häftlingen aus der Bibel vor und erklärt ihnen das Wort. Er verhält sich Mitgefangenen gegenüber nicht verurteilend, sondern verteilt Zettel mit Bibelversen und Ermutigungen an sie. Das alles fließt mühelos aus ihm heraus. Ich habe ihm nicht ein einziges Mal gesagt: »Jetzt, da du gläubig bist, musst du Seelen gewinnen. Und du musst die Bibel lesen. Außerdem musst du als Gläubiger die Menschen um dich herum ermutigen.« Nein! Das sind einfach nur Früchte! Er ist ein Obstbaum. Oder um es anders auszudrücken, er ist ein Schaf. Aus ihm wächst nur Wolle. Er kann nicht anders.

Nur wenn Menschen nicht das reine Evangelium der Gnade zu hören bekommen, muss man ihnen einen Haufen Regeln geben, die ihnen sagen, was sie tun und was sie unterlassen sollen. Doch wenn sie erfahren, dass ihre Sünden – vergangene, gegenwärtige und zukünftige – für immer vollständig vergeben sind und dass Gott ihnen nie etwas vorhalten wird und dass sie permanent in vollkommener Gemeinschaft mit Gott sind, löst das Begeisterung in ihnen aus! Sie wollen das Gehörte mit anderen teilen! Ich darf das sogar predigen! Wenn ich es nicht gelegentlich predigen und alles aus mir herauslassen dürfte, würde ich wahrscheinlich explodieren.

Der Sinn der Geschichte ist nicht, noch mehr zu dienen, damit du die Hölle umgehen und es in den Himmel schaffen kannst. Der Punkt ist, dass den Schafen die Gnade gegeben wurde, Schafe zu sein und »schafgerecht« zu handeln und Dinge zu tun, die eben nur ein Schaf tut. Ziegen können das nicht. Ziegen sind nicht in der Lage, Jesus zu dienen. Sie können es nicht, weil der Dienst an Jesus den Glauben an ihn erfordert, und der ist einfach nicht in ihnen. Aber wo Gnade empfangen wird, wird die Befähigung durch den Glauben gegeben. In Hebräer 12,28 (NKJV) steht: *»Lasst uns Gnade empfangen, durch die wir Gott auf wohlgefällige Weise dienen* *können.*« Wie dienst du Gott auf wohlgefällige Weise? Indem du Gnade empfängt. Du empfängst Gnade und Gott macht dich zu einem Schaf; und dann tust du von Natur aus »Schaf«-Dinge. Und am letzten Tag, wenn der Menschensohn in all seiner Herrlichkeit kommt, versammelt er seine Schafe zu sich und sagt zu dir als seinem Schaf: »Sieh nur all die ›schafartigen‹ Dinge an, die du getan hast. Ich liebe dich so sehr. Komm her, ich habe etwas für dich.«

Kapitel 14

DAS GLEICHNIS VON DEN ARBEITERN IM WEINBERG

Denn das Reich der Himmel gleicht einem Hausherrn, der am Morgen früh ausging, um Arbeiter in seinen Weinberg einzustellen. Und nachdem er mit den Arbeitern um einen Denar für den Tag übereingekommen war, sandte er sie in seinen Weinberg. Als er um die dritte Stunde ausging, sah er andere auf dem Markt untätig stehen und sprach zu diesen: Geht auch ihr in den Weinberg, und was recht ist, will ich euch geben! Und sie gingen hin. Wiederum ging er aus um die sechste und um die neunte Stunde und tat dasselbe. Als er aber um die elfte Stunde ausging, fand er andere untätig dastehen und sprach zu ihnen: Warum steht ihr hier den ganzen Tag untätig? Sie sprachen zu ihm: Es hat uns niemand eingestellt! Er spricht zu ihnen: Geht auch ihr in den Weinberg, und was recht ist, das werdet ihr empfangen!

Als es aber Abend geworden war, sprach der Herr des Weinbergs zu seinem Verwalter: Rufe die Arbeiter und bezahle ihnen den Lohn, indem du bei den Letzten anfängst, bis zu den Ersten. Und es kamen die, welche um die elfte Stunde [eingestellt worden waren], und empfingen jeder einen Denar. Als aber die Ersten kamen, meinten sie, sie würden mehr empfangen; da empfingen auch sie jeder einen Denar. Und als sie ihn empfangen hatten, murrten sie gegen den Hausherrn und sprachen: Diese Letzten haben nur eine Stunde gearbeitet, und du hast sie uns gleichgemacht, die wir die Last und Hitze des Tages getragen haben! Er aber antwortete und sprach zu einem unter ihnen: Freund, ich tue dir nicht unrecht. Bist du nicht um einen Denar mit mir übereingekommen? Nimm das Deine und geh hin! Ich will aber diesem Letzten so viel geben wie dir. Oder habe ich nicht Macht, mit dem Meinen zu tun, was ich will? Blickst du darum neidisch, weil ich gütig bin? So werden die Letzten die Ersten und die Ersten die Letzten sein. Denn viele sind berufen, aber wenige auserwählt. — Matthäus 20,1–16

Es ist Gottes Herzenswunsch, dich zu segnen, und das Gleichnis von den Arbeitern im Weinberg soll dir sinnbildlich zeigen, wie großzügig Jesus dir gegenüber ist. Und wenn ich meinen Job richtig mache, wirst du am Ende Jesu segnendes Herz für dich erkennen. Um dieses Gleichnis zu verstehen, muss man den Kontext kennen. Das allererste Wort des Gleichnisses ist das Wort »denn«, im griechischen Grundtext *gar*. *»Denn das Reich* ***der*** *Himmel gleicht …«* Jedes Mal, wenn Jesus vom Reich des Himmels sprach, benutzte er den Plural – das Reich der Himmel (siehe *Young's Literal Translation*). Nach dem jüdischen Verständnis gibt es drei Himmel. Zunächst das *Firmament*, das ist das Himmelsgewölbe, das die Erde berührt. Als zweiten Himmel gibt es *den Ort der Sterne und der Sonne und des Mondes*, also das Universum. Und dann gibt es noch den dritten Himmel, *die heilige Wohnstätte Gottes*, wo Jesus zur Rechten des Vaters sitzt. Dorthin ging der Apostel Paulus, als er sagte, er sei in den dritten Himmel hinaufgeholt worden – er sah die Dinge des Himmels.

Tatsache ist, dass alle drei Gott gehören – von dem, was die Erde berührt, bis hin zu dem, was kein Auge gesehen und kein Ohr gehört hat. Wenn Jesus sagt, »das Reich der Himmel gleicht«, macht er damit deutlich, **dass überall die Herrschaft Gottes wirkt: von**

ganz oben bis dorthin, wo sie die Erde berührt. Er beginnt sein Gleichnis also mit den Worten: »Denn das Reich der Himmel gleicht …« Er verweist damit auf den ersten Teil dieser Unterhaltung, der am Ende von Kapitel 19 zu finden ist.

Sieh dir Matthäus 19,27–30 an: *»Da antwortete Petrus und sprach zu ihm: Siehe, wir haben alles verlassen und sind dir nachgefolgt; was wird uns dafür zuteil? Jesus aber sprach zu ihnen: Wahrlich, ich sage euch: Ihr, die ihr mir nachgefolgt seid, werdet in der Wiedergeburt, wenn der Sohn des Menschen auf dem Thron seiner Herrlichkeit sitzen wird, auch auf zwölf Thronen sitzen und die zwölf Stämme Israels richten.«* Jesus bezieht sich hier konkret auf Israel und die Jünger, die Israel, oder genauer gesagt die Juden, richten. *»Und jeder* [wir sprechen nicht mehr nur von den Juden, Jesus bezieht jetzt jeden Gläubigen mit ein, der für das Reich Gottes Opfer gebracht hat; dazu gehörst auch du], *der Häuser oder Brüder oder Schwestern oder Vater oder Mutter oder Frau oder Kinder oder Äcker verlassen hat um meines Namens willen, der wird es hundertfältig empfangen und das ewige Leben erben. Aber viele von den Ersten werden Letzte, und Letzte werden Erste sein.«*

Wer waren die *Ersten*, auf die Jesus hinweist? Die Juden, Israel, die zwölf Stämme Israels. Wer waren die *Letzten*? Alle anderen. Gott hat sich zuerst den Juden offenbart, aber unter der Herrschaft und Befehlsgewalt Jesu *findet eine Umkehrung statt*. Jesus sagt, dass die Dinge unter der Herrschaft Gottes auf den Kopf gestellt werden.

Und der Vers, der darauf folgt, ist zugleich der erste Vers unseres Gleichnisses: *»Denn das Reich der Himmel gleicht …«* Dieses Gleichnis wird das, was er soeben gesagt hat, erläutern. Er beginnt mit den Juden, den zwölf Stämmen Israels. Schau dir die Verse 1 und 2 an: *»Denn das Reich der Himmel gleicht einem Hausherrn, der am Morgen früh ausging, um Arbeiter in seinen Weinberg einzustellen. Und nachdem er mit den Arbeitern um einen*

Denar für den Tag übereingekommen war, sandte er sie in seinen Weinberg.« **Beachte hier bitte, dass dies die erste Gruppe von Menschen ist, mit der dieser Grundbesitzer zu tun hat, und es ist auch die einzige Gruppe, die eine vertragliche Vereinbarung hat.** Das ist der entscheidende Hinweis, um das Ganze zu verstehen. Worum geht es hier? Ums Gesetz. Das ist der alte Bund. Das Prinzip »Tu Gutes – empfang Gutes«, richtig?

Keiner der anderen Arbeiter, die später am Tag kamen, hatte diese vertragliche Vereinbarung – nur die ersten Arbeiter, nur die Juden hatten sie. Preis dem Herrn für die Juden! Paulus sagt, dass sie der Welt zu unserer Erbauung gegeben wurden. Unter dem Gesetz haben sie lange gearbeitet und die Hitze des Tages ertragen. Von keiner der anderen Gruppen, die ihnen folgen, wird gesagt, dass sie die Hitze des Tages ertragen – nur von dieser ersten Gruppe. Jede andere Gruppe, die der ersten Gruppe folgte, hatte es leichter. Egal, zu welcher du dich rechnest, du stehst weder unter der vertraglichen Vereinbarung, noch musst du die Hitze der Sonne ertragen. Es ist einfacher für uns.

Zu welcher Vereinbarung kommt der Eigentümer des Weinbergs mit jeder anderen Gruppe, die der ersten Gruppe folgt? Sieh dir Vers 4 an: *»Ihr könnt in meinem Weinberg arbeiten, ich will euch angemessen bezahlen.«* Ich will euch … angemessen bezahlen! Ich gebe euch, was auch immer angemessen ist! Im Griechischen steht hier das Wort *dikaios*. Es bedeutet »Recht, Rechtfertigung, Gerechtigkeit«. Paulus verwendet dieses Wort im Römerbrief immer und immer wieder. Römer 3,21–26 (EÜ): *»Jetzt aber ist unabhängig vom Gesetz die Gerechtigkeit Gottes* [dikaiosyne – andere Form desselben Wortes] *offenbart worden, bezeugt vom Gesetz und von den Propheten: die Gerechtigkeit Gottes* [dikaiosyne] *durch Glauben an Jesus Christus, offenbart für alle, die glauben. Denn es gibt keinen Unterschied: Alle haben ja gesündigt und die Herrlichkeit Gottes ver-*

loren. Umsonst werden sie gerecht [dikaioumenoi], *dank seiner Gnade, durch die Erlösung in Christus Jesus. Ihn hat Gott aufgerichtet als Sühnemal – wirksam durch Glauben – in seinem Blut, zum Erweis seiner Gerechtigkeit* [dikaiosynes] *durch die Vergebung der Sünden, die früher, in der Zeit der Geduld Gottes, begangen wurden; ja zum Erweis seiner Gerechtigkeit* [dikaiosyneis] *in der gegenwärtigen Zeit, um zu zeigen: Er selbst ist gerecht* [dikaion] *und macht den gerecht* [dikaioo], *der aus Glauben an Jesus lebt.*

Ich liebe das! »*Jetzt aber ist unabhängig vom Gesetz die Gerechtigkeit Gottes* [dikaiosyne] *offenbart worden*« – Gottes Gerechtigkeit ist unabhängig von der vertraglichen Vereinbarung offenbart worden!! Jesus sagt: »Ich werde euch *dikaios* (Gerechtigkeit) unabhängig von der vertraglichen Vereinbarung geben. Kommt einfach in den Weinberg. Ich werde meine Art von Gerechtigkeit demonstrieren. **Ist das fair? Nein. Ist es angemessen? Nein. Hier zeigt sich ganz einfach Gottes Herz, das Herz Jesu des Herrn für alle, die in den Weinberg gekommen sind, wozu auch du gehörst.**

Lass mich dir sagen, wer du bist. Du bist einer der *Arbeiter der elften Stunde*. Du hast nicht die Hitze der Sonne ertragen. Du bist einer von denjenigen, die das Joch des Herrn auf sich genommen haben. Sein Joch ist sanft; seine Last ist leicht! Die Menschen, die wirklich die Gnade empfangen, sind alle Arbeiter der elften Stunde. **Die Menschen, die alten Bund und neuen Bund vermischen, schuften sich immer noch durch das, was sich wie ein langer Tag im Weinberg anfühlt**. Aber das ist unnötig. Sieh dir das Gleichnis genau an: Je weiter du dich von der vertraglichen Vereinbarung, dem Gesetz, entfernst, desto weniger Anstrengung bedeutet das für dein Leben.

Und wenn der Herr schließlich wiederkommt, werden die Menschen, die lange und hart gearbeitet haben, sagen: »Hey, Vater, ich kapier' das nicht! Ich bin der Typ, der jedes Mal in der Kirche war, sobald die Tür geöffnet wurde. Ich habe jede Woche den Rasen vor der Kirche gemäht. Und du weißt, wie sehr ich Rasenmähen hasse. Ich hasse es! Aber ich habe es für dich getan!« Und Gott wird sagen: »Warum? Warum hast du das getan? Arbeit bleibt Arbeit, auch im Reich Gottes, aber sie hat nichts mit Mühe zu tun. Sie ist keine Schinderei. Wenn du die Arbeit hasst, die du im Reich Gottes verrichtest, dann machst du das Falsche. Jeder hier weiß, wie erfüllend es ist, im Leben etwas zu tun, das einem wirklich gefällt. Es spielt dann auch keine Rolle, wie schwierig es ist, es bereitet trotzdem Freude.«

Ich kannte einen Typen, der ein echter Schrauber war und für sein Leben gern an Autos herumbastelte. Er liebte alles, was mit Mechanik zu tun hat. An einem Motor herumzuschrauben, das Problem zu finden und es zu beheben, machte ihm unglaublich viel Spaß. Jedes Mal, wenn ich ihn bei der Arbeit sah, schien er richtig happy zu sein! Er beschäftigte sich stundenlang mit Aufgaben, die ich gehasst hätte. Doch er hasste sie nicht. Er fand seine Freude daran. Er arbeitete hart, aber er mühte sich nicht ab. Es war wie Freizeit für ihn. Gott hat ihn so geschaffen. Gott hat dich mit bestimmten Gaben und Fähigkeiten ausgestattet, und wenn du diese Dinge tust, wirst du zwar fleißig arbeiten, aber es wird keine Mühe für dich sein. Ich arbeite intensiv an meinen Predigten. Ich liebe es. Ich wünschte, ich könnte meine Zeit nur damit verbringen und einfach stundenlang im Wort verweilen. Diese Arbeit ist sehr intensiv, aber sie erscheint mir nicht mühevoll. Stunde um Stunde nur reine Freude. Freude! Wenn Jesus mir etwas Neues zeigt, ist mein Herz voll davon und ich will es dann der ganzen Welt erzählen!

Wenn dir die Arbeit im Weinberg keine Freude bereitet, *hör auf, dort zu arbeiten*. Gott bittet dich nicht, etwas zu tun, woran du keine Freude findest. Ich preise Gott für Menschen, die Freude daran haben, unsere Kinder in der Kirche zu unterrichten. Es gibt Menschen, die intensiv arbeiten, das aber nicht als Mühe empfinden. Sie sind Arbeiter der elften Stunde. Sie sind für das Reich Gottes *tätig*, sie sind im Weinberg, aber es kommt ihnen vor, als wäre die Arbeit erledigt, noch bevor sie überhaupt richtig angefangen haben.

Das ist die Großzügigkeit des Landeigentümers. Überleg mal. In diesem Gleichnis erhielt jeder die gleiche Bezahlung. Aber worin zeigt sich die Großzügigkeit des Landeigentümers? Sie zeigt sich in der Tatsache, dass er denjenigen, die sich nicht abgeschuftet hatten, den vollen Tageslohn gab. Sie erhielten die volle Bezahlung dafür, dass sie sich *nicht abmühten*. Gottes Großzügigkeit kommt am besten zum Ausdruck, wenn du dich minimal anstrengst und maximal ruhst. Je mehr du dich auf die Großzügigkeit des Herrn verlässt und je weniger du auf deine eigene Arbeit und Mühe baust, desto besser kann Gott dir gegenüber seine Großzügigkeit ausdrücken. Wofür rackerst du dich ab? Egal, was es ist, hör damit auf.

Jesus ist großzügig zu dir. **Aber im höchsten Maß wird seine Großzügigkeit von denjenigen erfahren, die am meisten zur Ruhe finden und sich am wenigsten abmühen.** Wenn das kein guter Deal ist! Ein Pastor, den ich sehr schätze, sagte einmal: »In Jesus zu ruhen, zur Sabbatruhe zu finden, bedeutet nicht, mit der Arbeit aufzuhören. Es bedeutet vielmehr, sich in Aktivitäten einzubringen, die vom Heiligen Geist geleitet sind. Es geht darum, das zu tun, wozu man geführt wird, und nicht einfach alles zu machen, was machbar erscheint.«

Als unsere Gemeinde räumlich aus den Nähten platzte, war die vereinbarte Dauer unseres Mietvertrags erst zur Hälfte um. Wir mussten dringend umziehen, aber ich hatte keine Ahnung, wie wir das hinbekommen sollten. Wir brauchten ein Wunder. Unser Mietvertrag lief noch neun Monate und Gott musste das irgendwie regeln. Wir brauchten einen Ort, an dem wir ungehindert wachsen konnten. Ich spürte den Druck auf mir lasten und geriet immer mehr in Unruhe. Es war zwar falsch, aber ich begann zunehmend aus diesem Gefühl heraus zu handeln. Ich suchte und suchte, hielt überall Ausschau, fuhr angestrengt spähend durch die Gegend und durchkämmte auch das Internet auf der Suche nach einem geeigneten Ort. Eines Tages waren meine Frau und ich mit dem Motorrad unterwegs und wir fuhren an diesem Gebäude vorbei, das eine Nummer zu groß für uns schien. Ich sagte zu meiner Frau: »Ich weiß nicht, vielleicht sollte ich mich einfach von der Gehaltsliste streichen und lieber jeden verfügbaren Cent in dieses Gebäude stecken. Keine Ahnung, wie wir dann finanziell über die Runden kommen sollen, aber ich werde alles tun, damit das hier funktioniert.«

Meine Frau ist so sanftmütig; sie würde mich nie auf konfrontative Weise korrigieren. Ich fühle mich von ihr immer respektiert, auch wenn ich mich irre. Allen Damen kann ich nur sagen, wenn ihr möchtet, dass euer Mann alles tut, was ihr wollt, lasst ihn wissen, dass er in euren Augen Hochachtung findet. Wenn sich dein Mann von dir respektiert fühlt, wirst du einen zufriedenen Mann haben. Wir waren also mit dem Motorrad unterwegs und ich zermarterte mir das Hirn. Aus meiner Panik heraus versuchte ich einen Plan zu entwickeln, und Sherry sagte: »Schatz, bist du in der Ruhe?« Damit war alles gesagt. »Nein. Nein, bin ich nicht.«

Eine Gemeinde am Laufen zu halten, ist nicht der Dienst des Pastors und auch nicht der der Gemeindeglieder. Alles ist eine Bewegung Gottes, die um dich herum und durch dich ausbricht. **Wenn es eine Bewegung Gottes ist, dann besteht unsere Aufgabe nur darin, uns mit ihm zu bewegen.** Also hielt ich Augen und Ohren offen, aber ich entschied, dass es nicht mein Problem war, das richtige Gebäude zu finden. Später in derselben Woche, während ich betete, hatte ich den Eindruck, dass Jesus zu mir sagte: »Ruf das

Gebäude zu mir.« Ich streckte daraufhin meine Hände aus und sagte: »Gebäude, wie Jesus uns gelehrt hat, zu dem Berg zu sprechen, so spreche ich jetzt zu dir und sage, komm zu uns.« Und damit war es erledigt. Das war definitiv sehr viel einfacher und weitaus erholsamer als alles, was ich davor ausprobiert hatte.

Ich konnte vertrauen und warten, weil ich ein Arbeiter der elften Stunde bin. Das hat nichts mit Faulheit zu tun. Es geht um die Gewissheit, dass Jesus dir und mir gegenüber seine Großzügigkeit zeigen will. Aber damit er das tun kann, muss ich Gott Gott sein lassen und in seiner Gunst und Liebe ruhen. Du musst Gott in deinem Leben Gott sein lassen und ihm die Möglichkeit geben, dir seine Gunst zu erweisen.

Arbeiter der elften Stunde handeln mit Jesus keine Verträge aus. Wir sagen nicht: »Wenn du dieses für mich tust, werde ich jenes für dich tun.« Wenn du mich gesund machst, werde ich nie wieder eine Zigarette rauchen. Wenn du mich mit diesem neuen Job segnest, werde ich zehn Prozent meines Gehalts in die Gemeinde geben. Wenn du auf mein Kind aufpasst, wenn du meinem Teenager einen Platz an dieser tollen Eliteschule besorgst, dann werde ich Freiwilligenarbeit bei der örtlichen Tafel leisten. – Nein, je mehr du tust, desto weniger erfährst du Gottes Großzügigkeit. Die Arbeiter der elften Stunde sind Menschen, die beschlossen haben, ganz auf die Großzügigkeit Jesu zu bauen und eigene hektische Werke völlig außer Acht zu lassen. »Was auch immer *dikaios* ist, Herr, was auch immer von deiner Gerechtigkeit erkauft ist – genau das will ich haben.«

Eine der schönsten Formulierungen im Alten Testament taucht an verschiedenen Stellen immer wieder auf. Es dient mir sehr, wenn ich sie lese: »Der Herr ist mein Anteil.« *»Meine Seele spricht: ›Der Herr ist mein Anteil, auf ihn will ich hoffen‹«* (Klgl 3,24 NLB). *»… Fels meines Herzens und mein Anteil ist Gott auf ewig«*

(Ps 73,26 EÜ). *»Der HERR ist das Teil meines Erbes und mein Becher«* (Ps 16,5 ELB).

Wenn du darauf vertraust, dass Jesus dein Anteil am Erbe ist, wirst du seine Großzügigkeit erfahren. Es geht nicht darum, was du verdient hast. Jesus will dir weitaus mehr geben, sehr viel mehr, als du dir je verdienen könntest. Die Arbeiter der elften Stunde sind die »Der-Herr-ist-mein-Teil«-Arbeiter.

Kapitel 15

DAS GLEICHNIS VON DEM TREUEN UND DEM UNTREUEN DIENER

Eure Lenden sollen umgürtet sein und eure Lichter brennend; und seid Menschen gleich, die ihren Herrn erwarten, wenn er von der Hochzeit aufbrechen wird, damit, wenn er kommt und anklopft, sie ihm sogleich auftun. Glückselig sind jene Knechte, welche der Herr, wenn er kommt, wachend finden wird! Wahrlich, ich sage euch: Er wird sich schürzen und sie zu Tisch führen und hinzutreten und sie bedienen. Und wenn er in der zweiten Nachtwache kommt oder in der dritten Nachtwache kommt und sie so findet, glückselig sind jene Knechte! Das aber erkennt: Wenn der Hausherr wüsste, zu welcher Stunde der Dieb käme, so würde er wachen und nicht in sein Haus einbrechen lassen. Darum seid auch ihr bereit! Denn der Sohn des Menschen kommt zu einer Stunde, da ihr es nicht meint. — Lukas 12,35–40

In meiner Bibel trägt dieses Gleichnis den Titel »Das Gleichnis von dem treuen Diener und dem untreuen Diener«. Und obwohl diese Bezeichnungen im Gleichnis selbst nicht zu finden sind, hat in verschiedenen Übersetzungen jemand versucht, durch diese Titelgebung behilflich zu sein. Wir haben also einen treuen Diener. Und wir haben einen untreuen Diener. Welcher davon bist du?

Bitte erlaube mir, dir eine Auslegung zu geben, von der ich glaube, dass sie dich mächtig segnen wird. Aber zuerst möchte ich dir mein eigenes Gleichnis erzählen. Vielleicht hast du von dieser Geschichte schon gehört, die in Südafrika Gegenstand eines Gerichtsprozesses war. Im Jahr 1997 brachte Celeste Nurse, die Mutter in diesem bizarren Fall, im Groote Schuur Krankenhaus in Kapstadt ein hübsches kleines Mädchen namens Zephany zur Welt. Eine andere Frau kam als Krankenschwester verkleidet ins Krankenhaus, bat darum, das Baby halten zu dürfen, und verließ dann mit ihm die Einrichtung. Zephany wurde danach nicht mehr gesehen.

Diese andere Frau zog das Baby als ihr eigenes Kind auf. Als Zephany siebzehn Jahre alt war, wechselte ihre biologische jüngere Schwester auf dieselbe Highschool, die auch sie besuchte. Die Leute begannen, über die verblüffende Ähnlichkeit der beiden Mädchen zu sprechen. Die Familie zählte eins und eins zusammen und informierte die Behörden. Ein DNA-Test wurde angeordnet und der erbrachte den Nachweis, dass das siebzehnjährige Mädchen tatsächlich Celestes Tochter war. Zephany wurde daraufhin der Obhut ihrer wahren Familie übergeben.

Celeste, ihre leibliche Mutter, versuchte die Gefühle zu beschreiben, die sie empfand, als sie Zephany bei einem arrangierten Treffen in einem Restaurant zum ersten Mal nach siebzehn Jahren wiedersah. Sie wusste sofort, dass es ihre Tochter war. Es kostete sie ihre ganze Beherrschung, nicht in Schluchzen auszubrechen und auf das Mädchen zuzustürzen. Aber sie wollte ihre Tochter nicht verschrecken. Man muss nicht lange nachdenken, um zu wissen, dass das vorherrschende Gefühl in dieser Mutter einfach nur überwältigende Liebe war.

Aber lass mich dich Folgendes fragen: Was glaubst du, hat Zephany bei diesem Treffen empfunden? Vielleicht völlige Verwirrung? Da denkst du, dass du hierher gehörst und dass das deine Identität ist, aber dann sollst du irgendwie die Tatsache begreifen, dass deine wahre Identität eine ganz andere ist und du eigentlich zu dieser Familie gehörst?

Hättest du, als leibliche Mutter, als die wahre Mutter, als der wahre Vater, Verständnis für diese Verwirrung? Wärst du gütig, einfühlsam, geduldig und liebevoll? Würdest du zu ihr sagen: »Was du fühlst, ist okay. Gib uns einfach die Chance, dich zu lieben. Du gehörst zu uns. Du bist ein Teil von uns. Wir haben nie aufgehört, dich zu lieben. Du warst schon immer in unseren Herzen. Es verging kein Tag, an dem wir nicht an dich dachten. Würdest du uns bitte einfach die Chance geben, dich zu lieben?«

Nun, das ist mein Gleichnis. Und ich habe es erzählt, weil es in dem Gleichnis, das Jesus erzählte, im Kern um eine ähnliche Geschichte über eine falsche Identität geht. Sie handelt von einem Menschen, der in der falschen Familie aufwächst und ein falsches Verständnis davon hat, wer er ist. Aber in Jesu Erzählung ist die Situation noch verzweifelter. Dieser Mensch mit der falschen Identität wurde als Sklave aufgezogen. Und er glaubt an die Lüge seines Sklavendaseins auch noch an dem Tag, an dem Gott in sein Leben tritt. Dieser inzwischen erwachsene Sklave ist davon überzeugt, dass derjenige, den er da ansieht, ein Sklavenhalter und hartherziger Zuchtmeister ist.

Fakt ist, als die beiden endlich zusammentreffen, sieht dieser Mensch in seiner falschen Identität Gott exakt so. Für ihn ist er der Herr über die Sklaven. Aber der Sklave lässt den Hausherrn in sein Haus. Und von Anfang an zeigt der Hausherr durch geduldige Liebe, dass der Sklave kein Sklave und er selbst kein Sklavenhalter ist.

Dieser Herr sagt im Wesentlichen zu dem Sklaven: »Du bist nicht mein Sklave, wir sind eine Familie. Ich bin deine Familie. Ich liebe dich. Ich bin nicht der, für den du mich hältst. Und du bist nicht der, für den du dich hältst. Ich weiß, dass es schwer zu glauben ist. Aber ich werde es dir beweisen. Setze dich an den

Tisch, ich hole dir etwas zu essen.« So beschreibt Jesus das Geschehen in diesem Gleichnis! Denk nach. Würde ein Hausherr das tun? Würde der Halter eines Sklaven den Sklaven bitten, sich zu setzen, um ihn dann zu bedienen? »Was hättest du gerne? Ich werde es für dich zubereiten. Ich werde dir meine Liebe erweisen. Ich werde dir zeigen, wer ich bin. Und ich werde dir zeigen, wer du bist. Du bist kein Sklave. Du gehörst zur Familie. Würdest du mir bitte einfach die Chance geben, dich zu lieben?«

Tatsache ist, dass diese Geschichte noch etwas viel Schöneres zu bieten hat, aber ich will nicht vorgreifen. Weißt du, als ich in der Ausbildung war, wurde mir gesagt, dass dies ein Gleichnis über die Endzeit sei, und ich habe es geglaubt. Man erklärte mir, dass es hier um die Wiederkunft Jesu ginge. Und tatsächlich trägt dieser Abschnitt in meiner anderen Bibel sogar die hilfreiche Überschrift: »Gleichnis und Warnungen, die sich auf die Wiederkunft Christi beziehen«. Haltet eure Lenden umgürtet, lasst eure Lampen scheinen, denn ihr wisst nicht, wann der Menschensohn kommen wird.

Ich sag's gleich, wie es ist: Ich glaube nicht, dass irgendetwas davon mit der Wiederkunft Jesu zu tun hat. Ich glaube fest an das zweite Kommen, aber weder ist das hier eine Lehre über Jesu Wiederkunft, noch ist es der Rest von Kapitel 12, dessen Auslegung du im Anschluss findest.

Dieser Abschnitt ist eine Lehreinheit, die für unser Hier und Jetzt Gültigkeit hat. Es geht um Unterweisung für die Gegenwart. Natürlich war es für Jesus und seine Jünger (und für die ursprünglichen Zuhörer) eine »noch nicht erfüllte« Lehre. Für sie war es ein Hinweis auf die Zeit, in der Jesus zu jedem Menschen sagen würde: *»Siehe, ich stehe vor der Tür und klopfe an. Wenn jemand meine Stimme hört und die Tür öffnet, so werde ich zu ihm hineingehen und das Mahl mit ihm essen und er mit mir«* (Offb 3,20). Jesus sagt: »Wir werden gemeinsam essen, wir werden einander kennenlernen. Wer du und ich sind, wird durch unser vertrautes Miteinander offenbar werden.«

Wir verwenden diesen Vers in Offenbarung 3,20 für die Evangelisation. Und es ist ja auch ein Wort für die Gegenwart. Aber wenn du es nur sorgfältig genug liest, wird dir klar werden, dass sich dieses Wort nicht an Ungläubige als Aufruf zur Rettung richtet. **Jesus sprach diese Worte zu Menschen, die bereits an ihn glaubten.** Er richtete diese Worte an alle Gemeinden, an die sieben Gemeinden aus Offenbarung 2 und 3. Er sagte zu ihnen: »Leute, ihr müsst mich besser kennenlernen. Ihr wisst immer noch nicht, wer ich bin. Ihr versucht immer noch, euch meine Liebe zu verdienen, obwohl ich doch derjenige bin, der zuerst liebt. Ihr müsst zu eurer ersten Liebe zurückkehren. Das bin ich! Ihr habt das irgendwie vergessen. Und jetzt bin ich hier und klopfe an eure Tür, um mich euch zu offenbaren. Bitte lasst mich rein und lasst uns reden. Ich sage euch, wer ihr seid, und ich sage euch, wer ich bin.«

Und genau darum geht es in diesem Gleichnis in Lukas 12. Dessen Kern ist diese Frage: »Sieh doch, ich stehe vor der Tür und klopfe an. Bist du bereit, mich zu empfangen? Bist du bereit, von mir zu hören, wer du bist? Oder mehr noch, bist du bereit, dich von mir neu definieren zu lassen?«

Jesus beendet diesen gesamten Abschnitt mit den Worten in Vers 49 (EÜ): *»Ich bin gekommen, um Feuer auf die Erde zu werfen. Wie froh wäre ich, es würde schon brennen! Ich muss mit einer Taufe getauft werden und wie bin ich bedrängt, bis sie vollzogen ist.«*

Die Taufe, mit der er bald getauft würde (das Untertauchen als bildhafter Hinweis auf seinen Tod), sie musste *zuerst* geschehen, bevor er vor der Tür eines jeden stehen und anklopfen könnte. Jesus fieberte dem, was darauf folgen sollte, bereits entgegen. Er sagte: »Wie froh wäre ich, wenn das Feuer schon brennen würde.« Weißt du, von welchem Feuer hier die Rede ist? **Es geht um das Feuer, das**

jedes falsche Denken restlos verbrennen wird, das als Gerichtsfeuer auf das System des Satans geworfen wird und es bis auf die Grundmauern niederbrennt. Gemeint ist damit das teuflische System, die elementaren Prinzipien dieser Welt, die dich glauben lassen, dass du ein Sklave bist und dass du es dir verdienen musst, von Gott angenommen zu werden.

Hör nur, wie Jesus sagt: »Ich will, dass das *jetzt* für meine Liebsten geschieht. Ich will, dass es jetzt brennt. Doch es gibt eine Taufe, der ich mich zuerst unterziehen muss; ich muss zuerst sterben. Aber dann komme ich. Mein Heiliger Geist wird auf diese Welt ausgegossen werden, und dann werdet ihr es erleben: *Ich werde* an der Tür eines jeden Menschen stehen und anklopfen. Und wenn er nur die Tür öffnet, werde ich zu ihm hineinkommen und ihn lieben und ihm zeigen, wer er ist. Und er wird herausfinden, wer ich bin.«

Das Gleichnis beginnt also mit der Aufforderung: »Haltet euch bereit.« Haltet euch für den Moment bereit, wenn ich zu euch zurückkomme. Ich komme persönlich, zu euch, und es wird eine Überraschung sein, wenn ich auftauche. Macht euch also einfach bereit, mich zu empfangen, wenn ich euch offenbart werde.

Vers 35: *»Eure Lenden sollen umgürtet sein und eure Lichter brennend; und seid Menschen gleich, die ihren Herrn erwarten, wenn er von der Hochzeit aufbrechen wird, damit, wenn er kommt und anklopft, sie ihm sogleich auftun. Glückselig sind jene Knechte, welche der Herr, wenn er kommt, wachend finden wird! Wahrlich, ich sage euch: Er wird sich schürzen und sie zu Tisch führen und hinzutreten und sie bedienen.«*

Jetzt möchte ich, dass du siehst, wie liebevoll sich Jesus hier zeigt. Jesus spricht zu einer großen Menschenmenge. Wie Vers 1 sagt, ist sie so riesig und das Gedränge so groß, dass die Menschen sich gegenseitig auf die Füße treten, um näher an ihn heranzukommen.

Jesus hat diesen Leuten soeben gesagt, dass sie einen Vater haben und dass dieser es liebt, sich um sie zu kümmern, und dass er ihnen gerne sein Reich geben will. Diese Sichtweise unterscheidet sich deutlich von dem, was sie sonst zu hören bekommen.

Welche Sichtweise von Gott und ihrer Beziehung zu ihm ist ihre gewohnte? In ihrer Vorstellung ist Gott irgendwo weit da oben und der Himmel steht nicht offen, sondern ist fest verschlossen. *Wir müssen einen Weg finden, ihn zu öffnen.* Sie folgen diesem Denkmuster: »Wir haben sein Gesetz. Es wurde in Finsternis und Donner unter Furcht und Zittern auf dem Berg Sinai entgegengenommen. Wir wollen Gott eigentlich nicht gegenübertreten, weil wir ihn nicht zufriedenstellen können. Aber wir brauchen ihn dringend, damit er uns hilft. Wir müssen einfach bessere Diener werden. Bestimmt öffnet sich der Himmel dann.«

Und Jesus fasst nun in Worte, was sie alle fühlen. »Ihr seid Sklaven, Leute, richtig? Und ihr habt einen Herrn.« Dem konnten alle zustimmen. Er sagt es völlig unverblümt: »Ihr seid Sklaven.« Du kannst noch so sehr versuchen, es abzumildern, indem du das Wort Diener benutzt, aber das griechische Wort ist *doulos* und das bedeutet nun mal »Sklave«. Und sie glaubten, dass das Höchste, was man erreichen kann, darin besteht, als »Diener des Herrn«, als »Sklave des Gebieters« bezeichnet zu werden. Und genau so formulierte Jesus es auch.

Wenn du Gott nahe sein und Gott ehren willst, wirst du sein »Diener«. (**Es stimmt zwar, dass der Apostel Paulus sich selbst als Diener bezeichnete; aber er wusste auch, dass er vor dem Vater primär als Sohn dastand.** Er bejahte seine Sohnschaft und den Geist, der ihn dazu brachte, »Abba, Vater« zu rufen.) Die Wahrheit ist, dass du ein Sohn sein und trotzdem der Familie dienen kannst. **Familienmitglieder dienen sich gegenseitig! Aber du kannst kein Diener und zugleich ein Sohn sein.** Jesus sagte, dass der Diener (der *doulos*) nicht für immer im Haus bleibt. Nur ein Sohn bleibt im Haus.

Zurück zum Gleichnis. Jesus hatte Gott *eben erst*, keine drei Verse vor diesem Gleichnis, »den Vater« genannt. Mit anderen Worten, Jesus versuchte, die Beziehung zu Gott in ihrem Denken neu zu definieren. Was glaubst du, wie viele von ihnen das annehmen konnten? Ich wette, nicht allzu viele. Ich vermute eher, sie sind fast daran erstickt.

Was also tut Jesus? Er erzählt ihnen ein Gleichnis, um sie zum Zustimmen zu bringen, und er beginnt genau dort, wo sie sich in ihrer Selbstwahrnehmung befinden. Er sagt: »Passt auf, Leute, so solltet ihr sein: Seid einfach wie Sklaven, die auf ihren Herrn warten. Folgendes will Gott von euch: Er will nur, dass ihr bereit seid, ihn zu empfangen, wenn er anklopft. Kriegt ihr das hin? Könnt ihr ein guter Sklave Gottes sein, ein Sklave, der ihm einfach nur bereitwillig die Tür öffnet? Könnt ihr alle umgürtet und bereit sein, ihm zu dienen? Könnt ihr ein Licht für ihn brennen lassen? Könnt ihr das tun?«

Jesus bringt sie endlich dazu, es zu verstehen. Alle können ihm folgen. **Jeder kann sich so sehen; denn so sehen sie sich selbst bereits – als Sklaven Gottes.** Und jetzt, nachdem sie ihm voll zustimmen, beginnt er, das Blatt zu wenden.

»Wisst ihr was? Der ›Herr‹ wird zu euch nach Hause kommen. Zu eurem Haus. Nicht seinem Haus. Euer Haus. Ja. Und wisst ihr, woher er kommt? **Er kommt von einer Hochzeit.**

Er heiratet … und dann kommt er – zu euch.«

Und sie denken: »Okay, ich bin ein Sklave, verstanden. Gott, mein Herr, kommt, auch klar. Aber warum, bitteschön, ist das Haus, zu dem er kommt, mein Haus und nicht sein Haus? Und wenn Gott doch Gott ist, wie kommt es dann, dass er heiraten wird? Klingt komisch. Wen heiratet Gott denn da?«

Tatsächlich wartet Jesus mit der Antwort auf diese Frage bis ganz zum Schluss des Gleichnisses. Schließlich ist sie die Pointe des Ganzen. Der letzte Vers des Gleichnisses ist Vers 40: *»Darum seid auch ihr bereit! Denn der Sohn des Menschen kommt.«*

Das ist Jesu Art, auf sich selbst zu verweisen. Er sagt: »Ich komme zu euch. Ich komme von einer Hochzeit; wie sehr wünschte ich mir, dass dieser Teil des Ganzen bereits erledigt wäre. Denn dann könnte ich als Bräutigam kommen … zu euch.« Es ist nämlich so, dass die Braut bereitgemacht werden musste, bevor er kommen konnte.

Die Braut wurde durch den Tod Jesu bereitgemacht. Als Adam in tiefen Schlaf fiel (Adam steht als Bild für Jesus; Jesus wird »der letzte Adam« genannt, derjenige, der die Menschheit neu definiert), öffnete der Herr seine Seite und entnahm eine Rippe. Aus ihr machte er eine Frau für Adam. Woher kommt die Braut Adams? Aus Adams Seite.

Als Jesus starb, wurde der Speer in seine Seite gestoßen und das Blut (was allem Leben verleiht, denn im Blut liegt das Leben), das Blut Jesu, das Leben Jesu floss aus seinem Körper in den Staub. Und abermals wurde das, was lebloser Staub war, wieder lebendig. Wir alle, die wir vom Staub der Erde gekommen sind, wurden mit dem Blut Jesu übergossen – jeder Mensch. Dem Blut Jesu, das dich für gerecht erklärt. Das als vollständige Bezahlung deiner Sünden gilt, aller Sünden. Voll bezahlt, für immer. Das Blut, das das Leben Jesu, das Leben Gottes ist. Und an diesem schrecklichen Freitag wurde die Seite des letzten Adams geöffnet und als sich das Blut aus ihm ergoss, wurde die gesamte Menschheit zur Braut Jesu, die nun bereit für ihn war.

Jesus sagt: »Ich komme von einer Hochzeit. Ich weiß, dass du denkst, dass du ein Sklave Gottes bist. Ich weiß, du hältst dich für hässlich und wertlos. Ich weiß, dass du dich fragst, warum ein

›Herr‹ zu dir nach Hause kommen und an deiner Tür klopfen sollte. Aber es gibt einige Dinge, über die wir reden müssen. Es gibt manches, was du nicht verstehst. Wirst du die Tür öffnen? Wirst du mir einfach die Chance geben, dich zu lieben? Ich möchte dir sagen, wer du für mich bist. Ich weiß, dass es dir vielleicht schwerfallen wird, das zu glauben, denn der Haushalt, in dem du aufgewachsen bist, hat dir die falsche Identität gegeben.«

»Folgendes wird der ›Herr‹ tun, wenn du ihm nur die Tür öffnest«, sagt der Herr weiter. »Er wird sich gürten, er wird dafür sorgen, dass du dich am Tisch niederlässt, den er vorbereiten wird, und dann wird er dir dienen.«

Warum? Warum sollte er das tun? Weil du *kein Sklave* bist! Und weil er *kein Sklavenhalter* ist! **Du bist seine Braut, und er ist deinetwegen gekommen.**

Weißt du, du warst ohnehin kein besonders guter Sklave. Es hat nicht zu dir gepasst. Hätte dir das nicht etwas sagen sollen? Du warst nie dazu bestimmt, einer zu sein.

Denk mal kurz über Delfine nach. Delfine sind fantastische Kreaturen, nicht wahr? Majestätisch und schön und anmutig. Wenn du den Erfolg eines Delfinlebens daran misst, ob du ihn dazu bringen kannst, eine Leiter zu erklimmen, wird dieser Delfin sein ganzes Leben lang ein absoluter Loser sein. Aber Gott platziert diesen Delfin in den Ozean und sagt zu ihm: »Schwimm!« Und schon zischt er ab wie eine Rakete!

Du bist nicht für die Sklaverei gemacht. Dich zu lehren, ein Sklave zu sein, ist gerade so, wie einem Delfin beibringen zu wollen, eine Leiter zu besteigen. Du bist für die freudebringende Gemeinschaft mit dem Einen geschaffen, der dich liebt. »Sieh nur, ich stehe vor deiner Tür und klopfe an, bitte lass mich hinein. Ich möchte dir sagen, wer du bist.«

Vers 38: »*Und wenn er in der zweiten Nachtwache kommt oder in der dritten Nachtwache kommt und sie so findet, glückselig sind jene Knechte!*«

Jesus kommt durch die ganze Geschichte hindurch zu jedem Menschen; er kommt in der zweiten Wache und er kommt in der dritten Wache. Weißt du, diese Begriffe »zweite Wache« und »dritte Wache« verwenden wir in unserer Kultur nicht sehr oft.

Zu Jesu Zeiten gab es vier Wachen. Die erste dauerte von 18:00 bis 21:00 Uhr. Während der ersten Wache sind noch alle wach, oder? Jeder könnte zu der Zeit bereit sein. Vielleicht abgesehen von ein paar Schlafmützen, die mit den Hühnern ins Bett gehen. Die zweite Wache dauerte von 21:00 Uhr bis Mitternacht. Oh oh, es wird spät. Jetzt sind nicht mehr so viele wach und bereit. Und was ist dann mit der dritten Wache? Die dritte Wache ging von Mitternacht bis 3 Uhr morgens. Zu dieser Nachtstunde sind nur noch wenige einsatzbereit.

Jesus sagt im Grunde nur: »Ich komme zu unerwarteten Zeiten zu den Menschen. Ich komme ganz unerwartet zu dir. Bist du jederzeit bereit, mich zu empfangen?«

Und ist es nicht tatsächlich so? Im Auto, während der Fahrt, im Gespräch mit einem Freund, und plötzlich taucht Jesus auf. Jetzt hast du die Wahl: Du kannst ihn zur Kenntnis nehmen, ihm die Tür öffnen und dir von ihm beim gemeinsamen Mahl zeigen lassen, wer er ist und wer du bist; oder du kannst dich entscheiden, ihn zu ignorieren. Glückselig sind alle, die ihm die Tür öffnen.

Ich möchte dir Vers 39 erklären – nur damit du das Gesagte auch wirklich verstehst. Jesus sagte: »*Das aber erkennt: Wenn der Hausherr wüsste, zu welcher Stunde der Dieb käme, so würde er wachen und nicht in sein Haus einbrechen lassen.*«

Folge nun einfach dem Gedankengang in diesem Gleichnis. Zu wessen Haus kommt Jesus und klopft an die Tür? Zu deinem Haus.

Zu dir. Es liegt an dir, wie du denkst und reagierst. **Es ist dein Haus. Deins. Mit anderen Worten, du bist der Herr dieses Hauses.**

Wer ist der Dieb? Hör zu, der Dieb ist nicht Jesus. Ein Dieb ist jemand, der in böser Absicht das stehlen will, was dir rechtmäßig gehört. Das ist ein Dieb. Der Dieb will das stehlen, was Jesus dir zu geben versucht. Jesus sagte, dass Satan kommt, um die Samen des Evangeliums zu rauben, die in dich gesät wurden. Das war das Gleichnis, das Jesus als Grundlage gab und von dem er sagte, wenn man dieses Gleichnis nicht verstehe, könne man keines der anderen verstehen.

Genau genommen spricht Jesus hier von der religiösen Denkweise, die aber genauso von Satan kommt und die dir sagt, dass du ein Sklave bist und Gott ein Sklavenhalter. Die Art, wie Jesus sich hier ausdrückt, ist sehr interessant. Er sagt, wenn der Besitzer des Hauses gewusst hätte, zu welcher Stunde der Dieb kommen würde, hätte er gewacht und ihn nicht in sein Haus einbrechen lassen. Dieses »Einbrechen« bedeutet wörtlich übersetzt »einen Tunnel hinein graben«. Die *Elberfelder Übersetzung* formuliert es so: »dass sein Haus durchgraben würde.« **Der Dieb kommt durch das Fundament!**

Tatsache ist, dass der Dieb und Jesus immer zusammen erscheinen. Und zwar deshalb, weil Jesu Sichtweise und Meinung von uns (das Fundament unseres Hauses) immer mit Satans Sicht auf uns kollidiert, die wir übernommen haben. Und deshalb sagt Jesus im nächsten Vers, sei bereit, den Menschensohn und das, was er sagt, zu empfangen, und dann wird der Dieb nicht stehlen, was der Menschensohn dir bringt – eine neue Identität. Ein neues Leben als Braut. Einen neuen Status.

Und nun kommen wir zum zweiten Teil dieses Gleichnisses in Lukas 12. Im ersten Teil bringt Jesus sie aus einer Sklaven-/Sklavenhalter-Mentalität in eine Braut-/Bräutigam-Mentalität. Nach seinem

Tod und seiner Auferstehung würde Jesus an die Tür eines jeden Menschen klopfen, um ihn von dieser neuen Realität zu überzeugen!

Der zweite Teil, Lukas 12,41–48, beginnt so (ELB): »*Petrus aber sprach zu ihm: Herr, sagst du dieses Gleichnis zu uns oder auch zu allen?*« Wonach fragt Petrus hier? Er fragt Jesus, ob dieses Gleichnis für die gesamte anwesende Schar von Nachfolgern gilt, oder ob sie der Leitungsebene vorbehalten ist, denen, die Jesus beauftragt hat. Denn wie du dich erinnern wirst, hat Jesus den zwölf Jüngern Autorität verliehen und sie ausgesandt (nachzulesen in Lukas 9), und danach ernannte er siebzig andere und sandte sie ebenfalls aus (siehe Lukas 10). Also fragen die Jünger ihn, ob dies für die ernannten Leiter gilt oder für alle. Immerhin hatte Jesus soeben sein Gleichnis erzählt, das sich an jeden richtete, der sich als Sklave sah. Das hatte somit allen gegolten.

Aber *jetzt* schaltet er einen Gang höher. Jetzt schneidet er das Gleichnis auf Leiter zu, die sich in dieser Übergangszeit befinden. Vers 42: »*Der Herr aber sprach: Wer ist nun der treue und kluge Verwalter …*« Schau genau hin. Er redet jetzt nicht mehr über alle, sondern über jemanden, dem die Verantwortung übertragen wurde, denn das bedeutet es, ein Verwalter zu sein. Ein Verwalter ist jemand, der für den Besitz seines Herrn verantwortlich ist. **Erkennst du, was sich verändert hat? Im letzten Gleichnis war nicht von Verwaltern die Rede, sondern nur von Sklaven.** Ein Verwalter besitzt nichts, er ist immer noch ein Sklave, aber er ist derjenige, der für die anderen Sklaven verantwortlich ist. Bemerkst du den Übergang und wie Jesus jetzt von religiösen Führern spricht?

»Herr, gilt dieses Gleichnis nur uns Leitern oder allen Leuten?« Und Jesus sagt (Verse 42–48): »*Wer ist nun der treue und kluge VERWALTER, den der Herr über seine Dienerschaft setzen wird, um ihm die zugemessene Speise zu geben zur rechten Zeit? Glückselig jener*

Knecht, den sein Herr, wenn er kommt, bei solchem Tun finden wird! In Wahrheit sage ich euch, dass er ihn über seine ganze Habe setzen wird. Wenn aber jener Knecht in seinem Herzen sagt: Mein Herr lässt sich Zeit mit dem Kommen, und anfängt, die Knechte und Mägde zu schlagen und zu essen und zu trinken und sich zu berauschen, so wird der Herr jenes Knechtes kommen an einem Tag, an dem er es nicht erwartet, und in einer Stunde, die er nicht weiß, und wird ihn entzweischneiden und ihm sein Teil festsetzen bei den Ungläubigen. Jener Knecht aber, der den Willen seines Herrn wusste und sich nicht bereitet noch nach seinem Willen getan hat, wird mit vielen Schlägen geschlagen werden; wer ihn aber nicht wusste, aber getan hat, was der Schläge wert ist, wird mit wenigen geschlagen werden. Jedem aber, dem viel gegeben ist – viel wird von ihm verlangt werden; und wem man viel anvertraut hat, von dem wird man desto mehr fordern.«

Wenn das nicht furchteinflößend ist! Sie essen und trinken, berauschen sich, schlagen die Sklaven, werden entzweigeschnitten, kriegen viel Schläge oder weniger Schläge und bekommen ihren Teil bei den Ungläubigen zugewiesen.

Ach du Schande! Einiges davon haben wir bereits in früheren Kapiteln behandelt. Aber lass uns gleich mal zwei wichtige Dinge im Sinn behalten. **Nummer eins, dies ist kein Gleichnis für die Endzeit; Jesus sagte, es gälte für ihre gegenwärtige Zeit!** Mach dir bewusst, was für eine Zeit das war. Er würde sterben und dann würde Feuer ausgegossen werden; er würde zu unerwarteten Zeiten an die Tür eines jeden Menschen klopfen. **Nummer zwei: Jesus ist ein Bräutigam, der seine Braut bereit gemacht hat. Genau das ist am Kreuz passiert.** Jede Sünde, die du je begangen hast, jede Sünde, die du jemals begehen wirst, ist beglichen und weggenommen worden. In 1. Johannes 2,2 kannst du es nachlesen: *»Er ist das Sühnopfer für unsere Sünden, aber nicht nur für die unseren, sondern* *auch für die der ganzen Welt.«* Jesus hat für die Sündenschuld eines jeden Menschen bezahlt und rechnet ihm sein Fehlverhalten nicht an. Du wurdest als Braut für deinen Bräutigam bereit gemacht. Du bist vollkommen. Glaube diese gute Nachricht. Jesus liebt dich, und er wird dir kein Leid zufügen.

Wenn du das jedoch nicht glaubst, wirst du ein ernstes Problem haben, denn der Jesus der Evangeliumsbotschaft hat sich dir vorgestellt. Er hat an deine Tür geklopft; und du kannst ihm öffnen und ihn willkommen heißen und dir von ihm zeigen lassen, wer er ist und wer du bist, und dich von deiner Sklaverei befreien lassen. Du kannst dich aber auch weigern, ihn zu empfangen. Du kannst es ablehnen, ihn in dieser radikal anderen Weise, in der er sich selbst präsentiert, bereitwillig zu empfangen. Du wirst dann weiter in der Vorstellung festhängen, dass die Beziehung zwischen dir und Gott auf einem Sklaven/Sklavenhalter-Verhältnis beruht.

Nun wendet er dies auf die Leiter an, die Verwalter, auf die, die als Verantwortliche eingesetzt wurden (Verse 42 und 43). *»Der Herr aber sprach: Wer ist nun der treue und kluge Verwalter, den der Herr über seine Dienerschaft setzen wird, um ihm die zugemessene Speise zu geben zur rechten Zeit? Glückselig jener Knecht, den sein Herr, wenn er kommt, bei solchem Tun finden wird!«*

Dieses Bild zeigt jemanden, der bereit ist, ihn zu empfangen, wenn er anklopft. Amen? Denk darüber nach. Womit soll der Verwalter (der religiöse Leiter) Jesu Ansicht nach beschäftigt sein, wenn er kommt? **Der Verwalter soll denen, die dem Haushalt angehören, Speise geben. Das ist Symbolsprache für das Lehren von Menschen.** Aber was sollen sie das Volk Gottes in dieser Zeitspanne zwischen dem Jetzt und seinem Kommen lehren? Der griechische Grundtext sagt wörtlich: »Weizenkörner« bzw. »Weizensaat«. *Young's Literal Translation* macht es ganz deutlich; dort heißt es, dass sie den Menschen ihr Maß an Weizen geben.

Der Verwalter soll den Haushalt mit Weizenkörnen nähren. Körner sind einfach nur Samen, richtig? Der gute Verwalter wird nicht müde, dem Volk Gottes die Samen des Himmelreichs zu geben, die Hoffnung auf den Messias. Das ist das Thema von Jesus. Jesus, das Brot des Lebens. Man macht aus Weizen Brot. Er ist das Brot, er ist das Produkt aus dem Samen des Himmelreichs. Er ist das wahre Brot vom Himmel, derjenige, der in der Stadt Bethlehem – dem Haus des Brotes – geboren wurde; dort, wo sich die Weizenfelder befinden, der Brotkorb Israels. Er wird als Baby in den Futtertrog, die Krippe, gelegt. *Iss!* Er ist das himmlische Brot.

Aber die Menschen des Alten Testaments lebten noch nicht in dieser Realität. Alles, was sie hatten, war die Verheißung des Messias. Und was taten sie deshalb? Sie warteten. Sie hielten Ausschau. Das ist der treue Verwalter, der den Menschen beim Ausschau halten hilft. Ich liebe Psalm 130. Es ist ein messianischer Psalm von David.

Psalm 130,5–8: *»Ich harre auf den HERRN, meine Seele harrt, und ich hoffe auf sein Wort. Meine Seele harrt auf den Herrn mehr als die Wächter auf den Morgen, mehr als die Wächter auf den Morgen. Israel, hoffe auf den HERRN! Denn bei dem HERRN ist die Gnade, und bei ihm ist Erlösung in Fülle. Ja, er wird Israel erlösen von allen seinen Sünden.«*

Erkennst du hierin nicht genau das, was Jesus ihnen in diesem Gleichnis sagt? Hältst du nach etwas Ausschau, das noch nicht gekommen ist? Keine Sorge, es ist auf dem Weg. Der Herr kommt, hoffe auf ihn. Was wird es geben, wenn er erscheint? Barmherzigkeit! Die volle Erlösung. Die Tilgung aller Ungerechtigkeiten. Alle Sünde ist abgegolten.

Hier ist der treue Verwalter. Glückselig ist dieser Mensch, wenn sein Herr kommt und wenn der Herr ihn dabei antrifft, wie er den Haushalt seines Herrn mit den Samen des Evangeliums speist, mit der Hoffnung auf den kommenden Messias. **»Iss das«, sagt der treue Verwalter, »setze deine Hoffnung auf ihn.** Er wird erlösen. Er wird barmherzig sein. Er wird jede gegenwärtige und jede zukünftige Sünde vergeben.«

Glückselig wird der Verwalter sein, den der Herr so vorfinden wird, wenn er kommt.

Was wird geschehen? Als Jesus in Vers 44 (ELB) »In Wahrheit sage ich euch« sagte, benutzte er einen Ausdruck, dem im griechischen Grundtext das Wort *alethos* entspricht, was so viel wie »absolute Wahrheit« bedeutet. Er sagte also, es ist die absolute Wahrheit, *»dass er ihn über seine GANZE Habe setzen wird«*. Seine ganze Habe bedeutet, *alles, was der Messias hat.* Ich weiß zwar nicht, ob du das glaubst, aber **Jesus sagte, dass dieser Verwalter/Sklave nicht länger ein Verwalter/Sklave sein wird, sondern dass er ein Herrscher sein wird**. Worüber wird er herrschen? Über das ganze Reich Gottes. Das gesamte Reich Gottes wird ihm gehören.

Lass mich dir etwas sagen: **Das ist erfüllte Prophetie**. Das ganze Reich Gottes steht dir zur Verfügung. Jesus gibt dir einen Einblick in eine Realität, die wir noch nicht im Glauben erfasst haben. Aber sie ist deshalb nicht weniger wahr. Lege die Sklavenmentalität ab. Lass die Denkart des Verwalters hinter dir. Nimm die Denkweise eines Herrschers an. Das Königreich ist denen gegeben worden, die seine Kinder sind. Alles, was Gott hat, gehört jetzt auch dir! Zu welchem Zweck? Um in Liebe zu herrschen, so wie er in der Liebe herrscht. Setze das in der Welt um dich herum frei. Es gehört dir.

Jesus kam, klopfte an deine Tür, du hast ihn hereingelassen und dann hast du damit begonnen, dir von ihm zeigen zu lassen, dass du kein Sklave bist und er kein Sklavenhalter ist, sondern dass du ein Sohn, dass du eine Tochter bist, dass du zu seiner Braut gehörst, und er um deinetwillen gekommen ist. Wenn du ein Sohn, eine

Tochter Gottes bist, gehört das Erbe dir. Und wenn du eine Braut bist, dann gehört alles, was dein Mann hat, auch dir.

Aber wenn du das nicht erkennst, wenn du Jesus nicht erkennst, wenn er zu dir kommt, und du ihn nicht in dein Leben einlädst, was bekommst du dann? Nichts. Vielleicht ein paar gute Dinge in dieser Welt, eben das, was du für dich selbst zusammenkratzen und an dich raffen kannst. Das ist der Anteil des Ungläubigen. Amen? Dem Ungläubigen gehört nur das, was man in der Welt bekommt und was keinen Glauben erfordert.

Jesus ist gestorben, er ist wiederauferstanden und er steht vor der Tür eines jeden Menschen und klopft an. **Würdest du mir zustimmen, dass der Messias gekommen ist? Er ist gekommen!**

Er kommt also zum Verwalter. Und wenn der Verwalter bereit ist, ihn zu empfangen, und wenn er die Menschen mit der Hoffnung des Messias speist, dann ist er bei dessen Kommen ein gesegneter Mensch.

Verse 44–46: »*In Wahrheit sage ich euch, dass er ihn über seine ganze Habe setzen wird. Wenn aber jener Knecht …*« Stopp, welcher Knecht? Wer ist mit »jener Knecht« gemeint? Der, zu dem der Messias soeben gekommen ist. »*Wenn aber jener Knecht* [zu dem er soeben gekommen ist] *in seinem Herzen sagt: Mein Herr lässt sich Zeit mit dem Kommen, und anfängt, die Knechte und Mägde zu schlagen und zu essen und zu trinken und sich zu berauschen, so wird der Herr jenes Knechtes kommen an einem Tag, an dem er es nicht erwartet, und in einer Stunde, die er nicht weiß, und wird ihn entzweischneiden und ihm sein Teil festsetzen bei den Ungläubigen.*«

Sieh es einfach so, wie es da steht und wie es gemeint ist. Jesus spricht hier von der Bereitschaft, ihn zu empfangen, wenn er an deine Tür klopft. Sei darauf vorbereitet, eine andere Art von Herrn zu empfangen, einen Herrn, der dich lehren wird, dass er kein Sklavenhalter ist und du kein Sklave bist, **sondern dass er in Wahrheit ein Bräutigam ist und du seine Braut bist**.

Sicherlich ist dir bewusst, dass viele Menschen nicht bereit sind, diese Art von Messias zu empfangen. Besonders Menschen, die weiterhin Sklave eines Sklavenhalters sein wollen. Was Jesus hier beschreibt, ist ein Mensch, zu dem er kommt, an dessen Tür er klopft, und der ihm nicht öffnet; ein Diener, der Jesus nicht als Messias erkennt, der ihn ablehnt. Der den Bräutigam ablehnt.

Der Herr ist gekommen, soviel steht fest, aber was glaubt dieser Diener in seinem Herzen? Jesus sagt, dass der Diener in seinem Herzen überzeugt ist, dass der Messias *nicht* zu ihm gekommen ist. Vers 45: *»Wenn aber jener Knecht <u>in seinem Herzen</u> sagt: Mein Herr lässt sich Zeit mit dem Kommen …«*

Ist das die Wahrheit? Lässt der Herr sich Zeit mit dem Kommen? Nein! Aber das ist es, was der Diener in seinem Herzen glaubt.

Hier geht es darum, dass Jesus zurückgewiesen wird. Und nicht nur das, sondern es ist auch eine Ablehnung all dessen, was Jesus mitbringt, nämlich das Reich Gottes. Ich sage dir, eine der größten Lügen, die allgemein verbreitet und meiner Ansicht nach in den meisten Kirchen sogar vorherrschend ist, ist die Lüge vom verzögerten Reich. Das Leben auf der Erde sei total mies, aber eines Tages, irgendwann, wenn wir alle in den Himmel kommen, werde das Leben endlich gut sein. Und ja, das Leben wird sogar fantastisch sein, wenn wir im Himmel sind. **Aber der, den du für deinen Sklavenhalter gehalten hast und der sich als dein Bräutigam herausstellt, will dir das ganze Reich Gottes schon jetzt geben! Heilung. Du bist geheilt im Namen Jesu. Bedeutung! Würdigkeit, Heiligkeit, Frieden, Gerechtigkeit, Liebe, Liebe, Liebe!** Das ist alles deins, schon jetzt! Zufriedenheit. Alles, was du für ein Leben brauchst, wie es Gott gefällt. Jegliche Autorität, die es braucht, um die Welt um uns herum zu verändern und für andere zu einem besseren Ort zu machen, einfach nur, indem wir auf der Erde regieren und herrschen.

Jesus ist kein Bräutigam, der sich verspätet. Und dieses Königreich ist kein aufgeschobenes Reich. **Es ist ein gegenwärtiges Reich. Und er ist ein gegenwärtiger Messias.** Denn er kommt von einem gegenwärtigen Vater. Dem großen »ICH BIN« – nicht dem großen »Warte mal kurz«. Er ist ein höchst gegenwärtiger Gott.

Aber lass mich dich etwas fragen. Wenn du nicht glaubst, dass er ein »Jetzt«-Gott ist, der sich für dein »Jetzt«-Leben interessiert und in der Lage ist, dir die »Jetzt«-Antworten des »Jetzt«-Reiches zu bringen, wenn du das nicht glaubst und du deinen »Jetzt«-Jesus ablehnst, wenn du denkst, dass dich Güte und alles, was du für ein Leben brauchst, wie es Gott gefällt, erst im Himmel erwarten, was wirst du dann auf der Erde von ihm erhalten? Nichts. Du wirst nichts bekommen. Dein Teil wird bei den Ungläubigen sein. Warum? Weil du nicht glaubst!

Ich liefere dir jetzt die klare Lesart dieses Gleichnisses. Es geht hier um einen religiösen Führungsverantwortlichen, der an Gott glaubt, Jesus aber ablehnt. Und wie alle religiösen Leiter möchte auch dieser religiöse Leiter, dass die, die unter seiner Verantwortung stehen, ein gottgefälliges und gesegnetes Leben führen. **Aber wenn du ein solcher Leiter bist und den »Jetzt«-Messias ablehnst, wirst du aufhören, deinen Leuten die Samen des Reiches Jesu zu geben.** Du wirst das als Mittel des Segens für die Menschen aufgeben.

Du wirst dann versuchen, deine Leute mit dem einzigen Werkzeug, das dir zur Verfügung steht, dem Gesetz Gottes, zu besserer Leistung anzutreiben. Und du wirst den Stab des Gesetzes hervorholen und das Volk Gottes mit dem Gesetz schlagen. Du wirst sie schlagen und schlagen, die Sklaven und Sklavinnen schlagen, bis sie zurechtgestutzt sind und nicht länger aus der Reihe tanzen. **Und**

du wirst mit einem Altarruf nach dem anderen die Menschen dazu drängen, Buße zu tun, von der Sünde abzulassen und ihr Leben zu reinigen. Dann wirst du sie auffordern, sich Mühe zu geben und aus eigener Kraft heilig zu leben.

Ich möchte, dass du siehst, wie Jesus in seinem Herzen darüber empfindet. Es tritt in der Übersetzung nicht deutlich hervor, aber sieh dir in einer Studienbibel an, was da wirklich steht, und du wirst sehen, dass ich Recht habe. In Vers 45 heißt es, dass dieser Verwalter anfängt, die männlichen und weiblichen Diener zu schlagen; aber im griechischen Grundtext steht, dass er die kleinen Jungen und die kleinen Mädchen im Haushalt des Herrn schlägt. Er nimmt diejenigen, die gerade dabei sind, etwas über Gott zu erfahren, und prügelt ihnen einfach mit dem Gesetz die Seele aus dem Leib. Er fügt ihnen Narben zu. Verunreinigt sie. Verdirbt sie. Bringt sie dazu, sich wertlos, angstvoll und verdammt zu fühlen.

Und ein solcher Diener wird sich des Kommens des Herrn nicht bewusst sein, wird ihm gegenüber völlig blind sein. Der Herr ist da, aber er nimmt ihn nicht wahr. Bei jedem Schlag und in jeder Botschaft ist der Herr anwesend. Aber weil der Verwalter ihn aufgrund seines Unglaubens nicht in sein Herz aufnimmt, wird er vom Herrn für sich selbst nur die Auswirkungen des Gesetzes, das er predigt, empfangen können.

Das Gesetz, wenn es gepredigt wird, schadet nicht nur den Menschen, die es hören, sondern auch demjenigen, der es predigt. Und ich sage dir, dass derjenige, der so predigt, entzweigeschnitten wird!

Bevor ich begann, das vollbrachte Werk Jesu und meine ewiggültige Vergebung und Annahme in Jesus zu verstehen, **konnte ich das Gesetz wie ein Weltmeister predigen. Und das habe ich auch getan. Als Ergebnis fühlte ich mich selbst verdammt.** O Mann, einmal war ich so voller Selbstverdammnis, dass ich eine Gruppe zum Beten zusammenrief. Ich werde es nie vergessen; ich fiel heulend und schluchzend vor Gott auf die Knie. Die Leute dachten bestimmt: »Was ist denn mit dem los?« Vielleicht dachten sie auch: »Wow, schaut nur, wie heilig der ist, so wie er sich vor dem Herrn demütigt.« Nein, ich war ein hoffnungsloses Wrack. Hier ist die Wahrheit – Jesus sagt in Vers 47: *»Jener Knecht aber, der den Willen seines Herrn wusste …«*, um wen geht es hier? Um den, der seine Beziehung zu Gott als Sklave/Sklavenhalter-Verhältnis wahrnimmt. Der Wille des Herrn ist das Gesetz Gottes. Je besser du das Gesetz Gottes kennst, desto heftiger wirst du selbst verprügelt. Je weniger du über das Gesetz weißt, desto weniger wirst du davon geschlagen. Vers 47 und 48 (ELB): *»Jener Knecht aber, der den Willen seines Herrn wusste und sich nicht bereitet noch nach seinem Willen getan hat, wird mit vielen Schlägen geschlagen werden; wer ihn aber nicht wusste, aber getan hat, was der Schläge wert ist, wird mit wenigen geschlagen werden.«*

Und wenn du ein Lehrer des Gesetzes bist, dann schlägt das Gesetz als dein Herr dich nicht nur, sondern es schneidet dich auch entzwei, es macht dich buchstäblich schizophren. In zwei Hälften geteilt. Ein solcher Mensch will dem Herrn dienen, aber er ist »berauscht« (was bedeutet, dass er nicht richtig denkt), also schlägt er andere mit dem Gesetz. Er wird Gott gegenüber schizophren. Er liebt Gott und hasst ihn zugleich. Er liebt sich selbst, aber hasst sich auch. Er will ein guter Diener sein, ist aber nicht fähig, gut zu dienen. Er will in den Himmel, denkt aber, dass er die Hölle verdient. Er will den Segen Gottes, aber er weiß, dass er ihn nicht verdient. Er will ein Leben der Freude, hat aber nichts als Elend. Er will Gott nahe sein, empfindet ihm gegenüber aber gleichzeitig Groll. Er will die Liebe Gottes kennen lernen, fühlt aber nichts als Selbstverurteilung. Er ist in zwei Hälften geteilt.

Das ist die schlimmste Art von Leben. Und ich weiß alles darüber, denn ich war dieser Typ. Je mehr du über das Gesetz weißt, desto mehr predigst du es. Du willst die Menschen dazu bringen, in ihrem Leben Ordnung zu schaffen und sich zu heiligen. Dabei wirst du immer schizophrener, und immer öfter wirst du auch selbst geschlagen. Jesus schließt mit diesem Satz in Vers 48 (ELB): »*Jedem aber, dem viel gegeben ist – viel wird von ihm verlangt werden.*« Jesus spricht vom Gesetz. Je mehr du davon hast, desto mehr zerrt es an dir, desto mehr verlangt es von dir. Und das nimmt kein Ende.

Und dann, Vers 49: »*Wie sehr wünschte ich, dass dieses Ding endlich verbrannt wäre!* – Wie sehr wünschte ich mir, dass ich jetzt an jedermanns Tür klopfen könnte, dass ich eintreten und mit euch zusammensitzen könnte, um euch zu dienen und euch zu offenbaren, wer ihr für mich seid – meine Braut. Genauso möchte ich euch offenbaren, wer ich bin – euer Bräutigam.« Das Leben wird süß, wenn du dir von Jesus alles zeigen lässt.

Mein Freund, ich muss dir sagen, ich erkenne mich selbst nicht mehr; mein Leben ist jetzt superschön. Ich meine, auch mir passieren Dinge wie jedem anderen, aber ich würde mein jetziges Leben auf keinen Fall gegen den Reichtum eines Bill Gates eintauschen wollen, nicht in einer Million Jahre. Ich habe das Verzögerte-Reich-Syndrom überwunden. Ich lasse mir von Jesus zeigen, wer er für mich ist. Er ist der, der mir vergeben hat. Mein ewiger Erlöser. An ihm misst sich mein Wert. Er ist der, der meine Seele liebt. Er liebt mich. Und hör zu, er liebt auch dich. Er wird dich nicht entzweischneiden oder dir Schläge verpassen, weder viele noch wenige. Er bejaht und schätzt dich, wie ein Bräutigam seine Braut schätzt. Das ist es, was wir für ihn sind, was du für ihn bist. Und all das ist in diesem Moment Realität. Nimm es an.

Kapitel 16

DAS GLEICHNIS VOM GROSSEN GASTMAHL

Als nun einer, der mit ihm zu Tisch saß, dies hörte, sprach er zu ihm: Glückselig ist, wer das Brot isst im Reich Gottes! Er aber sprach zu ihm: Ein Mensch machte ein großes Mahl und lud viele dazu ein. Und er sandte seinen Knecht zur Stunde des Mahles, um den Geladenen zu sagen: Kommt, denn es ist schon alles bereit! Und sie fingen alle einstimmig an, sich zu entschuldigen. Der erste sprach zu ihm: Ich habe einen Acker gekauft und muss unbedingt hinausgehen und ihn ansehen; ich bitte dich, entschuldige mich! Und ein anderer sprach: Ich habe fünf Joch Ochsen gekauft und gehe hin, um sie zu erproben; ich bitte dich, entschuldige mich! Wieder ein anderer sprach: Ich habe eine Frau geheiratet, darum kann ich nicht kommen!

Und jener Knecht kam wieder und berichtete das seinem Herrn. Da wurde der Hausherr zornig und sprach zu seinem Knecht: Geh schnell hinaus auf die Gassen und Plätze der Stadt und führe die Armen und Krüppel und Lahmen und Blinden herein! Und der Knecht sprach: Herr, es ist geschehen, wie du befohlen hast; es ist aber noch Raum da! Und der Herr sprach zu dem Knecht: Geh hinaus an die Landstraßen und Zäune und nötige sie hereinzukommen, damit mein Haus voll werde! Denn ich sage euch, dass keiner jener Männer, die eingeladen waren, mein Mahl schmecken wird! — Lukas 14,15–24

Ich möchte mir mit dir diese Geschichte über ein großes Gastmahl ansehen, die Jesus erzählt hat, und dich dazu bringen, sie mit neuen Augen zu betrachten. Wann immer ich Predigten darüber gehört habe, wurde dieses Gleichnis so interpretiert: Es gibt da jemanden, der ein großes Abendessen gibt, und dieser Jemand ist Gott der Vater. Er ist der Gastgeber. Und dieses Mahl, das er gibt, ist das Mahl am Ende des Zeitalters, von dem jeder weiß, dass es das Hochzeitsfest für Jesus und seine Gemeinde ist, das im Himmel stattfindet. Und viele sind zu diesem Fest eingeladen, aber die Eingeladenen haben alle möglichen Ausreden für ihr Fernbleiben, die mit weltlichen Interessen zu tun haben wie etwa ein Grundstückskauf, die Flitterwochen oder die Erprobung der neuen Ochsen. Und wegen ihres weltlichen Interesses sagen sie »Nein« zur Einladung (was gleichbedeutend mit einem »Nein« zu der Einladung ist, Jesus Christus anzunehmen). Und deshalb versäumen sie das Hochzeitsfest und kommen nicht in den Himmel.

Die Lektion, die wir bei dieser Deutung lernen sollen, lautet: »Sei nicht so weltlich.« Sei nicht weltlich gesinnt; die eine Person in der Geschichte kaufte Land – sei nicht so fixiert auf Haus- und Grunderwerb. Eine andere Person hatte Ochsen gekauft – verfalle nicht dem Konsum. Wieder eine andere Person hat geheiratet – lass deine Ehebeziehung nicht wichtiger sein als Jesus. Das ist es, was ich in früheren Jahren daraus gelernt habe.

Die drei wichtigsten Regeln für die Auslegung der Lehren Jesu sind Kontext, Zeitpunkt und Zielgruppe. Lass es mich erläutern. Während Jesus dieses Gleichnis vom großen Gastmahl erzählt, sitzt er am Tisch eines Pharisäers, der Jesus zum Abendessen eingeladen hat. Stell dir dazu einen großen, offenen Raum mit einem niedrigen Tisch in der Mitte vor, an dem eine Menge Leute versammelt sind, die alles beobachten, was um sie herum passiert. Geladene Gäste wurden an den Tisch geführt. Aber auch ungeladene Gäste waren willkommen. Für sie waren aber nur Stehplätze um die Tischgesellschaft herum und im Eingangsbereich vorgesehen. Ein Mann mit Wassersucht war ebenfalls da. Wassersucht ist eine Erkrankung, die das Gewebe stark anschwellen lässt und die große Schmerzen in den Gelenken verursachen kann. Das ist der Kontext.

Warum war der Mann mit der Wassersucht wohl dort? Er war dort, um Heilung zu bekommen. Er war kein geladener Gast. Ein Mensch mit Wassersucht war in den Augen der Pharisäer ein verfluchter Mensch. Man sitzt nicht mit verfluchten Menschen am Tisch. Er war als Zuschauer da. Er wollte beobachten, was vor sich ging, und versuchen, an Jesus heranzukommen. Und das gelingt ihm auch. Und Jesus heilt ihn. *Und* es ist der Sabbattag. Jeder der anwesenden Pharisäer hat ein Problem damit, dass Jesus am Sabbat heilt. Aber Jesus ist das egal, weil ihm ihre Regeln egal sind.

Es folgt eine Diskussion, in deren Verlauf Jesus lehrt (Vers 13), wie viel besser es ist, folgende vier Arten von Menschen einzuladen: *»Wenn du ein Gastmahl machst, so lade Arme, Krüppel, Lahme, Blinde ein, so wirst du glückselig sein.«* In dieser Lehreinheit geht es um das Hier und Jetzt. Er brachte den Pharisäern am Tisch etwas bei, das sie sich für ihre nächste Dinnerparty merken konnten. Und *dort* beginnt unsere Lesung, gleich nachdem der Wassersüchtige geheilt worden ist und Jesus eine Anleitung gibt, wie man im Hier und Jetzt eine echte Party schmeißt. An diesem Punkt wirft einer der geladenen Gäste in die Runde: *»Glückselig ist, wer das Brot isst im Reich Gottes!«*

Diese Bemerkung jenes Tischgastes hat schon viele Prediger falsche Schlüsse ziehen lassen und die Leute denken dann: »Ah ja, jetzt wird ein zukünftiges Thema behandelt, bei dem es um das Hochzeitsfest des Bräutigams und der Braut im Reich Gottes am Ende der Zeit geht.« Aber das ist es nicht, worauf Jesus hinaus will.

Jesu Geschichte über das große Gastmahl findet nicht am Ende des Zeitalters statt; es ist keine Beschreibung des Hochzeitsmahls.

Man beachte hier drei Dinge. Jesus spricht schon über das große Hochzeitsmahl, die große Party, die Gott für Jesus und seine Braut, die Gemeinde, geben wird. Aber das tut er an anderen Stellen und sorgt immer dafür, dass eindeutig erkennbar ist, dass es um eine Hochzeitsfeier geht. Der Bräutigam ist da, die Braut ist da; er nennt es klipp und klar das Hochzeitsmahl. Er verwendet alle üblichen Begriffe, mit denen man ein solches Ereignis beschreibt. **In diesem Gleichnis kommt nichts davon vor. Es gibt keinen Bräutigam, keine Braut, keine Hochzeitsgäste. Das ist nicht das Hochzeitsmahl.**

Zweitens, wenn Jesus in anderen Lehreinheiten über das Hochzeitsmahl spricht, geschieht das immer in der Zukunftsform. Zum Beispiel in Matthäus 25, wo Jesus über die Hochzeit und das Gleichnis von den zehn Jungfrauen spricht, sagt er: »*Dann wird das Reich der Himmel zehn Jungfrauen gleichen.*« Das ist Zukunftsform, es geht um ein Ereignis in der Zukunft.

Erstens gibt es also keine Begriffe, die etwas mit Hochzeit zu tun haben, zweitens spricht er nicht in der Zukunftsform und drittens – denk nach – sind die Leute, die schlussendlich zu dem Gastmahl kommen, die gleiche Art von Leute, die die Pharisäer zu ihrer nächsten Dinnerparty einladen sollen: die Armen, die Blinden, die Verkrüppelten und die Lahmen. Klingt das etwa nach Himmel? Soweit ich informiert bin, werden wir, wenn wir in den Himmel kommen, nirgendwo auf arme, blinde, verkrüppelte oder lahme Menschen treffen. Ich meine, es wäre doch ziemlich enttäuschend, wenn jemand, der hier auf der Erde voller Krebs war, in den Himmel zum Hochzeitsmahl käme und dann immer noch Krebs hätte. Das wäre echt ein Jammer. Es würde im völligen Widerspruch zu dem stehen, was Jesus uns über den Himmel gesagt hat, dass es dort nämlich keine Krankheiten, Schmerzen, Tod und Trauer mehr gibt und alles Frühere vergangen ist. Der Fluch hat im Himmel nichts zu suchen. Und Krankheit ist Teil des Fluches. Während des Abendessens beschreibt Jesus, wie die Blinden, die Lahmen, die Verkrüppelten und die Armen zum Fest hereingeführt werden.

Mein Punkt ist also, und ich hoffe, du kannst das jetzt auch klar erkennen, dass Jesus nicht auf ein zukünftiges Gastmahl hinweist, genauer gesagt, auf das Hochzeitsmahl, das der Vater ausrichten wird, sondern dass er uns etwas über eine Dinnerparty erzählen will, die gerade jetzt stattfindet. Der Pharisäer sagte: *»Glückselig ist, wer das Brot isst im Reich Gottes!«* Und die Aussage, die Jesus jetzt trifft, ist dieselbe, die für seinen gesamten Dienst bestimmend ist: »Das Reich Gottes ist nahe. Ändere deine Denkweise. Das Brot wird dir angeboten und du lehnst es ab.« Diese Geschichte ist voller Symbolik. Brot ist eines der wichtigsten Symbole Jesu. Er sagte: *»Ich bin das Brot des Lebens. Ich bin das Brot, das vom Himmel herabgekommen ist. Ich bin das Brot, das der Welt Leben gibt«* (siehe Joh 6,33–35). Was macht man mit Brot? Es hat nur einen Verwendungszweck. Es ist zum Essen da. Man verzehrt es. Es wird von innen heraus zu einem Teil von dir. *»Glückselig ist, wer das Brot isst im Reich Gottes!«*

Dieser Pharisäer dachte, dass Jesus als Gast zu diesem Abendessen eingeladen worden sei. Doch die größere Realität dahinter ist, dass dieser Pharisäer und alle seine Kollegen von Gott zu einem großen Gastmahl eingeladen worden waren. **Die religiösen Juden, die Pharisäer, die Priester, die gebildete Elite, sie alle versäumten nicht nur die Party, die Gott veranstaltete, sondern lehnten auch die von Gott angebotene Speise ab – das Brot des Lebens.**

Sicherlich wirst du mir zustimmen, dass Jesus ein Genie war, das in seiner Lehre vom Heiligen Geist geleitet wurde, nicht wahr? Jesus sagte: »Ich spreche nur, was ich den Vater sagen höre.« Und bestimmt sind wir uns auch darüber einig, dass Gott der Vater diese Lehren ziemlich gut durchdacht haben muss, bevor er sie an Jesus weitergab. Ich will damit einfach nur sagen, dass es in diesem Lehrstück nichts Überflüssiges gibt. Alles daran ist wichtig; es hat alles eine Bedeutung – und das in größerem Umfang, als mir je beigebracht wurde. Ich liefere dir den Rahmen, damit du tiefer in das Ganze einsteigen kannst.

Es gab einen Mann, der ein großes Gastmahl veranstaltete, und dieser Mann hatte einen Diener. Und dieser Diener sollte nun zu den Leuten hingehen, die eingeladen waren, und sagen: *»Kommt, denn es ist schon alles bereit.«* Das habe ich immer vor der Abendmahlsfeier gesagt. Es ist ein Hinweis auf das vollbrachte Werk Jesu. Für alles, was du brauchst, ist schon gesorgt. **Wie empfängst du von Gott, was von Jesus verfügbar gemacht wurde? Was ist deine Aufgabe? Zu essen.** Iss. Komm einfach und habe Anteil an der Güte Gottes. Es ist nicht deine Dinnerparty, es ist die des Vaters. Er erledigt die ganze Arbeit. Gottes Wunsch ist es nicht, dass du ihm dienst, sondern dass er dir dient. Und alles an dem Mahl, das serviert wird, steht schon bereit; alles steht in Jesus bereit. Komm, denn es ist schon alles bereit. **Das ist die Aufgabe des Predigers: dich hieran zu erinnern. Deine Aufgabe ist es, zu essen.**

Vers 18 beschreibt die Reaktion der religiösen Juden, und es ist die gleiche Reaktion, wie sie die religiösen Menschen der heutigen Zeit auf Jesus zeigen. *»Und sie fingen alle einstimmig an, sich zu entschuldigen.«* Lass mich dir eine wörtlichere Formulierung aus dem Griechischen geben: *»Und der Beweggrund für ihre Weigerung war bei allen derselbe.«* Sie alle weigern sich aus demselben Grund. Mit anderen Worten, du bekommst gleich drei verschiedene Begründungen zu hören, aber hinter jeder vorgebrachten Begründung steht ein und dasselbe Motiv – sie wollen nicht die von Gott angebotene Speise. Sie sagen, sie wollen sie, aber das ist nicht wahr. Warum?

»Der erste sprach zu ihm: Ich habe einen Acker gekauft und muss unbedingt hinausgehen und ihn ansehen; ich bitte dich, entschuldige mich!« (Vers 18). Jesus hätte aus tausend anderen Ausreden wählen können, wenn es keine Rolle gespielt hätte, warum eine Person ihn ablehnt. Aber der Vater ließ ihn absichtlich genau diese Ausrede benutzen. Warum? **Weil Land für die Hebräer das Symbol und der Inbegriff der Segnungen Gottes schlechthin war.** Das verheißene Land war die Manifestation des Segens für Israel. Der Hebräerbrief im Neuen Testament macht daraus eine richtig große Sache. Das gelobte Land, die verheißene Ruhe, steht allen Gläubigen zur Verfügung, auch wenn viele so leben, als wäre es für sie nicht verfügbar (siehe Hebr 4,1).

Warum ist dieser Mensch nicht bereit, an Jesu Tafel zu schlemmen, was ihm jeglichen Segen bringen würde (*»denn es ist schon alles bereit«*)? Weil er versucht, das Gelobte Land mit eigenen Mitteln und aus eigener Kraft zu erwerben. Man beachte, dass er hinausgehen und das Land ansehen muss; er hat das Land, das er gekauft hat, noch nicht gesehen. **Er hat die Segnungen nicht gesehen. Weißt du was? Das wird er auch nie. Unsere verheißene Ruhe, unser gelobtes Land, all die Segnungen, die der Vater für uns hat, kommen nur durch die Teilhabe an Jesus**. Das große Mahl, das Gott in diesem Moment bereithält, beinhaltet deine Versorgung, deine Gerechtigkeit, Finanzen, Gesundheit, Befreiung, Freude und jede Frucht des Geistes. Du bekommst all das, wenn du an Jesus teilhast und deine Segnungen allein von ihm erwartest. Iss.

Sieh dir die zweite Person an, die zum Fest eingeladen wurde. Vers 19: *»Und ein anderer sprach: Ich habe fünf Joch Ochsen gekauft und gehe hin, um sie zu erproben; ich bitte dich, entschuldige mich!«* Ich habe fünf Joch Ochsen gekauft. Was für eine seltsame Bemerkung. Ist Jesus einfach nur sprunghaft und greift Zahlen und Beispiele nach Belieben aus der Luft? Nein. Er will etwas ganz

Bestimmtes sagen. Fünf steht als Zahl für die Gnade. Ins Joch gespannte Ochsen sind das Symbol für Arbeit. Hier ist ein Mensch, der versucht, durch eigene Werke Gnade und Gunst zu erlangen. Er testet, probiert aus, um zu sehen, ob sein Ansatz funktioniert. **Aber in Wirklichkeit lehnt er damit das Mahl ab, das der Vater allein aus Gnade anbietet, und wer eigene Werke im Mix hinzufügen will, wird die Güte des Himmelreichs nicht schmecken.**

Du kannst dich Gott nicht nähern, indem du die Werke des Gesetzes mit der Gnade Jesu vermischst. So lautet die Gnadenbotschaft. Der Hebräerbrief sagt, dass alle Werke, sowohl die guten als auch die schlechten, unter die gleiche Kategorie fallen, was ihre Wirkung auf deine Beziehung zu Gott betrifft – sie sind tot. Er nennt sie »tote Werke«. Wenn du ein wiedergeborener Gläubiger bist und denkst, dass deine schlechten Werke Gottes Geist betrüben können, dass sie dich in Ungnade fallen lassen oder dich die Gemeinschaft mit Gott kosten, dann isst du nicht vom Tisch der reinen Gnade. **Wenn du denkst, dass das, was du tust, mehr Wirkung hat als das vollbrachte Werk Jesu in dir, isst du nicht vom Tisch der reinen Gnade und schlemmst auch nicht von dem Brot, das der Vater dir in Jesus gegeben hat.**

Wenn du meinst, dass Sünden bekennen oder sie unter das Blut zu bringen, dass Fasten, Beten oder den Zehnten zu geben, dass Evangelisieren, für die Kranken zu beten oder irgendeinen anderen Dienst zu verrichten irgendwie zu Gottes Wohlwollen dir gegenüber beitragen kann, dann glaubst du im Grunde, dass deine Werke wirksamer sind als die Gnade Jesu auf dir. Genauso verhält es sich, wenn du denkst, dass du durch Sünde sein Wohlwollen verlieren kannst. Mein Freund, es ist alles nur Gnade. Du empfängst ausschließlich durch Gnade. Deine Gemeinschaft mit Gott wird durch Gnade aufrechterhalten. Du sollst nicht das Joch deiner eigenen Ochsen erproben. **Es gibt nur ein Joch, das du auf dich nehmen**

sollst: das Joch, das dich mit Jesus verbindet. Wenn du nur an der Gnade teilhast, dann hast du dich damit in einen gleichbleibenden und dauerhaften Zustand der Gunst versetzt, der unabhängig von Werken ist. Lass die Ochsen los! Komm zum Festmahl Jesu. In Jesus steht alles bereit. Komm und kaufe ohne Geld. Komm ungehindert und empfange reichlich.

Der dritte Mann in der Geschichte hat eine Frau geheiratet und weigert sich daher, zu kommen. Die Ehe steht als *das* Symbol für Gottes Liebe und Treue gegenüber seinem Volk. Es geht uns nicht gut, wenn wir jemand anderen heiraten. Tatsache ist, dass du im Geist bereits Jesus angetraut bist. Als Jesus von den Juden sagte, dass sie »eine böse und ehebrecherische Generation« seien, meinte er damit nicht, dass Ehebruch die bevorzugte Sünde der Juden war und dass sich deshalb mal jemand gegen all diese Seitensprünge aussprechen musste. Nein, er meinte damit Menschen, die eigentlich im Geist mit ihm verheiratet sein sollten, aber mit anderen Vorstellungen von Gott herummachten, die nicht mit der Heiligen Schrift übereinstimmten. **Sie begingen Ehebruch, indem sie einer Vorstellung von Gott in ihren Köpfen treu blieben, die nicht Jahwe-Gott entsprach!**

Die Anwesenheit der Frau in der Geschichte führt dazu, dass der Mann nicht zur Dinnerparty kommen kann. Er ist verliebt in sie. Sie hält ihn fern. »Ich kann nicht kommen«, sagt er. Das steht als Symbol für die religiösen Vorstellungen, die Menschen davon abhalten, die Fülle Jesu und seiner Gnade zu empfangen. Vor Kurzem hatte ich Gelegenheit, zu einer Gruppe von Menschen zu sprechen und ihnen die Gnadenbotschaft zu erläutern. In jeder Konfession gibt es Traditionen, Vorstellungen und Praktiken, die die Kraft der Gnade schwächen. Ich will hier keiner Denomination zu nahe treten, aber Jesus sagte, dass »eure Traditionen das Wort Gottes zunichtemachen«. Jeder beteuert, dass er an die Gnade glaubt.

Und doch hat jede Konfession Praktiken und Vorstellungen, ob formell oder nicht, die das vollbrachte Werk Jesu in einem Gläubigen schmälern. Das sind Dinge, die sich mit der Zeit einschleichen und den alten und den neue Bund miteinander vermischen. Und diese Mischung wird dann als neuer Bund der Gnade präsentiert, aber es ist nicht der neue Bund der Gnade. Es ist eine Mischung aus Gnade *und* »Tu Gutes und du wirst gesegnet; tu Schlechtes und du bist verflucht«. Oder: »Ich muss mich gut verhalten, sonst wird Gott mich nicht mögen.«

Das ist nicht der neue Bund. **Der neue Bund besagt, dass dir dieses eine Opfer für alle deine Sünden angeboten wurde, das ewig gültig ist, und wenn du dieses Angebot annimmst, wird dein Sündenproblem für immer beseitigt sein und du wirst vor Gott einen Stand haben, bei dem dir seine Gunst sicher ist.** Und wenn du das weißt und es empfängst und darin lebst, dann tust du nichts anderes, als dich allein von Jesus zu ernähren, so wie es der neue Bund vorsieht.

Die Menschen, die am Ende zu dem von Gott vorbereiteten großen Gastmahl kommen, sind »die Armen, die Verkrüppelten, die Lahmen und die Blinden«. Wer kommt schließlich zum Fest Jesu? Nur die, die wissen, dass sie ein Bedürfnis haben. Die Armen, die wissen, dass sie sich Gottes Gnade ohnehin nicht erkaufen könnten. Die Lahmen, die zu dem Mahl ohne Hilfe gar nicht erst hinkämen. Die Verkrüppelten, deren Körper versehrt sind und die nicht dafür arbeiten könnten. Und die Blinden, die nie in der Lage waren, dieses religiöse Zeug zu sehen und zu verstehen. Sie kommen, sie essen sich an Jesus satt und schmecken die Gnade, die Güte Gottes. Und das Brot des Lebens, Jesus selbst, wird in ihre Körper aufgenommen, und sie werden nie mehr dieselben sein.

Wer ist die einzige Person, die in der Lage ist, sich am Tisch des Pharisäers an Jesus satt zu essen? Keiner der Pharisäer empfing etwas von Jesus. Sie verließen das Mahl ungesättigt. Die einzige Person, die etwas empfing, war diejenige, die ihre Not nicht verbergen konnte: der Mann mit der Wassersucht. Mit geschwollenen und schmerzhaften Gelenken humpelte er hinein. Was dachte er sich dabei? »Jesus ist meine Antwort. Nur Jesus. Nur Jesus; wenn ich nur bis zu Jesus gelangen kann.« Und Jesus *»rührte ihn an, machte ihn gesund und entließ ihn.«*

Da war eine körperliche Not, die durch die Gnade Jesu gestillt wurde. Dieser Mann bot Jesus keine guten Werke an. Er kam nur zum Mahl. Und er aß. **Gott stillt körperliche Nöte, wo jemand sich an Jesus satt isst. Es geht nur um ihn. Du selbst trägst nichts dazu bei.** Alles, was du brauchst, ist in Jesus bereits aufgetischt – Heilung, finanzieller Segen, Gerechtigkeit, Sicherheit, Gunst, ein neuer Reifen für dein Auto, Kunden für dein Unternehmen. Komm! Vater Gott sagte zu mir: »Nötige die Menschen, zu kommen!« Das bedeutet: »Dränge sie so sehr, dass sie kommen!« Komm auch du! Du wirst nicht enttäuscht sein!

Jesus nannte es in Vers 16 ein großes Mahl. Das griechische Wort für »groß« an dieser Stelle lautet *mega*. Es ist eine Mega-Mahlzeit. Aber sie darf nur aus Jesus bestehen. Gib deine Religion auf, töte die Ochsen und hör auf zu denken, dass du auf eigene Faust in dein verheißenes Land einziehen kannst. Komm zum Mahl, komm und iss dich an Jesus satt. Deine Antwort liegt auf dem Tisch. Sieh genau hin.

Kapitel 17

FEURIGE SCHLANGEN

Und wie Mose in der Wüste die Schlange erhöhte, so muss der Sohn des Menschen erhöht werden, damit jeder, der an ihn glaubt, nicht verlorengeht, sondern ewiges Leben hat. Denn so sehr hat Gott die Welt geliebt, dass er seinen eingeborenen Sohn gab, damit jeder, der an ihn glaubt, nicht verlorengeht, sondern ewiges Leben hat. Denn Gott hat seinen Sohn nicht in die Welt gesandt, damit er die Welt richte, sondern damit die Welt durch ihn gerettet werde. — Johannes 3,14–17

Im Wort Gottes steckt so viel Güte. Der obige Bibelabschnitt ist sehr bekannt. Erinnere dich an den Kontext: Jesus ist bei Nikodemus, und sie reden davon, das Reich Gottes zu sehen. In Vers 3 lesen wir den Anfang dieser Unterhaltung. Jesus sagt dort: »*Wahrlich, wahrlich, ich sage dir: Wenn jemand nicht von Neuem geboren wird, so kann er das Reich Gottes nicht sehen!*« Wenn ein Mensch nicht von Neuem geboren wird, kann er nicht sehen. Das im Griechischen verwendete Wort für »sehen« ist *eido* – davon stammt unser Wort »Idee« und es bedeutet so viel wie »wahrnehmen, sich bewusst werden oder erkennen«. Wenn ein Mensch nicht *von Neuem* geboren wird, kann er das Reich Gottes nicht wahrnehmen.

Für gewöhnlich fassen die Leute diesen Vers als einen »Wie-man-in-den-Himmel-kommt«-Vers auf. Wenn du nicht von Neuem geboren wirst, kommst du nicht in den Himmel. (Und das stimmt ja auch. Wenn ich von Neuem geboren werde, bin ich gerettet und in jeder Hinsicht geborgen, und ich komme in den Himmel, wenn ich sterbe.) Aber Jesus spricht davon, das zu erkennen, was Gott genau hier und jetzt auf der Erde tut. Nikodemus konnte nicht erkennen, was Gott tut. Jesus sagte also, »dass jemand, der nicht von Neuem, von oben her, vom Vater geboren wird, das Reich Gottes auf der Erde weder wahrnehmen noch erkennen kann.« Wenn wir in den Himmel kommen, wird keiner von uns Schwierigkeiten haben, das Reich Gottes zu erkennen. Es wird die Grundlage unserer gesamten Existenz sein. Es wird überall um uns herum sein und die einzige vorhandene Realität. Hier auf der Erde hingegen gibt es eine konkurrierende Realität, die Realität des Fleisches. Das ist die Realität, in der wir für gewöhnlich leben. Wir sehen mit fleischlichen Augen und nehmen mit fleischlichen Sinnen wahr, was im Fleisch vor sich geht.

Aber Jesus sagt, dass die Gläubigen in der Lage sind, eine dem Fleisch übergeordnete Realität wahrzunehmen und zu erkennen. **Wir nehmen die Dinge, die Gott vorhat, wahr und haben teil an ihnen. Wir ignorieren das Fleisch nicht. Aber wir sagen mit Jesus, dass das geistliche Reich (die Realität des Reiches Gottes) die fleischliche Realität übertrumpft.** Der Glaube an Jesus und das Eintauchen in den geistlichen Strom des Lebens, der aus ihm fließt, übertrumpft die fleischliche Realität. Seine Heilung (eine geistliche Realität des Reiches Gottes) übertrumpft die Krankheit (fleischliche Realität). Wir verstehen und stimmen mit dem überein, was Jesus getan hat. Er hat unsere Krankheiten getragen und sie weggenommen; wir betrachten die Realität Jesu und werden geheilt. Lass deinen Blick auf Jesus ruhen und bleibe gesund, während alle anderen die Grippe bekommen. Betrachte ihn einfach. Seine Versorgung (Jahwe-Jireh – Gott, dein Versorger, eine Realität seines Reiches) übertrumpft die Rezession (eine fleischliche Realität).

Einige von uns beteten kürzlich in unserer Gemeinde für einen Mann, der eine Firma hat; er hatte gerade seinen letzten Auftrag beendet, war aber trotzdem kein bisschen besorgt. Er wusste, dass durch Gottes Hand weitere Aufträge kommen würden. Wir legten ihm einfach nur die Hände auf und segneten ihn. Dabei sah ich in meinem Geist, dass Gott ihn zu einem Magneten gemacht hatte, der die Aufträge förmlich anziehen würde! Wenn auch du selbstständig bist, erkläre ich dir heute Folgendes – und du musst es nur empfangen: Deine Firma ist ein Magnet und du ziehst mehr Aufträge an, als du bewältigen kannst.

Du bist von Neuem geboren, also kannst du das Reich Gottes wahrnehmen und kannst am Reich Gottes, das um dich herum und durch dich hindurch fließt, teilhaben. Dieser Vorgang umfasst nur einen Schritt: Betrachte Jesus. Sieh Jesus. Schau ihn dir an. Behalte ihn den ganzen Tag über vor deinem inneren Auge. Jesus sagt also zu Nikodemus: »*Wie Mose in der Wüste die Schlange erhöhte, so muss der Sohn des Menschen erhöht werden, damit jeder, der an ihn glaubt, nicht verlorengeht, sondern ewiges Leben hat.*« Ewiges Leben ist Gottes Lebensqualität – es fehlt dir an nichts, du bist voller Freude und von Liebe und Gnade erfüllt, und das für immer und ewig.

Jesus greift nun auf eine Geschichte aus dem Alten Testament zurück, die von Israel handelt. Das Volk Israel ist in der Wüste und hat das verheißene Land noch nicht betreten. Die Menschen beklagen sich und sie äußern ihren Groll sehr konkret. »*Und das Volk redete gegen Gott und gegen Mose: Warum habt ihr uns aus Ägypten heraufgeführt, damit wir in der Wüste sterben? Denn hier gibt es weder Brot noch Wasser, und unsere Seele hat einen Ekel vor dieser elenden Speise!*« (4Mo 21,5). Dann kommen die Schlangen, und diese giftigen Reptilien beißen sie und sie sterben. Gott weist Mose an, eine bronzene Schlange anzufertigen und sie auf einer Stange zu befestigen. Und jeder, der gebissen worden ist, wird leben, wenn er nur auf die bronzene Schlange schaut, wenn er sie einfach nur ansieht. Und genau so geschieht es dann auch.

Schon so viele Menschen haben diese Geschichte über Israel gelesen und folgende moralische Lektion daraus gezogen: »Du darfst nicht murren.« Gott hasst dein Gemecker und er wird dich dafür ausradieren. Aber das stimmt nicht. Hör zu, Gott wurde nie auf Leute sauer, weil sie sich aufgrund ihrer menschlichen Bedürfnisse beschwerten. Als die Menschen sich in 2. Mose 16 beschweren, dass sie nichts zu essen haben, wird Gott nicht böse auf sie. Im Gegenteil, sie meutern wegen fehlender Nahrung und Gott speist sie mit Manna vom Himmel. In 2. Mose 17 beschweren sie sich erneut, diesmal haben sie kein Wasser. Und wieder wird Gott nicht wütend auf sie. Er liebt sie und will ihr Versorger sein. Was tut Gott? Er versorgt sie mit Wasser aus dem Felsen. In 4. Mose 20 sind sie wieder durstig. Gott ist nicht sauer. Keine Spur von Ärger. (Mose ist wütend, aber nicht Gott.) Wiederum versorgt Gott sie mit Wasser aus dem Felsen.

Die Bibel sagt in 1. Korinther 10,3–4: *»Und sie haben alle dieselbe geistliche Speise gegessen und alle denselben geistlichen Trank getrunken; denn sie tranken aus einem geistlichen Felsen, der ihnen folgte. Der Fels aber war Christus.«* Christus (Jesus) war der Fels und das geistliche Getränk. Jesus ist der Fels und das geistliche Wasser. Sie alle tranken dasselbe geistliche Getränk. Genauso steht da: *»Sie haben alle dieselbe geistliche Speise gegessen.«* Was war diese geistliche Speise, die sie aßen? Es war Manna, das Brot, das Gott überall auf das ganze Lager Israels fallen ließ. Und jeden Morgen standen sie auf und sammelten einfach so viel, wie jede Person für den Tag brauchte. Die Bibel sagt, dass sie es anschließend zu Pulver zerrieben und kleine Kuchen daraus machten, die wie in Öl frittiertes Gebäck schmeckten. Das Manna hatte einen süßen Geschmack.

Und auch hier wieder die Frage: Wer ist das Manna? Jesus. Das Manna war ein Zeichen, das auf sein Kommen hindeutete. Jesus gab sich selbst in Form von Brot. Es war himmlische Nahrung. Die fleischliche Realität war, dass sie das Manna sehen und berühren und es essen konnten, um ihrem Körper Nährstoffe zuzuführen. Aber die geistliche Realität war, dass dieses Manna Jesus war. Sie nahmen Jesus in ihre Körper auf. Stell dir vor, du empfängst Jesus in deinen Körper. Wir tun es jede Woche in meiner Gemeinde während des Abendmahls – Gesundheit essen, Nahrung aufnehmen, am Leben Jesu teilhaben, sobald er in dich gelangt. Die geistliche Realität ist die höhere! Und genau das taten die Israeliten – sie nahmen Jesus zu sich und wurden seines Lebens, seiner Gesundheit und seiner Versorgung teilhaftig.

Jesus sagte in Johannes 6,32–33: »*Mein Vater gibt euch das wahre Brot aus dem Himmel. Denn das Brot Gottes ist derjenige, der aus dem Himmel herabkommt und der Welt Leben gibt.*« Das Manna ist Jesus. Hier ist also der Punkt: Die Leute beschweren sich über den Wassermangel. Gott ist nicht wütend auf sie. Er gibt ihnen Jesus zu trinken, und sie sind zufrieden. Die Leute beklagen sich über fehlende Nahrung. Gott ist nicht wütend auf sie. Er gibt ihnen Jesus zu essen, und sie sind zufrieden. Sie sind bis zu 4. Mose 21 zufrieden. Dann beklagen sie sich über Gott und über Mose (Vers 5), aber Gott wird nicht wütend auf sie. Die Leute spulen ihr übliches Gemurre darüber ab, wie sehr sie sich doch wünschten, wieder in Ägypten zu sein. Gott ist nicht wütend. Die Leute beschweren sich über Hunger und Durst. Gott ist noch immer nicht wütend.

Dann fangen sie an, das himmlische Brot zu verschmähen; sie bekunden ihre Verachtung und ihre Abscheu vor dem Manna. Wer ist das Manna? – Jesus. Und was passiert? Giftschlangen! Das Volk wird durch diese Schlangenplage dezimiert. Die Schlangen machen sich überall im Lager breit. Ich will dir etwas Interessantes zeigen.

Gott treibt die Schlangen nicht ins Lager. **Aber die Ablehnung von Jesus im Manna war zugleich die Ablehnung von Gottes übernatürlichem Schutz. Mose sagt, dass die giftigen Schlangen die ganze Zeit über in der Wüste gewesen waren.** In 5. Mose 8,15 (NLB) heißt es: *»[Gott] hat euch durch die große, schreckliche Wüste mit ihren wasserlosen Gegenden, ihren Giftschlangen und Skorpionen geführt.«* Die Wüste war eine Einöde voller giftiger Schlangen, aber die Israeliten waren nie von ihnen angegriffen worden. Jesus war nämlich ihr Schutz vor ihnen gewesen, auch ohne ihr Wissen. Sobald die Israeliten in irgendein Wüstengebiet zogen, um dort ihr Lager aufzuschlagen, ging Jesus als ihr Schild vorneweg und drängte die giftigen Schlangen zurück. Aber was passiert, als sie Jesus ablehnen? Der Schutz ist weg. Die Giftschlangen breiten sich ungehindert in ihrem Gebiet aus.

Diese Geschichte ist so reich an typologischen Bildern. Hier dreht sich alles darum, dass du die Bedeutung der Schlangen richtig verstehst. Es gilt ein Prinzip bei der Auslegung der Bibel, das sich das »Prinzip der ersten Erwähnung« nennt. Wenn du in der Bibel auf etwas Ungewöhnliches stößt, geh einfach bis zu der Stelle zurück, an der dieser Begriff zum ersten Mal in der Bibel erwähnt wird, und du wirst den Schlüssel zum Verständnis des Geschilderten finden. Wo erscheint zum ersten Mal das Wort »Schlange« in der Bibel? Im Garten Eden – die Schlange, Satan, der Teufel. **Was macht der Teufel im Garten? Er impft der Menschheit das System der Werke ein, bei dem man *selbst handeln* muss, um wie Gott zu sein. Er überzeugt Adam und Eva, dass ihnen etwas fehlt und dass sie nicht wie Gott sind.** Das war eine Lüge – sie waren genau wie Gott, geschaffen nach dem Ebenbild Gottes. Doch der Teufel bringt sie dazu, aus ihrem vermeintlichen Mangel heraus zu handeln, um wie Gott zu sein. »Wir müssen etwas tun, um wie Gott zu sein und eine Beziehung zu Gott zu haben.« Und so kam es, dass wir Menschen eine Liebesbeziehung des bloßen Zusammenseins mit Gott gegen ein Verhältnis eintauschten, in dem wir hart arbeiten, um Gottes Gunst zu erlangen.

Genau dieses System wurde durch Adam empfangen und der gesamten Menschheit eingeimpft, und wir leben seitdem aus diesem System heraus. Das ist das System der Schlange und es funktioniert nicht. Gott gab uns das Gesetz, um die Regeln in diesem System der Werke genau festzulegen und *uns zu zeigen*, dass es nicht funktioniert. Paulus sagte, dass das Gesetz Gottes gegeben wurde, damit jeder Mund verschlossen würde. **Dieser Ansatz, sich durch eigenes Tun für Gott annehmbar machen zu wollen, ist ein trügerisches, mangelhaftes System, das dich immer weiter aus der Beziehung mit Gott herausführt, weil du dich auf deine eigenen Bemühungen anstelle von Gottes Gnade, Liebe und Güte verlässt.**

Gott hatte von Anfang an einen Plan, wie er mit unserer Sünde umgehen wollte, und der hatte nichts damit zu tun, dass du einen Weg finden musst, wie du durch eigenes Handeln alles in Ordnung bringen kannst zwischen dir und ihm. In der ersten Prophezeiung der Bibel in 1. Mose 3,15 spricht Gott zur Schlange über Jesus, den Samen der Frau: *»Er wird dir den Kopf zertreten, und du wirst ihm die Ferse zermalmen.«* Jesus würde den Kopf der Schlange zertreten. Das ist der Todesstoß für Satan. Jesus kümmerte sich um Satan und um das gesamte Werkesystem, für das Satan steht. Und dann erklärt Jesus, dass du in seinem Namen ebenfalls auf Satans Kopf treten kannst. Er sagt zu seinen Jüngern: *»Ihr werdet auf Schlangen treten, und sie werden euch nichts anhaben können.«* Überall, wohin du deinen Fuß setzt, trittst du auf die Schlange (auf die Schlangen, seine Nachkommen, also jeder, der Satans System aufrechterhält). Du zertrittst die Schlange und sie kann dir nichts anhaben.

Wohin du auch gehst, die Schlange (sein System) wird da sein. Und die Gesetzlichen, die sagen, dass du dieses oder jenes tun musst, um mit Gott ins Reine zu kommen, werden ihre Ansichten kundtun und hässliche Dinge über das sagen, was du glaubst. **Religiöse Menschen hassen die Tatsache, dass du ruhig und entspannt bist, indem du einfach nur auf Jesus schaust.** Sie hassen es, dass du nicht unglücklich bist und permanent irgendwelche Sünden bekennst, um zwischen dir und Gott alles in Ordnung zu bringen. Sie hassen es, dass du dich nicht unwürdig fühlst, dass dein Verhalten Gott gegenüber nicht von einem Gefühl der Unzulänglichkeit geprägt ist und du nicht versuchst, bestimmte Dinge zu tun, damit er dich mag. Denn das ist es, was sie tun. Sie tun, tun, tun. Und was tust *du*? Nur Jesus anschauen; dich nur an Jesus sättigen – mehr Jesus, mehr Manna. Du legst dich nicht ständig ins Zeug, sondern du nimmst einfach nur in dich auf. Möchtest du im Reich Gottes etwas tun? Hier hast du, was zuallererst zu tun ist: Iss auf! Iss mehr! Iss mehr Manna. **Dann legt Gott Wünsche in dich hinein, die dich tatsächlich etwas für sein Reich tun lassen.** Und überall, wohin du gehst, trittst du auf die Schlange, sein System.

Es geht um folgenden Punkt: Die Schlange steht durch die gesamte Bibel hindurch für das System des Gesetzes, das System der eigenen Werke, um mit Gott ins Reine zu kommen. Es ist das System der Schuldgefühle, das System der Unruhe und Ungewissheit, das System der ständigen Verurteilung. In der Bibel ist das immer die Schlange. **Deshalb nannte Jesus die Pharisäer eine Schlangenbrut.** Er drückt sich sogar noch krasser aus, lies selbst, was er in Matthäus 23,33 (ELB) sagt: *»Schlangen! Otternbrut! Wie solltet ihr dem Gericht der Hölle entfliehen?«* Mir gefällt das Wort »Brut«, weil es im Griechischen »Nachkommenschaft« bedeutet – es sind Nachkommen. Es deutet auf eine andere Abstammung hin – »ihr Nachkommen der Schlange«.

Bemerkenswert ist, dass Jesus sagte: *»Und wie Mose in der Wüste die Schlange erhöhte, so muss der Sohn des Menschen erhöht wer-*

den« (Joh 3,14). **Jesus wurde zu dieser Schlange, er nahm sie in sich auf. Jesus wird zur Sünde und mehr als das: Er wird zu diesem ganzen System, in dem Verdammung auf Sünde folgt. Der Menschensohn wird zur Schlange, die erhöht wird.** Was also wurde am Kreuz gekreuzigt? Kolosser 2, 14 (NGÜ) sagt es uns: *»Den Schuldschein, der auf unseren Namen ausgestellt war und dessen Inhalt uns anklagte, weil wir die Forderungen des Gesetzes nicht erfüllt hatten, hat [Christus] für nicht mehr gültig erklärt. Er hat ihn ans Kreuz genagelt und damit für immer beseitigt.«* Was wurde ans Kreuz genagelt? Der auf uns ausgestellte Schuldschein, dessen Inhalt uns anklagte. Damit ist das Gesetz Gottes gemeint. Es geht um dieses ganze System des Gesetzes, bei dem die Beziehung zu Gott auf deinen Bemühungen um ein heiliges Leben beruht.

Jesus wurde zu dieser Schlange. Er wurde zum System des Gesetzes, er erfüllte dieses Gesetz und trug es mit sich zum Kreuz. Und dort wurde dieses System gekreuzigt. Es starb mit ihm. Es ist veraltet und vergangen. Und obwohl sich die ganze Welt diesem System des Fleisches unterwirft, musst du es nie wieder tun. Du warst einer dieser Israeliten, die von der Schlange gebissen und mit diesem System infiziert wurden, aber es gibt jetzt ein Heilmittel für dich. Schau auf den erhöhten Jesus; sieh auf ihn, der hoch oben dort hing, **auf Jesus, der alles Gericht auf sich selbst gezogen hat**. Betrachte Jesus, deinen Erlöser!

Gott sagte Mose, dass er die Schlange aus Bronze anfertigen solle. Ich habe schon einmal über die drei Metalle der Bibel gelehrt – Gold, Silber und Bronze. **Gold** ist das Metall, das Gott repräsentiert. In der Stiftshütte waren die einzigen Gegenstände, die aus Gold gefertigt waren, im Allerheiligsten zu finden, wo die Herrlichkeit Gottes sich aufhielt. **Silber** steht für den erlösten Menschen. **Bronze** wird manchmal als Messing bezeichnet – in unserem Vokabular sind das zwei verschiedene Metalle, aber sowohl im Alten als auch im Neuen Testament ist es ein und dasselbe. Ob als Messing oder Bronze übersetzt, kommt beides vom gleichen Wort. Also, lass dich nicht verwirren, wenn du mal Messing und mal Bronze liest. Es ist dasselbe Wort, mit dem gleichen Gedanken dahinter. Bronze steht als Symbol für Gottes Gericht und seinen Zorn über die Sünde. Im Vorhof der Stiftshütte war das Wasserbecken, das die Priester zur Waschung (wegen der Sünde) benutzten, aus Bronze gefertigt. Auch der Brandopferaltar, der sich ebenfalls im Vorhof befand, war aus Bronze gefertigt. Was passierte auf diesem Altar? Die Sünde wurde gerichtet.

Was geschieht also mit Jesus? Er wird zu dieser Schlange, wird an der Stange erhöht, und diese Schlange, die aus Bronze ist, zieht das Gericht Gottes auf sich. Und Satan und sein System sind für immer besiegt. Im letzten Buch der Bibel sieht der Apostel Johannes Jesus im Himmel. Das Bild, das er von ihm bekommt, ist von beispielloser Schönheit. Und dieses Bild von Jesus schließt die von Gott verheißene Erlösung ab. Eingeläutet wird das Ereignis mit der Prophezeiung in 1. Mose 3 über den Messias: »*Er wird dir den Kopf zertreten, und du wirst ihm die Ferse zermalmen.*« Als Johannes Jesus im Himmel sieht, fällt ihm auf, dass die Füße Jesu wie glühende Bronze im Schmelzofen glänzten (siehe Offb 1,15 HFA). Die Füße Jesu sind mit der Ferse in feurigem Gericht auf das Haupt der Schlange getreten und haben diesen Peiniger besiegt. Glühende Bronze; das Gericht Gottes über Satan und dessen Werkesystem.

Das Reich Gottes steht dir offen. Du lässt deinen Blick auf Jesus ruhen und lebst – nicht nach dem Fleisch und nicht im Vertrauen auf deine eigenen Bemühungen, sondern in dem Wissen, dass du einen Erlöser hast und er dich gerettet hat, und dass du einen liebevollen Vater hast, der dich von ganzem Herzen liebt. Wir müssen also nichts weiter tun, als einfach nur ständig auf Jesus zu schauen.

Den ganzen Tag über – sieh nur ihn. Du bist eins mit ihm. Er ist eins mit dir. Nichts trennt dich von ihm.

Wohin du auch gehst, trittst du auf die Schlange. Tatsächlich sagte Jesus in Lukas 10,19: »*Siehe, ich gebe euch die Vollmacht, auf Schlangen und Skorpione zu treten, und über alle Gewalt des Feindes; und nichts wird euch in irgendeiner Weise schaden.*« Er redet nicht wörtlich von Klapperschlangen und Skorpionen. Er spricht von Satan und der ganzen Macht des Feindes. Schlangen und Skorpione symbolisieren alles Böse von A bis Z. Bei den Schlangen kommt das Gift aus den Giftzähnen in ihrem Kopf. Bei Skorpionen sitzt das Gift in ihrem Stachel am Schwanzende. Wie du siehst, von vorne bis hinten pure Bösartigkeit.

Er sagte zu den Jüngern: »Ich gebe euch diese Autorität; wandelt darin! Übernehmt die Herrschaft. Bei jedem Schritt, den ihr macht, wird Satan besiegt. Überall, wo ihr hingeht, zertrampelt ihr ihn unter euren Füßen. Krankheiten, Leiden, Mangel, Gebrochenheit, Verdammnis, Schuldgefühle, Scham, Minderwertigkeitsgefühle (alles Lügen, die davon kommen, dass du versuchst, durch eigenes Tun deine Position zu sichern)! »Du bist nutzlos, du bist wertlos« – alles Lügen, nur Lügen. Du bist wertvoll. Du bist liebenswert, du bist geliebt. Gott hat dich so sehr geliebt. Tritt auf diese Schlange. Zermalme sie unter deinen Füßen. Tritt auf Armut und Krebs und Diabetes, tritt auf alles, was dir Leben raubt, was dir dein wahres Leben, ewiges Leben, Gottes Lebensqualität nehmen will! Richte deinen Blick nicht auf die Macht dieser anderen Dinge.

Du bist von Neuem geboren worden und darfst das Reich Gottes sehen. Du darfst die Kraft des Reiches Gottes erkennen. Du darfst sehen, was Gott tun kann! Nimm sein Reich wahr! Der Strom seines Lebens fließt direkt durch dich hindurch. Er trocknet nie aus. Seine Liebe hört nie auf und sein Frieden hört nie auf. Seine Freude hört nie auf, in dir zu fließen. Der einzige Grund, weshalb du Zeiten hast, in denen du dich nicht geliebt fühlst und nicht mit Freude und Frieden erfüllt bist, liegt nicht etwa darin, dass der Strom seiner Liebe versiegt wäre, sondern darin, dass du irgendwann aufgehört hast, Jesus zu sehen. So einfach ist das.

Paulus sagt in 2. Korinther 11,3: »*Ich fürchte aber, es könnte womöglich, so wie die Schlange Eva verführte mit ihrer List, auch eure Gesinnung verdorben [und abgewandt] werden von der Einfalt gegenüber Christus.*« Wie hat die Schlange Eva getäuscht? »Dir fehlt etwas, um wie Gott zu sein, du solltest angesichts deines Mangels tätig werden.« Paulus sagt im Grunde: »Ich fürchte aber, es könnte womöglich, so wie die Schlange Eva zum *Tun* verführte, auch <u>euer Denken</u> gegenüber der Einfachheit in Christus verdorben worden sein.« **Die Einfachheit, die in Christus liegt, ist die, dass »er alles getan hat«. Er hat dich gerettet. Er hat es getan. Nicht du. Er sorgt für dich. Er ist unser Ein und Alles. Es kommt alles mit dem In-Christus-Sein. Sieh auf ihn. So einfach ist es.** Doch die Menschen wollen nichts Einfaches. Sie sagen, so einfach kann es doch nicht sein. Aber Paulus warnt sie: »Hey, lasst nicht aus den Augen, wie simpel es ist. Lasst euch in eurem Denken nicht von der Einfachheit abbringen, die in Christus liegt.«

Die Israeliten mussten nichts weiter tun, als die bronzene Schlange anzusehen, die Mose aufgerichtet hatte, und schon waren sie gerettet. Einfach nur anschauen. Ich frage mich, wie viele von ihnen dachten: »Das ist zu simpel; so einfach kann es nicht sein. Wir müssen nach Ägypten ziehen und einige seltene Mineralien und Pflanzen besorgen, um daraus einen Trank zu mischen. Das macht viel mehr Sinn.« Aber dann bemerkten sie, dass die Menschen, die Jesus ansahen, geheilt wurden. Und sie sagten: »Also gut, dann schaue ich mir die Schlange an der Stange an.« Befreiung! **So gut ist Gott. Jesus ist dein Erbteil. Glaub es und sieh das Reich Gottes offenbart.**

Kapitel 18

DAS GLEICHNIS VOM WEINBERG

Hört ein anderes Gleichnis: Es war ein gewisser Hausherr, der pflanzte einen Weinberg, zog einen Zaun darum, grub eine Kelter darin, baute einen Wachtturm, verpachtete ihn an Weingärtner und reiste außer Landes. Als nun die Zeit der Früchte nahte, sandte er seine Knechte zu den Weingärtnern, um seine Früchte in Empfang zu nehmen. Aber die Weingärtner ergriffen seine Knechte und schlugen den einen, den anderen töteten sie, den dritten steinigten sie. Da sandte er wieder andere Knechte, mehr als zuvor; und sie behandelten sie ebenso. Zuletzt sandte er seinen Sohn zu ihnen und sprach: Sie werden sich vor meinem Sohn scheuen! Als aber die Weingärtner den Sohn sahen, sprachen sie untereinander: Das ist der Erbe! Kommt, lasst uns ihn töten und sein Erbgut in Besitz nehmen! Und sie ergriffen ihn, stießen ihn zum Weinberg hinaus und töteten ihn.

Wenn nun der Herr des Weinbergs kommt, was wird er mit diesen Weingärtnern tun? Sie sprachen zu ihm: Er wird die Übeltäter auf üble Weise umbringen und den Weinberg anderen Weingärtnern verpachten, welche ihm die Früchte zu ihrer Zeit abliefern werden. Jesus spricht zu ihnen: Habt ihr noch nie in den Schriften gelesen: »Der Stein, den die Bauleute verworfen haben, der ist zum Eckstein geworden. Vom Herrn ist das geschehen, und es ist wunderbar in unseren Augen«? Darum sage ich euch: Das Reich Gottes wird von euch genommen und einem Volk gegeben werden, das dessen Früchte bringt. Und wer auf diesen Stein fällt, der wird zerschmettert werden; auf wen er aber fällt, den wird er zermalmen. — Matthäus 21,33–44

Um den Kontext zu verstehen, muss man wissen, dass Jesus dieses Gleichnis im Zeitrahmen von zwei wichtigen Ereignissen erzählte: der Karwoche und der Passionszeit, die in seiner Kreuzigung endete. In Matthäus 21,9 wird sein triumphaler Einzug in Jerusalem geschildert. *»Und die Volksmenge, die vorausging, und die, welche nachfolgten, riefen und sprachen: Hosianna dem Sohn Davids! Gepriesen sei der, welcher kommt im Namen des Herrn! Hosianna in der Höhe!«* Hosianna bedeutet »rette uns – bitte rette uns«. Jesus (Jeschua) bedeutet »Er rettet«.

Die religiösen Führer sind verärgert und verlangen von Jesus, seinen Jüngern zu befehlen, den Mund zu halten. Sie waren deshalb so wütend, weil er sie um ihre Huldigung brachte. Warum kommt Jesus ihrer Aufforderung nicht nach? Weil einzulenken bedeutet hätte, Gott das ihm gebührende Lob zu rauben (»wenn diese schweigen, so werden die Steine schreien«).

Als Jesus die Stadt betritt, reinigt er den Tempel, stürzt die Tische der Geldwechsler um und vertreibt diejenigen, die Opfertiere kaufen und verkaufen. Und wieder sind die religiösen Führer aufgebracht. *»In welcher Vollmacht tust du dies, und wer hat dir diese Vollmacht gegeben?«* Sie waren erbost, weil ihr Einkommensstrom unterbrochen war. Jesus sagte zu ihnen: *»Es steht geschrieben: ›Mein Haus soll ein Bethaus genannt werden!‹ Ihr aber habt eine Räuberhöhle daraus gemacht!«* **Mit »Gebetshaus« sind Menschen gemeint, die in ihren Herzen von Gott geleitet werden und die ganz auf Gott ausgerichtet sind.** »Räuberhöhle« oder Diebstahl bedeutet Maßlosigkeit in ihrer ausgeprägtesten Form. Sie ist das Ergebnis von Neid, der die eigenen Wünsche über die der anderen stellt. Das

Kaufen und Verkaufen, mit allem, was zum Erwerb eines Tieropfers dazugehörte, zusammen mit dem Lärm und Gestank und Schmutz von den Tieren im Tempel selbst, raubten dem Volk Gottes (den Anbetern) die Konzentration auf Gott. Sie beraubten Gott der Aufmerksamkeit seines Volkes.

Letztendlich ist es so, dass die religiösen Führer an erster Stelle stehen wollten. Sie wollten Gott nicht als Gott. Wie kann man das Volk Gottes führen, wenn man Gott nicht will? Verdrehte Leiterschaft führt zu verdrehten Ergebnissen.

Jesus fasst dies im Gleichnis vom Weinberg zusammen. Es ist ein Gleichnis über Israel und dessen Führer. Der Weinberg steht für Israel. Jesus bezieht sich damit auf Jesaja 5,1–5 (EÜ): »*Ich will singen von meinem Freund, das Lied meines Liebsten von seinem Weinberg. Mein Freund hatte einen Weinberg auf einer fruchtbaren Höhe. Er grub ihn um und entfernte die Steine und bepflanzte ihn mit edlen Reben. Er baute in seiner Mitte einen Turm und hieb zudem eine Kelter in ihm aus. Dann hoffte er, dass der Weinberg Trauben brächte, doch er brachte nur faule Beeren. Und nun, Bewohner Jerusalems und Männer von Juda, richtet zwischen mir und meinem Weinberg! Was hätte es für meinen Weinberg noch zu tun gegeben, das ich ihm nicht getan hätte? Warum hoffte ich, dass er Trauben brächte? Und er brachte nur faule Beeren! Jetzt aber will ich euch kundtun, was ich mit meinem Weinberg mache: seine Hecke entfernen, sodass er abgeweidet wird; einreißen seine Mauer, sodass er zertrampelt wird.*« Und in Vers 7: »*Denn der Weinberg des HERRN der Heerscharen ist das Haus Israel.*«

Gott singt von seinem Liebsten, von Jesus. Wessen Weinberg ist es also? Er gehört Jesus. »*Ich will singen von meinem Freund, das Lied meines Liebsten von seinem Weinberg.*« Der Weinberg ist Jesu Eigentum. Alles an diesem Weinberg war ein Hinweis auf ihn.

Sehen wir uns die Auslegung der wichtigsten Elemente in diesem Gleichnis an: 1) der Weinberg ist Israel; 2) die Mauer um Israel herum ist das Gesetz Gottes (die Zehn Gebote) – keine andere Nation hatte das göttliche Gesetz, und diese Mauer trennte Israel durch klar abgesteckte Grenzen von anderen Nationen; 3) die Frucht ist die Frucht des Gesetzes Gottes. **Die Frucht des Gesetzes Gottes besteht nicht in guten Werken. Die Frucht des Gesetzes ist Schuldbewusstsein.** Paulus sagt in Römer 3,19, dass das Gesetz gegeben wurde, *»damit jeder Mund verstopft werde und alle Welt vor Gott* [was?] *schuldig sei«*. Das Gesetz zeigt dir, was du falsch gemacht hast. Es befähigt dich nicht, heilig zu leben, noch ist es ein Mittel, um dich rein zu machen. Es trägt nur eine Frucht, und diese auch nur, wenn es in all seiner Macht und Stärke gepredigt wird. Wenn du das Gesetz verwässerst, wirst du nicht seine Früchte tragen. 4) Der Turm ist das religiöse System. Wachtürme wurden gebaut, um Diebe auszumachen; diejenigen, die die Früchte stehlen. Es war die Aufgabe des Priesters, dafür zu sorgen, dass das Gesetz nicht verwässert wurde, damit es seine Fähigkeit behielt, Frucht zu tragen!

Ein verunreinigtes (verwässertes) Gesetz produziert wilde Trauben (wie in Jesaja 5,2 *King James Version*). *Wilde Trauben* sind Trauben, die man außerhalb des Weinbergs erwarten würde. Die Nationen um Israel herum näherten sich Gott, ohne sein Gesetz zu haben. Ihre Denkweise ihm gegenüber war: »Na ja, so schlecht war ich doch gar nicht. Und ich habe viele gute Dinge getan. Wenn ich also sterbe und vor Gott stehe, wird das Gute wahrscheinlich das Schlechte überwiegen, sodass ich mir keine Sorgen machen muss.« Alle Nationen redeten so. Israel war speziell ausgewählt worden, um anders zu sein. Das Volk war durch das Gesetz ummauert und der Wachturm des religiösen Opfersystems sorgte dafür, dass die Menschen auf ihre Unzulänglichkeiten konzentriert blieben. Die Früchte des kultivierten Weinbergs hätten deutlich anders sein müssen. **Die Menschen hätten sich danach *sehnen* sollen, dass der Messias sie von der Knechtschaft der Sünde befreit.** Ihr Bewusstsein dafür hätte wesentlich stärker sein müssen.

Aber Israel verstand das eigentliche Ziel des Eigentümers nicht. Israel begehrte die Frucht der Schuld für sich selbst. Bei der Gestaltung und dem Aufbau des religiösen Systems ging es darum, das Gefühl der Schuld unter Kontrolle zu halten. **Israels Deutung des Gesetzes diente außerdem dazu, es angenehmer und machbar zu gestalten.** Die Absicht war, die Frucht für eigene Zwecke zu nutzen. Aber was war das Ziel des *Eigentümers*?

Es gibt noch ein weiteres Element in dem Gleichnis – die Kelter. Das Ziel des Eigentümers war es, Wein herzustellen. Es ging ihm nicht darum, die Frucht zu behalten, sondern **er wollte aus ihr etwas Neues erzeugen**. Die Kelter war ein Symbol für den Zorn Gottes. Was würde passieren, wenn du deine Schuld (die Frucht des Gesetzes) zu Gott tragen würdest? Du würdest in der Kelter des Zorns zerquetscht werden!

Gott baute die Kelter mitten auf den Weinberg, damit in ihr alle das beabsichtigte Ziel sehen konnten; er gab Israel aber nicht die Fertigkeit, sie auch zu benutzen. Die Arbeiter im Weinberg sind keine Winzer, sie sind Weingärtner. Sie wissen nichts über die Herstellung von Wein. Sie wissen nur, wie man Trauben erzeugt. Ihnen ist nur bekannt, wie man die Reben so kultiviert, dass sie Frucht hervorbringen. Das ist der Dienst, den Gott den religiösen Führern Israels gegeben hat; der Dienst des Gesetzes. **Gott hat für den Weinberg keinen Winzer angeheuert. Warum nicht? Weil *er* der Winzer ist.** Die Kelter war da, um ihnen das beabsichtigte Endprodukt zu zeigen, aber es lag nicht in ihren Händen, dieses Produkt zu erzeugen. Als der Eigentümer des Weinbergs bereit war, die Trauben zu verwenden, wollte er, dass die Trauben an ihn übergeben werden. Er wollte den Wein erzeugen.

Die Kelter ist ein Fingerzeig auf Gottes beabsichtigtes Ziel. Die Kelter steht im Alten Testament für das Opfer Jesu. Alttestamentliche Symbole und Schattenbilder weisen alle auf Jesus hin. Er ist im Opfer Isaaks erkennbar, in der Befreiung aus Ägypten, im Passahfest und genauso in den Einrichtungsgegenständen des Tempels (im Vorhang zum Allerheiligsten, in der Bundeslade und im Schaubrot). Und die Kelter hier ist ein weiterer Hinweis auf Jesus. Das Ziel des Eigentümers war es, dass ein letztes Opfer gebracht werden sollte. Jesus! Aber natürlich konnten sie das nicht erkennen.

Welches Ziel hatte Jesus; warum ist er gekommen? Um alle Früchte des Gesetzes von Israel wegzunehmen. Um die Schuld von Israel zu entfernen und sie durch etwas zu ersetzen, das von ihm selbst erzeugt wurde. **Er kam, um ihre vom Gesetz produzierte Schuld zu nehmen und sie durch seinen neuen Bund der Gnade durch den Glauben an Jesus zu ersetzen. Gott wollte nicht, dass Israel die eigene Schuld trägt. Gott will nicht, dass du deine Schuld auf dich nimmst. Der Sohn kam, um ihnen all das abzunehmen.** Deine Schuld gehört nicht mehr dir. Jesus nahm sie auf sich selbst. Genau das ist geschehen.

Jesus sammelte die Schuld der ganzen Welt und nahm sie auf sich selbst, um sie von uns wegzuschaffen, und Gottes Kelter des Zorns kam und zerquetschte Jesus. In der New American Standard Bible heißt es in Jesaja 53,5: »*Aber er wurde wegen unserer Übertretungen durchbohrt, er wurde wegen unserer Ungerechtigkeiten zerquetscht.*« Der zerquetschende Zorn Gottes fällt nicht auf dich. **So sehr liebt er uns. Kannst du seine Liebe zu dir erkennen?** Jesus sagt: »Ich werde nicht zulassen, dass ihr für eure Verfehlungen bezahlt, dafür liebe ich euch zu sehr. Ich werde nicht zulassen, dass du die Schuld für deine Sünde trägst. Ich werde das tun.«

Gott hat die Kelter auf dem Weinberg nicht benutzt. Mit anderen Worten, er wollte nicht zulassen, dass du für deine Sünde bezahlst.

Eine Kelter, in der *du* für deine Sünde bezahlst, die *dich* wegen deiner Schuld zerquetscht, kommt in diesem Gleichnis nicht vor. Er ließ dir keine Wahl. Jesus sagte: »Gib mir die Sünden.« Und die Kelter des Zorns Gottes schloss sich über Jesus und Gottes Zorn wurde in vollem Maß ausgegossen. Er ergoss sich über alles, was uns von Gott trennte.

Und was floss aus der Kelter des Blutes Jesu und deiner Schuld? Der neue Bund! **»Dieser Wein ist der neue Bund, geschlossen in meinem Blut, das für dich und für alle Menschen zur Vergebung der Sünden vergossen wurde. Trink! Hier, trink noch mehr! Glaub an mich!« Er hat alle Sünden weggenommen.** Vergangene Sünden, gegenwärtige Sünden, zukünftige Sünden, sie sind alle weg. Sie wurden in seinem Körper beseitigt. Empfange ihn. Heiße ihn willkommen.

Die Frucht der Schuld ist vollständig bezahlt, nichts davon steht noch offen. Und dank der Wirksamkeit des Opfers Jesu geht Gott mit dir nicht mehr auf der Grundlage deiner Schuld, deiner Sünde oder dem Gesetz um. Das Gesetz wurde niedergerissen. Schau, was mit dem Gesetz in Jesaja 5,5 passiert: *»Nun will ich euch aber verkünden, was ich mit meinem Weinberg tun will: Ich will seinen Zaun wegschaffen, damit er abgeweidet wird, und die Mauer einreißen, damit er zertreten wird!«* Die Mauer ist niedergerissen. Der Zaun des Gesetzes ist entfernt. Beides ist von der Bildfläche verschwunden. Es handelt sich nicht mehr um einen Weinberg, der vom Gesetz umgrenzt ist.

In der Bibel heißt es, wenn wir Jesus in unser Leben einladen, sollen wir uns Gott nicht länger auf der Grundlage seines Gesetzes nähern. Galater 3,24–25: *»So ist also das Gesetz unser Lehrmeister geworden auf Christus hin, damit wir aus Glauben gerechtfertigt würden.«* Gerechtfertigt zu sein bedeutet, vor Gott gerecht gemacht zu sein. Wir werden durch den Glauben an Jesus gerechtfertigt – nicht durch das, was wir tun. *»Nachdem aber der Glaube gekommen ist, sind wir nicht mehr unter dem Lehrmeister.«* Welcher Lehrmeister? Das Gesetz. **Gläubige brauchen das Gesetz Gottes nicht. Wir werden nicht mehr vom Gesetz geleitet. Wir werden vom Geist Christi geführt, der in uns ist.** Jesus in dir wird Gottes Wunsch in dein Herz schreiben und du wirst wissen, was in jeder Situation zu tun ist.

Jesus steht nämlich im Mittelpunkt. Wenn ich nicht weiß, was ich tun soll oder wenn mich etwas bedrückt, wende ich mich nicht dem Gesetz Gottes zu und bete zwei Steintafeln an und sage: »Oh, ihr Steintafeln, bitte sprecht zu mir und sagt mir, wie ich hiermit umgehen soll.« Nein, ich gehe zu Jesus, der jetzt mein Weingärtner ist. Ich bete im Geist, ich benutze meine Gebetssprache, und dann offenbart er mir Dinge. Das ist das normale christliche Leben. Da sind keine Regeln, es ist eine dynamische Beziehung und die ist sehr, sehr spannend.

Das ist eine völlig andere Art des Umgangs mit Gott. Das ist »eine neue und lebendige Weise«, bei der der Weg in die Gegenwart Gottes frei zugänglich ist, er steht uns einfach offen. Und wir kommen einfach. Und er liebt uns. Und wir sind nie wieder Menschen, denen nicht vergeben ist. Wir sind einfach geliebt, vollkommen gemacht in Christus. Wir haben seinen Segen und seine fortwährende Hilfe. Und das Leben wird immer schöner. Jesus hat ein schönes Leben für dich. Er hat Schönheit und Fülle und Versorgung und Gesundheit und Gnade und Liebe und Güte. Und das alles bringt er zu dir. Du denkst vielleicht: »So einfach kann es nicht sein.« Doch, genau so einfach ist das. Denn so sehr liebt er dich. Wenn du bisher ohne das alles gelebt hast, denkst du nicht, dass es Zeit für eine Veränderung ist?

Kapitel 19

JESUS IST DAS SCHAUBROT

Zu jener Zeit ging Jesus am Sabbat durch die Kornfelder; seine Jünger aber waren hungrig und fingen an, Ähren abzustreifen und zu essen. Als aber die Pharisäer das sahen, sprachen sie zu ihm: Siehe, deine Jünger tun, was am Sabbat zu tun nicht erlaubt ist!

Er aber sagte zu ihnen: Habt ihr nicht gelesen, was David tat, als er und seine Gefährten hungrig waren? Wie er in das Haus Gottes hineinging und die Schaubrote aß, welche weder er noch seine Gefährten essen durften, sondern allein die Priester? Oder habt ihr nicht im Gesetz gelesen, dass am Sabbat die Priester im Tempel den Sabbat entweihen und doch ohne Schuld sind? Ich sage euch aber: Hier ist einer, der größer ist als der Tempel! Wenn ihr aber wüsstet, was das heißt: »Ich will Barmherzigkeit und nicht Opfer«, so hättet ihr nicht die Unschuldigen verurteilt. Denn der Sohn des Menschen ist Herr auch über den Sabbat. — Matthäus 12,1–8

In den Evangelien wird geschildert, wie die Jünger durch die Felder gingen und sich Getreidekörner nahmen. Das war dem Gesetz des Landes nach erlaubt. Man durfte, wenn man hungrig war und durch einen Obstgarten oder durch die Felder lief, einen Apfel essen, um den Hunger zu stillen, aber nicht mehr als einen. Man durfte auch Ähren zerreiben, die Spreu wegpusten und die Körner essen. Alles zulässige Dinge. Man durfte es nur nicht am Sabbat tun, weil es als Arbeit galt. Die Jünger tun es trotzdem, es ist Sabbat und die Sabbatpolizei ist auch schon unterwegs.

Die Pharisäer sind in ihrer Nähe und beobachten sie. Pharisäer verkörpern das Gesetz. Sie sind Experten darin. Sie kennen sich mit Gottes Gesetz des alten Bundes genau aus und wissen, wie man aus der Einhaltung des Gesetzes eine große Show macht. Es gab viele Gesetze, die den Sabbat betrafen, und sie kannten sie alle; besonders solche, in denen es darum ging, am Sabbat nicht zu arbeiten. Der Talmud, der die rabbinische Auslegung der Gesetze des alten Bundes ist, sagt dies: »Wenn eine Frau Ähren rollt, um die Spelze zu entfernen, wird das als Schälen betrachtet; wenn sie die Ähre abstreift, gilt das als Dreschen; wenn sie die Körner von anhaftenden Partikeln befreit, wird das als Aussortieren gesehen, und wenn sie sie mit der Hand in die Luft wirft, ist das Getreidereinigung.« Nichts davon durfte am Ruhetag, dem Sabbattag, getan werden; jede dieser Handlungen wurde als Sünde und als Vergehen gegen Gott angesehen.

Die Pharisäer sehen, wie die Jünger die Ähren in ihren Händen rollen, Spreu und Weizen trennen und die Körner dann essen. Die Pharisäer können diese Sünde nicht ertragen. Beachte hier bitte, wen sie da mithilfe des Gesetzes beschuldigen. Sie klagen ganz gezielt die Jünger an. Für wen sprechen sie jetzt? Sprechen sie für Gott oder sprechen sie für Satan? Wenn du unter dem alten Bund des Gesetzes lebst, anstatt unter dem neuen Bund der Gnade, dann läuft es genau so ab. Der Ankläger der Brüder (das ist der Name, den die Bibel Satan gibt) wird direkt neben dir hergehen und sobald du etwas Fragwürdiges tust, wird er sagen: »Du hast dich gerade dem Gesetz Gottes nach selbst verdammt. Ich wusste doch, dass du kein gerechter Mensch bist. Du bist ein Sünder. Gott hat keine Gemeinschaft mit Sündern. Du liebst Gott offensichtlich nicht und er kann dich selbstverständlich auch nicht mehr lieben.« **Das ist *nicht* die**

Stimme Gottes, die zu dir spricht. Das ist Satan, der Ankläger der Brüder, und er tut das mit allen, die unter dem Gesetz leben.

Satans Hauptwaffe gegen dich ist das Gesetz Gottes. Aber Jesus kam, um Satan zu entwaffnen. Und das tat er, indem er ihm das Gesetz wegnahm. In Kolosser 2,13–15 (ELB) steht: »*Und euch, die ihr tot wart in den Vergehungen und in dem Unbeschnittensein eures Fleisches, hat er mit lebendig gemacht mit ihm, indem er uns alle Vergehungen vergeben hat. Er hat den Schuldschein gegen uns gelöscht, den in Satzungen bestehenden* [das Gesetz Gottes], *der gegen uns war, und ihn auch aus unserer Mitte fortgeschafft, indem er ihn ans Kreuz nagelte.*« Jesus hat nicht deine Sünden ans Kreuz genagelt. Er wurde stellvertretend für dich zur Sünde und nagelte das Gesetz an das Kreuz. Aber die Christen von heute versuchen immer wieder, das Gesetz von dort wieder herunterzuholen. »*Er hat die Gewalten und die Mächte* (hiermit sind Satan und die Dämonen gemeint, die mit dem Gesetz bewaffnet waren) *völlig entwaffnet und sie öffentlich zur Schau gestellt. In ihm hat er den Triumph über sie gehalten.*«

Satan benutzt das Gesetz Gottes, um Gottes Volk zu verurteilen. Du kannst deine Verteidigung gegen Gottes Gesetz nicht selbst führen. Außerhalb von Jesus hast du gegen die Sünde nichts zu deiner Verteidigung vorzubringen. Deshalb antworten die Jünger den Pharisäern auch nicht. Der Vorwurf ihrer Ankläger nimmt sie mit. Hat dich der Ankläger auch schon schikaniert? Am liebsten würde er dich niedermachen, bis du dich vor Gott nur noch wie hoffnungsloser Abschaum fühlst. Erkennst du bei diesem Vorfall, dass Jesus den Jüngern keine Gelegenheit gibt, sich selbst zu verteidigen? Stattdessen kommt Jesus als guter Hirte mit seinem eisernen Stab und tritt zwischen seine Schafe und den Ankläger, den Löwen, der sie zu verschlingen versucht.

»*Als aber die Pharisäer das sahen, sprachen sie zu ihm: Siehe, deine Jünger tun, was am Sabbat zu tun nicht erlaubt ist! Er [Jesus] aber sagte zu ihnen …«* Jesus ist deine Antwort. Jesus ist deine Verteidigung gegen den Ankläger. Die Jünger brachen nicht das Gesetz (das wird jetzt einige Leute umhauen), **aber selbst dann, wenn wir das Gesetz brechen, ist Jesus unsere Verteidigung**. Er verteidigt dich nicht nur, wenn du dich untadelig verhältst. Er verteidigt dich auch dann, wenn du Dinge tust, die falsch sind. Denk nur an die Frau, die beim Ehebruch ertappt wurde. Sie war von Anklägern umzingelt, die sie dem Gesetz Gottes nach zu Recht verurteilten. Aber Jesus war ihre Verteidigung. Jesus stellte sich zwischen die Ankläger und die untreue Frau. Und nachdem der Hirte den Angriff der Wölfe abgewehrt hatte, sagte er zu ihr: »Ich verurteile dich auch nicht. Sündige nicht mehr.«

Jesus ist nicht der Ankläger; er ist der Verteidiger. Die Leute sagen, dass der Heilige Geist sie von dieser oder jener Sünde überführt. Das ist nicht Gottes Geist. Der Heilige Geist überführt einen Gläubigen nicht der Sünde. Jesus sagte, die Aufgabe des Heiligen Geistes sei es, dir deine Gerechtigkeit zu beweisen. **Die Aufgabe des Geistes ist es, dich davon zu überzeugen, wer du in Christus bist. Du bist die Gerechtigkeit Gottes in Christus Jesus.** Wenn du dir diese Identität zu eigen machst, löst sich das Sündenproblem in Luft auf. Du willst dann nicht sündigen. Du willst dem Einen gefallen, der dich durch sein Blut erkauft hat. Du willst diesem Einen gefallen, der zu deiner Verteidigung gekommen ist.

Jesus sagt zu den Pharisäern (Mt 12,3–4): *»Habt ihr nicht gelesen, was David tat, als er und seine Gefährten hungrig waren? Wie er in das Haus Gottes hineinging und die Schaubrote aß, welche weder er noch seine Gefährten essen durften, sondern allein die Priester?«* Und in Vers 8 fügt er hinzu: *»Denn der Sohn des Menschen ist Herr auch über den Sabbat.«* Achtung, genau aufgepasst! – Jesus verweist auf das Alte Testament. Weißt du, dass jede Geschichte des Alten Testaments ein Hinweis auf Jesus ist?

In Johannes 5,46 sagte Jesus allen Gelehrten des Alten Testaments zu seiner Zeit: »*Denn wenn ihr Mose glauben würdet, so würdet ihr auch mir glauben; denn von mir hat er geschrieben.*« Mose schrieb die ersten fünf Bücher der Bibel. Jedes dieser Bücher handelt von Jesus. Und wenn Jesus in den Evangelien persönlich auf etwas im Alten Testament verweist, schlägt man es besser nach, denn dann gibt es dort etwas Tiefgründiges zu entdecken.

Jesus rief ihnen einen Vorfall ins Gedächtnis, der sich ereignete, als David auf der Flucht war. David war zum König von Israel gesalbt worden, hatte den Thron aber noch nicht übernommen. An dem hielt noch Saul fest, und Saul versuchte, David zu töten. Also flüchtete David in eine Stadt namens Nob. Nob ist in Sichtweite von Jerusalem. Das wissen wir von Jesaja. Als die Babylonier kamen, um in Jerusalem einzumarschieren, warfen sie, wie er sagt, von Nob aus einen ersten Blick auf Jerusalem. Zur Zeit Davids wurde in Nob die Stiftshütte errichtet. Das war vor dem Bau des Tempels und noch bevor Jerusalem die wahre Hauptstadt Israels wurde. Das Volk hatte damals nur diese transportable Stiftshütte, die während der Zeit in der Wüste als Ort der Anbetung diente. Als Israel das gelobte Land einnahm, wurde die Stiftshütte in Silo errichtet und blieb während der gesamten Zeit der Richter dort. Aber irgendwann wurde sie von Silo nach Nob verlegt.

David ging, nachdem er vor Saul geflohen war, direkt nach Nob, direkt zum Haus Gottes. Das sollte dir etwas sagen. Und worum bat David dort? David war hungrig und bat in einer prophetischen Handlung um das Schaubrot, das im Heiligen der Stiftshütte aufgetischt lag. Du kannst diese Geschichte in 1. Samuel 21 nachlesen. Das Schaubrot war in der Stiftshütte. Jeder Gegenstand in der Stiftshütte wurde nach den genauen Vorgaben Gottes angefertigt, wie sie im dritten Buch Mose beschrieben sind. Wenn du diese Anweisungen lesen würdest, ohne von Jesus zu wissen, würdest du sagen: »Wie seltsam ist das denn? Warum hat Gott dermaßen detailreiche Vorgaben gemacht?« Das liegt daran, dass jedes Detail im Heiligtum ein Hinweis auf Jesus war. Es diente keinem Selbstzweck. Alles war ein Fingerzeig, ein Hinweis auf den letztendlichen Plan Gottes; einfach alles – von den verwendeten Metallen bis hin zur Positionierung der Möbel.

Für den Bau der Stiftshütte und ihrer Einrichtung wurden drei Metalle verwendet: Messing bzw. Bronze, Silber und Gold. **Gold ist das Metall Gottes**. Es ist das kostbarste, das edelste Metall. Der einzige Ort, an dem man in der Stiftshütte Gold findet, sind die heiligen Orte, an denen sich die Gegenwart Gottes zeigte. **Silber stand für die Reinigung, die Erlösung der Menschheit.** Maleachi 3,3 sagt: *»Er wird sitzen und schmelzen und das Silber reinigen; er wird die Söhne Levis reinigen.«* Unerlöste Menschen werden als nicht geläutertes Silber betrachtet. Jeremia 6 bezeichnet Ungläubige als *»verworfenes Silber«* (ungereinigtes Silber).

Und dann ist da noch Bronze als Symbol für Gottes Gericht über die Sünde und das Böse. Der Opferaltar, der sich im Vorhof befand, war aus Bronze gefertigt. Das Becken, in dem die Priester ihre Hände wuschen, bevor und nachdem sie im Vorhof Opfer dargebracht hatten, war aus Bronze. Bronze ist wichtig, weil Bronze Gericht bedeutet.

Denk an die erste Verheißung des Messias in 1. Mose 3,15, als Gott zu Satan über den Messias sagte: *»Er wird dir den Kopf zertreten und du wirst ihm die Ferse zermalmen.«* Jesus, der Messias, würde den Kopf Satans unter seinen Füßen zertreten. Seine Ferse ist zermalmt (das sind die Leiden Jesu), aber Satans Kopf liegt zertreten darunter; hier geht es um Verurteilung. Als Johannes im Buch der Offenbarung Jesus im Himmel sieht, heißt es von ihm, dass seine Füße wie glühende Bronze im Schmelzofen glänzten. Warum nur seine Füße? Weil Sünde, Tod und Teufel unter den Füßen Jesu besiegt worden sind; das endgültige Gericht Gottes über die Sünde. Die gesamte Bibel – vom ersten Buch Mose bis zur Offenbarung – ist in Jesus miteinander verknüpft. Jesus macht sie zu einer Einheit.

Das Schaubrot, von dem Jesus spricht, lag auf einem Tisch, der speziell für dieses Brot gebaut war. Das Ganze stellt Jesus dar. Der Tisch besteht aus zwei Komponenten. Es ist ein *Holztisch*, der vollständig mit *Gold* überzogen ist. Holz ist das Symbol der Menschheit in ihrem Leiden, Gold ist das Symbol Gottes, seiner Gottheit. **Jesus ist der Gott-Mensch.** Der Tisch sollte an einer bestimmten Stelle in der Stiftshütte platziert werden. Es war Gott, der die Israeliten anwies, diesen Tisch in die Stiftshütte zu stellen (siehe 2Mo 40). Er stand im Heiligen auf der rechten Seite! Jesus sitzt zur Rechten von Gott dem Vater. Jesus sagte in Lukas 22,69: *»Von nun an wird der Sohn des Menschen sitzen zur Rechten der Macht Gottes.«*

Als Stephanus, der erste Märtyrer der Kirche, im Begriff stand, gesteinigt zu werden, heißt es, dass er zum Himmel aufblickte und die Herrlichkeit Gottes und Jesus zur Rechten Gottes stehen sah. Die Bibel spricht von der rechten Hand Gottes und bekundet, dass es die rechte Hand Gottes ist, durch die die Segnungen des Vaters zu seinem Volk fließen. Psalm 48,11 sagt: *»Wie dein Name, o Gott, so reicht auch dein Ruhm bis an die Enden der Erde; deine Rechte ist voller Gerechtigkeit.«* Damit ist Jesus gemeint! Er ist deine Gerechtigkeit! Die rechte Hand Gottes ist unsere Gerechtigkeit. In Jesaja 41,10 heißt es: *»Fürchte dich nicht, denn ich bin mit dir; sei nicht ängstlich, denn ich bin dein Gott; ich stärke dich, ich helfe dir auch, ja, ich erhalte dich durch die rechte Hand meiner Gerechtigkeit!«* Das ist Jesus, der uns durch seine eigene Gerechtigkeit aufrechterhält.

Aber auch hier sehen wir Jesus. **Ich möchte einfach, dass du erkennst, zu wem sich David geflüchtet hat. Hier ist der Jesus-Tisch, der zur Rechten der Gegenwart Gottes in der Stiftshütte steht. Und was liegt auf dem Jesus-Tisch? Brot – das Brot des Le-**

bens. Es geht hier ganz um Jesus. Jesus sagte in Johannes 6: *»Ich bin das Brot, das aus dem Himmel herabgekommen ist. Ich bin das Brot des Lebens. Wer von mir isst, wird leben.«* Man beachte hier, dass Jesus nicht sagt: »Wer mir nacheifert, wird leben.« Er sagt auch nicht: »Wer ein sehr heiliges Leben führt, wird leben.« Er sagt: »Wer von mir isst.«

Das Brot auf dem Jesus-Tisch wurde als Schaubrot bezeichnet. Das hier verwendete hebräische Wort bedeutet »Brot seiner Gegenwart«. Das Brot des Lebens zu empfangen bedeutet, die ganze Gegenwart Gottes zu empfangen. Das ist die symbolische Bedeutung des Schaubrots. Weißt du, an Jesus teilzuhaben bedeutet nicht, dass man einfach nur einigen seiner Lehren zustimmt. Er will, dass wir ihn essen, ihn empfangen, ihn konsumieren. Er möchte, dass wir seine Anwesenheit wahrnehmen, sie genießen und uns freuen, dass er da ist. Er liebt uns. Er liebt es, in dir und bei dir zu sein. Du bist seine große Freude. Nimm ihn zu dir. Iss von ihm, trink von ihm. **Das bedeutet Anbetung – die Gegenwart Jesu in sich »aufzusaugen« und sich an ihm zu freuen.** Jeder einzelne Segen, den Gott für dich hat, kommt in Form von Brot. Wenn du Jesus, das Brot des Lebens hast, hast du auch alles andere, was Gott für dich bereithält.

In Römer 8,32 heißt es: *»Er, der sogar seinen eigenen Sohn nicht verschont hat, sondern ihn für uns alle dahingegeben hat, wie sollte er uns mit ihm nicht auch alles schenken?«* Man beachte, dass da »mit ihm« steht. Es ist nicht so, dass die Segnungen später hinzugefügt werden. Die Segnungen werden mit Jesus gegeben. Wenn du Gemeinschaft mit Jesus hast, hast du auch alles andere, was du zum Leben brauchst – absolut alles. **Als David also in dieser prophetischen Weise zu Jesus lief und das Brot seiner Gegenwart empfing, erhielt er damit alles, was er für sein Leben brauchte.**

Zwölf Brotlaibe lagen ständig auf dem Tisch seiner Gegenwart; ein Brot für jeden der zwölf Söhne Israels. Jeder Sohn Israels bekommt einen ganzen Laib. Mit anderen Worten, Gott gibt sich jedem seiner Kinder vollkommen hin. Die Bibel sagt, dass wir, du und ich und jeder andere Gläubige, das wahre Israel sind. Wir wurden in den Bund der Verheißung eingepfropft und gehören damit zur Stammlinie Abrahams. Wir sind »Söhne Israels«. Rate mal, was das bedeutet? Gott gibt jedem von uns einen ganzen Laib von sich selbst. Er enthält seinen Kindern nichts vor. Die Fülle Gottes und seine Segnungen sind dir in Jesus gegeben worden.

Jesus gibt sich dir voll und ganz, ohne Vorbehalte. Du bekommst von Gott nicht nur die Reste. Du bekommst nicht die Krümel, die vom Tisch des Meisters fallen. *Du bist ein Sohn, eine Tochter!!!* Du darfst *Gottes Kind* sein! Er ist ganz bei dir, gibt sich dir ganz hin, segnet dich zur Gänze. Die Sache ist die: Nimm dir von Jesus nicht nur ein bisschen. Hör auf, religiös höflich zu sein; iss den ganzen Laib. Hau richtig rein! Das ist alles für dich! Ich komme nicht in die Gemeinde, um ein winziges Häppchen Jesus zu bekommen. Ich gehe nicht durch die Woche und hoffe auf eine kleine Kostprobe von ihm. Ich will alles, was er für mich hat.

Du kannst vom Brot seiner Gegenwart essen. Das ist einfach großartig. Für diejenigen, die zur Zeit der Stiftshütte lebten, gab es direkt von Gott kommende strenge Regeln, was das Essen des Brotes betraf. Das Brot seiner Gegenwart wurde jeden Sabbattag durch zwölf frische Laibe ersetzt. Und das Brot, das vom Tisch genommen wurde, durfte nur von den Priestern gegessen werden. Aber König David, der kein Priester war, aß von dem Brot, ohne dafür verdammt zu werden oder sich verdammt zu fühlen. Jesus verurteilt ihn nicht dafür, dass er das Brot gegessen hat, sondern er lobt ihn sogar. Wir sollten wie er sein. Was gibt dir das Recht, von dem Brot zu essen? Die Tatsache, dass Jesus ein Reich von königlichen Priestern errichtet hat.

Die Priester taten zwei Dinge – sie leiteten die Anbetung und brachten Opfer dar. **Aber weißt du was? Das letzte Sündopfer wurde vor zweitausend Jahren von Jesus dargebracht. Der Hebräerbrief sagt, dass dieses Opfer ein einmaliges Opfer für alle Sünden war und ewig gültig ist. Die Sünden deines ganzen Lebens wurden mit diesem einen Opfer ausgelöscht.** Was also bleibt den Priestern noch zu tun? Nur die Leitung der Anbetung. In 1. Petrus 2,9 heißt es: *»Ihr aber seid ein auserwähltes Geschlecht, ein königliches Priestertum, ein heiliges Volk, ein Volk des Eigentums, damit ihr die Herrlichkeiten dessen verkündet, der euch aus der Finsternis berufen hat zu seinem wunderbaren Licht.«*

Er hat alle in seinem Volk zu Priestern gemacht. Du bist ein Priester des Königs. Jesus hat dich zum Priester ernannt. Rate mal, was das bedeutet? Du hast ein Recht auf das Brot! Du bist ein Sohn, eine Tochter! Und du bist ein Priester! Iss! Er will, dass du isst und satt wirst, dass du isst und alles hast, was du brauchst.

Diese ganze Diskussion, die Jesus mit den Pharisäern führte, drehte sich im Grunde um den Sabbat. Beim Sabbat geht es nicht darum, dass wir Gesetze einhalten. **Bei der Sabbatruhe geht es darum, dass Gott dir in Jesus alles zur Verfügung stellt, was du brauchst – anschaulich dargestellt durch David, der in Zeiten der Not zu Jesus lief und gesättigt wurde. Das bedeutet Sabbatruhe.** Gott will, dass du ein Leben in der Sabbatruhe führst. Gott hat die Menschen dazu bestimmt, in seine Sabbatruhe einzugehen. Am sechsten Tag, dem letzten Tag der Schöpfung, als alles andere vorbereitet und fertiggestellt war, schuf Gott die Menschheit, Mann und Frau. Er schuf sie am Ende des sechsten Tages. Und Adam und Eva gingen direkt in die von Gott für sie bestimmte Sabbatruhe ein, in der für alles gesorgt war. Paulus sagt im Hebräerbrief, dass diese Sabbatruhe jedem Gläubigen offensteht, dass sie aber nicht jeder Gläubige versteht oder daran teilhaben will.

Was taten die Jünger? Sie empfingen die Sabbatruhe. Sie gingen durch die Weizenfelder, pflückten die Ähren voller Weizenkörner, rieben die Spreu des alten Bundes ab und aßen Jesus. Jesus ist der Herr des Sabbats. Und der Herr des Sabbats sagt heute zu dir: »Du hast ein Recht auf das Brot. Du bist ein Priester meines Reiches der königlichen Priesterschaft. Iss! Iss dich satt! Denn es ist das, was ich dir erkauft habe.« Glaubst du es?

Kapitel 20

MATTHÄUS 16 UND JONA

Da kamen die Pharisäer und Sadduzäer zu Jesus, um ihn zu versuchen. Sie forderten von ihm, ihnen ein Zeichen vom Himmel zu zeigen. Er antwortete ihnen: Wenn es Abend wird, sagt ihr: Es kommt schönes Wetter; denn der Himmel ist feuerrot. Und am Morgen sagt ihr: Heute kommt schlechtes Wetter, denn der Himmel ist feuerrot und trübt sich ein. Das Aussehen des Himmels wisst ihr zu beurteilen, die Zeichen der Zeit aber könnt ihr nicht beurteilen. Diese böse und treulose Generation fordert ein Zeichen, aber es wird ihr kein anderes gegeben werden als das Zeichen des Jona. Und er ließ sie stehen und ging weg. — Matthäus 16,1–4 EÜ

Die Pharisäer und Sadduzäer kamen zu Jesus, um ihn »zu versuchen«. Sieh dir Vers 1 noch einmal an: »*Da kamen die Pharisäer und Sadduzäer zu Jesus, um ihn zu versuchen. Sie forderten von ihm, ihnen ein Zeichen vom Himmel zu zeigen.*« Sie bitten um ein Zeichen! Das Frustrierende daran ist, dass man nur ein Kapitel zurückgehen muss, um so erstaunliche Zeichen wie das für die kanaanäische Frau vollbrachte Wunder zu sehen, deren Tochter von Besessenheit geheilt wurde. Und in Matthäus 15,30–31 lesen wir: »*Und es kamen große Volksmengen zu ihm, die hatten Lahme, Blinde, Stumme, Krüppel und viele andere bei sich. Und sie legten sie zu Jesu Füßen, und er heilte sie, sodass sich die Menge verwunderte, als sie sah, dass Stumme redeten, Krüppel gesund wurden, Lahme gingen und Blinde sehend wurden; und sie priesen den Gott Israels.«* So viel zum Thema Zeichen!

Jesus liebte die Menschen in der Menge. Er forderte sie nicht auf, sich zusammenzureißen. Er sagte ihnen nicht, sie sollten ihr Leben vor Gott in Ordnung bringen, und *dann* würde Gott sie heilen. Er heilte sie einfach. Und was war das Ergebnis? Sie gaben Gott die Ehre! So läuft das bei Jesus. Er segnet sie zuerst und erobert ihr Herz. Und sie denken dadurch anders über Gott und glauben an ihn. So sagt der Apostel Paulus in Römer 2,4, dass »die Güte Gottes zur Umkehr leitet«. Wir verprügeln keine Menschen in der Hoffnung, sie so dazu zu bringen, gut über Gott zu denken. Wir segnen sie mit einer Demonstration der Kraft Gottes, denn danach muss ihnen keiner mehr sagen, dass sie Gott lieben sollen. Sie werden Gott von ganz allein lieben. Genau das passierte, als Jesus jeden heilte, der zu ihm kam. Die Menschen waren hellauf begeistert, und sie verliebten sich in Gott und beteten ihn an.

Das waren Zeichen – Zeichen der Liebe Gottes, Zeichen der Identität Jesu und Zeichen dafür, wie die Dinge im neuen Bund funktionieren. Und dann, um die Sache rund zu machen, speiste Jesus auf wundersame Weise jeden Anwesenden in der Menge. Er machte zwölftausend Menschen mit nur sieben Broten und drei Fischen satt. Stell dir das mal vor! Du bist geheilt, dein Körper ist wieder fit und du darfst Jesus zuhören, wie er über eine neue Art der Beziehung lehrt, die Gott zu den Menschen haben will, und darüber, dass Gott nicht böse auf sie ist, sondern sie liebt und sie segnet.

Und dann essen du und deine ganze Familie Fischsandwiches, bis ihr pappsatt seid – Wundernahrung, die euch einfach so serviert wird. Da würde man doch nicht gehen wollen, dafür ist das Ganze viel zu gut! In Vers 39 steht, dass Jesus die Menge sogar weggeschickt hat. Er musste ihnen sagen, dass sie nach Hause gehen sollen, denn sie wären sonst einfach weiter dageblieben. Dir wäre es genauso gegangen. Was für großartige Zeichen. Was für eine gewaltige Demonstration der Liebe und Macht. Liebe und Mitgefühl und Macht.

Und gleich im nächsten Vers, dem ersten Vers des nächsten Kapitels, kommen die Pharisäer und Sadduzäer zu ihm und sagen: »He, gib uns ein Zeichen, dass du der bist, der du zu sein behauptest.« Wie bitte? Also hier stimmt doch was nicht. Es geschieht direkt vor ihren Augen, aber sie sehen es nicht. Es ist so sonnenklar wie der Tag, sagt Jesus, und trotzdem verstehen sie es nicht. Jesus sagt ihnen genau, wo das Problem liegt. Vers 4: *»Diese böse und treulose Generation fordert ein Zeichen, aber es wird ihr kein anderes gegeben werden als das Zeichen des Jona.«* Ich habe Predigten gehört, in denen an dieser Stelle die Frage gestellt wurde, wie Jesus wohl die Menschen unserer Zeit nennen würde, wenn er schon die Generation seiner Tage als »böse und treulos« bezeichnete? Diese Predigten waren Warnungen vor dem drohenden Untergang und dem Gericht, weil unsere Generation doch so böse und treulos sei.

Zuerst einmal liebte Jesus die Menschen seiner Generation. Das Wort, das er hier benutzte, ist *genea*; im Griechischen bedeutet es »Volksgruppe«. Es geht nicht um eine bestimmte Zeitspanne wie etwa die vierzig oder fünfzig Jahre, an die wir denken, wenn von Menschengenerationen die Rede ist. Nein, bei diesem Wort geht es um eine Volksgruppe. So wie Jesus beispielsweise sagte: »Diese Generation wird nicht vergehen, bis all diese Dinge erfüllt sind.« Er meinte damit nicht die Leute, die in dieser Epoche lebten, als er das sagte; **er meinte vielmehr, dass die Juden als Volksgruppe nicht vergehen würden, bevor das Ende kommt. Mit anderen Worten, die Juden werden hier sein, wenn Jesus zurückkommt.**

Jesus sagte also nicht, dass seine Generation (die Zeit, in der er lebte) böse und treulos sei. Er sagte, dass es zu allen Zeiten und an allen Orten das böse und treulose Volk sei, das ein Zeichen vom

Himmel verlange. Und Jesus sagte das zu den Pharisäern. Denk mal darüber nach: Die Pharisäer waren die *am wenigsten* bösen und treulosen Menschen, denen man zu Jesu Zeiten begegnen konnte. Sie waren als die Frömmigkeit in Person geachtet. Und sie täuschten ihre Frömmigkeit nicht einfach nur vor. Sie waren nicht etwa verheiratet und gingen heimlich zu Prostituierten, was ehebrecherisch oder eben treulos gewesen wäre, um bei dem von Jesus verwendeten Wort zu bleiben. Nein! Für sie war das genauso undenkbar wie für dich. Das waren rechtschaffene Menschen. Jesus sprach zu ihnen als Prophet. Er wollte sie dazu bringen, zu ihren Wurzeln zurückzukehren, weil er sie liebte und es keinen anderen Weg gab, ihnen die Augen zu öffnen.

Als Gott das Volk Israel als treuloses Volk bezeichnete, meinte er damit nicht, dass sie alle Ehebruch begingen; es bedeutete, dass sie *ihm* nicht treu waren. Sie hatten ihre erste Liebe verlassen. Das ist überall in der Bibel zu lesen. In 2. Mose 34,15: »*Dass du nicht etwa einen Bund schließt mit den Einwohnern des Landes, und sie, wenn sie ihren Göttern nachhuren und ihren Göttern opfern, dich einladen und du dann von ihrem Opfer isst.*« Oder in 3. Mose 17,7: »*Und sie sollen von nun an ihre Opfer nicht mehr den Dämonen opfern, denen sie nachhuren …*« Und auch in Richter 2,17: »*Aber auch ihren Richtern gehorchten sie nicht, sondern sie hurten mit anderen Göttern und beteten sie an …*« Das geht so durch sämtliche Bücher des Gesetzes und der Propheten hindurch.

Ich garantiere dir, dass die Pharisäer genau wussten, wovon Jesus sprach. Er hat sie nicht wegen geheimer sexueller Sünden verurteilt. **Er sagte zu ihnen: »Ihr seid nicht in Jahwe-Gott verliebt, in den Gott, der da ist und der sich gerade offenbart.** Und kein Zeichen, dass ich tun könnte, wird gut genug oder groß genug oder mächtig oder überzeugend genug sein, denn eure Herzen werden es euch nicht erlauben, die Wahrheit zu erkennen. Ihr seid ein böses und treuloses Volk, weil ihr den Gott, der da ist, nicht sehen könnt, auch wenn er direkt vor euch steht. Ein böses und treuloses Volk will immer ein Zeichen.«

Inwiefern sind sie treulos? Die einzige Art, wie die Pharisäer sich Gott näherten, war durch Werke. Werke, Werke und nochmals Werke, um für ihn annehmbar zu werden, und dann wieder Werke, Werke und nochmals Werke, um für ihn annehmbar zu bleiben. Ihr gesamter Fokus lag auf ihren Werken und darauf, wie gut sie alles machten, und nicht auf Gott. Sie selbst standen im Mittelpunkt. Ihre ganze Aufmerksamkeit galt der Erfüllung von Gottes Gesetz. Und ihr Gott war nicht der Gott, den Jesus zu offenbaren versuchte, nämlich den Gott der Liebe und des Segens, der sein Reich den Sündern zugänglich macht. Ihr Gott war das Gesetz und die Einhaltung des Gesetzes, und *das* nahm den ganzen Horizont ihres Denkens ein. Doch so ist Gott nicht. Sie waren treulos in ihrer Beziehung zu Gott. Und wenn das Gesetz dein Gott ist, wenn du dich Gott zu nähern versuchst, indem du ständig hart daran arbeitest, ihm zu gefallen, wird es nie reichen. Du wirst nie gut genug sein.

Auch mir ging es so in meinem Leben. Ich hatte das Gefühl, nie gut genug für Gott zu sein. Noch vor sechs Jahren habe ich so hart ich nur konnte dafür geschuftet, Gott zu gefallen – vermutlich mehr als die meisten. Weißt du, wohin mich das geführt hat? Weißt du, wie ich mich fühlte nach all der Plackerei? Ich fühlte mich *sündhaft* und schlecht. **Wenn du deine Beziehung zu Gott auf das Gesetz Gottes gründest, begehst du damit Ehebruch, denn deine Augen sind ständig auf dich selbst gerichtet, und das Endergebnis ist jedes Mal, jedes einzelne Mal, dass du deine eigene Schlechtigkeit empfindest.** Du wirst von Gottes Gesetz verurteilt und für schuldig befunden.

Siehst du, wie Treulosigkeit gegenüber Gott und Schlechtigkeit immer miteinander einhergehen? Lass es mich so ausdrücken:

Wenn du dich vor Gott jemals sündhaft und schlecht fühlst, dann deshalb, weil du Ehebruch begehst. Du bist nicht in den Gott verliebt, der er ist. Du bist vielleicht in sein Gesetz verliebt oder in deine Bemühungen, sein Gesetz zu halten. Vielleicht bist du in deine Religion verliebt, aber ganz sicher bist du nicht in den Gott verliebt, der sich in Jesus vollkommen offenbart hat. **Das ist Ehebruch und wird dich scheitern lassen. Du wirst nie gut genug sein. Und du wirst nie zu einem Zustand des Friedens mit Gott finden. Du wirst immer nach einem Zeichen von ihm suchen.**

Ein böses und treuloses Volk sucht nach einem Zeichen und ist doch nie überzeugt. Daraus können wir logisch folgern, dass du kein weiteres Zeichen brauchst, wenn du an den Gott glaubst, der dich bereits liebt, der sich vollständig um dein Sündenproblem gekümmert hat, der nichts als Gunst für dich hat und der dir nie Tragödien, Krankheiten, Leiden oder Armut bringt, sondern dich von diesen Dingen befreien will. Wenn du in diesem Gott ruhst, wenn du an den glaubst, der deinen Geist für immer vollkommen gemacht und dich zu einem völlig neuen Geschöpf in Christus gemacht hat, der Freude an dir hat, auch wenn du ihn enttäuschst, und niemals böse auf dich wird, wenn du, kurz gesagt, Gott so empfängst, wie er wirklich ist, brauchst du keine anderen Zeichen. Er ist dann genug. Er gibt dir zwar auf Schritt und Tritt Zeichen seiner Liebe – durch Gebetserhörungen, durch seine Versorgung, seine Gunst und anderes mehr –, aber du suchst nicht mehr gezielt danach. Du brauchst sie nicht mehr. Jesus muss sich nicht mehr beweisen.

Jesus sagt also zu den Pharisäern: »*Es wird euch kein Zeichen gegeben werden außer dem Zeichen des Propheten Jona.*« Ich habe die Geschichte von Jona schon in vielen Predigten gehört. Du weißt doch, wer Jona ist, oder? Zumindest aus den *VeggieTales*-Kinderfilmen wirst du ihn kennen, falls du die schon mal gesehen hast. Darin wird Jona von diesem Spargel-Typen dargestellt und Larry, die Gurke, ist einer der Piraten, »die nur auf der faulen Haut liegen«.

Jedenfalls war in diesen Predigten über Jona immer dies die wichtigste Lektion: »Du kannst nicht vor Gott davonlaufen.« Wenn du Gottes Stimme nicht gehorchst, glaube ja nicht, dass du vor ihm davonlaufen kannst, denn er wird dich verfolgen und aufspüren und sein Zorn und seine Vergeltung werden dich einholen. Und wenn es so weit ist und du dann um Vergebung bettelst und dein böses Handeln einsiehst, kann Gott dir eine zweite Chance geben. Aber trotzdem wirst du noch eine Weile nach Walkotze riechen!

Ist damit nun das Zeichen von Jona gemeint? Jesus verweist die Pharisäer auf diese Geschichte. Er will ihnen damit helfen. Sie verschmähen alle Zeichen, die er ihnen gegeben hat; sie können diese Zeichen nicht empfangen. Also weist er sie auf den Propheten Jona hin. Und die Botschaft, die hier in Jona liegt, lautet nicht: »Tut Buße, oder der Zorn Gottes wird euch treffen.« Genauso wenig ist sie: »Jona war drei Tage lang im Bauch des Fisches und Jesus wird drei Tage lang im Grab sein, also achtet gut darauf, wenn ihr das seht, denn das wird euer Zeichen sein.« Nein, das ist es nicht, was Jesus hier sagt.

Jona selbst ist das Zeichen, das sie brauchen. Jona ist das Zeichen, das ihre Augen öffnen kann. **Tatsächlich meinte Jesus das hier: Die Pharisäer sind Jona. Jona ist ein Bild für die Pharisäer.** Das Buch Jona beginnt damit, dass Jona, der Prophet, ein direktes Wort von Gott erhält, wie in Jona 1,1–3 zu lesen ist: *»Und das Wort des HERRN erging an Jona, den Sohn Amittais, folgendermaßen: ›Mache dich auf, geh nach Ninive, in die große Stadt, und verkündige gegen sie; denn ihre Bosheit ist vor mein Angesicht heraufgekommen!‹ Da machte sich Jona auf, um von dem Angesicht des HERRN weg nach Tarsis zu fliehen; und er ging nach Japho hinab und fand dort ein Schiff, das nach Tarsis fuhr. Da bezahlte er sein Fahrgeld* *und stieg ein, um mit ihnen nach Tarsis zu fahren, weg von dem Angesicht des HERRN.«*

Das Wort des Herrn wird zu Jona gesprochen – direkt vom Herrn ausgehend. Er hört es deutlich. Und er hasst es. Warum hasst er es? In Kapitel 4, Vers 1 und 2 (ELB) sagt er es ganz deutlich. Das ist der ganze Sinn dieses prophetischen Buches und die Lektion, die daraus zu ziehen ist. Später predigt Jona doch noch den Niniviten und Gott vergibt ihnen und segnet sie. Und dann kommt der Punkt, um den es in dieser Geschichte geht: »*Und es missfiel Jona sehr, und er wurde zornig. Und er betete zum HERRN und sagte: ›Ach, HERR! War das nicht meine Rede, als ich noch in meinem Land war? Deshalb floh ich schnell nach Tarsis! Denn ich wusste, dass du ein gnädiger und barmherziger Gott bist, langsam zum Zorn und groß an Güte, und einer, der sich das Unheil gereuen lässt.‹«*

Das Wort »Güte« ist im Hebräischen das Wort *chäsäd. Chäsäd* ist ein wundervolles Wort. Nur damit du dich nicht allein auf meine Aussage verlassen musst: Norman Snail, ein Hebräisch-Experte, schreibt über das Wort *chäsäd*, dass Bibelwissenschaftler sich oft darüber beschwerten, dass das Wort חֶסֶד im hebräischen Text schwer in andere Sprachen zu übersetzen sei, weil es keine wirklich präzise Entsprechung gebe. Übersetzungen versuchen in der Regel, es mit Wörtern wie »Güte«, »Barmherzigkeit«, »unerschütterliche Liebe« und manchmal »Treue« zu umschreiben, aber die volle Bedeutung des Wortes kann nicht ohne zusätzliche Erklärung vermittelt werden. Die dem hebräischen *chäsäd* am nächsten kommende neutestamentliche Entsprechung ist »Gnade«. Gnade!! Gottes unverdiente, nicht selbst erworbene Gunst auf dir.

Was sollte auf das Wort des Herrn, das er Jona zu predigen befahl, folgen? Gnade! Und jetzt pass gut auf. Das Wort des Herrn wurde Jona offenbart. **Jona hasste das Wort des Herrn. Warum? Weil es bedeutete, dass Sünder, heidnische Menschen, Gottes**

überfließende Gnade und überfließende Gunst und überfließenden Segen und überfließende Vergebung empfangen würden. Überfluss bedeutet, dass du sehr viel mehr erhältst, als du brauchst.

Betrachten wir das jetzt mal im Zusammenhang mit den Pharisäern. Ihnen wurde das Wort des Herrn, Jesus Christus, gegeben. Das Wort Gottes war Fleisch geworden. Das Wort des Herrn, das voller Gnade und Wahrheit ist, lebte leibhaftig unter ihnen, aber sie hassten es. Warum? Weil es bedeutete, dass sündige Menschen, heidnische Menschen, gewöhnliche Menschen Gnade empfangen würden; die unverdiente, nicht selbst erworbene Gunst Gottes. Seine Liebe würde sich unwürdigen Menschen offenbaren. Seine Vergebung würde sich verkorksten, armseligen Leuten zeigen. Bist du unwürdig? Gott sieht dich mit Gnade an. Hast du Mist gebaut? Seine Gnade ist da und genau richtig für Menschen, die alles verbockt haben. Dir gilt sie auch. Gnade! Liebevolle Freundlichkeit. Vergebung. Sie hassten diese Botschaft. Warum? Weil es bedeutete, dass all ihre Bemühungen vergeblich waren; dass ihre Anstrengungen, sich für Gott durch Werke, Werke und nochmals Werke annehmbar zu machen und dann durch noch mehr Werke annehmbar zu bleiben, falsch war.

Deshalb fällt es religiösen Menschen so schwer, die reine Gnadenbotschaft des neuen Bundes Jesu zu empfangen. Sie haben ihr ganzes Leben lang in ihrer Beziehung zu Gott hart gearbeitet. Gnade anzunehmen bedeutet für sie, dass sie sich in ihrem Ansatz geirrt haben und dass alles, womit sie Gott dazu bringen wollten, sie zu mögen, völlig umsonst war. Und da ist noch etwas: Wenn du keine Gnade empfangen hast, kannst du auch nicht gnädig sein. Genau das war das Problem der Pharisäer. Mit diesem Problem musste sich auch der Vater in der Geschichte über den verlorenen Sohn auseinandersetzen. Denn dort geht es nicht nur um die Gnade, die der sündige Sohn erhält, sondern auch um die Unfähigkeit des älteren Bruders, sich über die Gnade, die der Vater dem jüngeren Sohn erweist, zu freuen.

In dieser Geschichte sehen die Pharisäer, wie die Gnade Gottes auf ihre sündigen Nachbarn ausgegossen wird. Diese werden geheilt, bewirtet und einfach geliebt, und das hassen sie. Sie wollen wissen, in wessen Vollmacht Jesus diese Dinge tut. Sie wollen ein Zeichen als Beweis, dass er von Gott die Vollmacht hat, seine *chäsäd* auf sündige Menschen auszuweiten. *»Zeig uns ein Zeichen.«* »Tja, Leute, ein treuloses und böses Volk sucht nach einem Zeichen. Aber ihr bekommt kein anderes Zeichen als das Zeichen des Propheten Jona.«

Ich zeige dir noch etwas anderes über Jona. Jona war im Bauch des Fisches gefangen und tauchte mit ihm zusammen ab. Weißt du, was ihn gerettet hat? Nicht Buße. Jona bereute seine Sünde nicht. Ich weiß, dass Jona in dem erwähnten *VeggieTales*-Film seine Sünde bereut und Gott ihm daraufhin vergibt. Aber so ist es nicht passiert. **Er bat nur darum, befreit zu werden, und Gottes Gnade befreite ihn.**

Jona ist ein sehr kurzes Buch. Es gibt nicht viel zu lesen, nur vier kurze Kapitel. Aber einer der mächtigsten Sätze im Buch stammt aus Jonas Gebet im Fischbauch. Es steht in Kapitel 2, Vers 9: *»Die Verehrer nichtiger Götzen* [man könnte sagen, diejenigen, die dem Herrn gegenüber treulos sind, die Gott nicht als den empfangen, der er ist] *verlassen ihre Gnade.«* Das Wort für »Gnade« an dieser Stelle ist *chäsäd*. Diejenigen, die mit dem Gesetz als ihrem Gott leben wollen, verlassen ihre Gnade.

Bei Gott kannst du nichts weiter tun, als von ihm zu empfangen. Wenn du Jesus empfängst, dann empfängst du mit ihm Gottes Gnade, seine Segnungen und seine Liebe. Es wird nie wieder etwas geben, was dir vergeben werden muss, denn alle Sünde ist bereits vergeben. Es wird nie wieder einen Moment geben, in dem er nicht mit dir zufrieden ist und dich nicht liebt. Und wenn du das verstehst, wirst du nie wieder nach einem anderen Zeichen suchen, denn Jesus ist das ultimative Zeichen. Du hast alles, und das weißt du dann auch.

Ich bitte Gott nicht mehr, mich zu lieben. Ich bitte Gott nicht mehr, mir zu vergeben. Ich bitte ihn nicht, mir ein Zeichen zu geben, dass ich für ihn irgendwie annehmbar bin. Ich mühe mich nicht ab, damit Gott mich mag. Ich habe Jesus in mir. Er mag mich bereits. Du könntest heute später am Tag noch eine Sünde begehen und trotzdem gäbe es nichts, was dir vergeben werden müsste. Er ist völlig im Frieden mit dir. Ich habe diese Botschaft früher gehasst. Ich dachte, sie würde das Wort Gottes verfälschen. Es stellte sich heraus, dass ich zu der Gruppe der treulosen, bösen Menschen gehörte. Heute nehme ich seine *chäsäd* einfach an und habe meinen Jesus noch nie mehr geliebt. Ist das auch deine Geschichte?

Kapitel 21

DAS GLEICHNIS VON DEN ZEHN JUNGFRAUEN

Dann wird das Reich der Himmel zehn Jungfrauen gleichen, die ihre Lampen nahmen und dem Bräutigam entgegengingen. Fünf von ihnen aber waren klug und fünf töricht. Die törichten nahmen zwar ihre Lampen, aber sie nahmen kein Öl mit sich. Die klugen aber nahmen Öl in ihren Gefäßen mitsamt ihren Lampen. Als nun der Bräutigam auf sich warten ließ, wurden sie alle schläfrig und schliefen ein.

Um Mitternacht aber entstand ein Geschrei: Siehe, der Bräutigam kommt! Geht aus, ihm entgegen! Da erwachten alle jene Jungfrauen und machten ihre Lampen bereit. Die törichten aber sprachen zu den klugen: Gebt uns von eurem Öl, denn unsere Lampen erlöschen! Aber die klugen antworteten und sprachen: Nein, es würde nicht reichen für uns und für euch. Geht doch vielmehr hin zu den Händlern und kauft für euch selbst! Während sie aber hingingen, um zu kaufen, kam der Bräutigam; und die bereit waren, gingen mit ihm hinein zur Hochzeit; und die Tür wurde verschlossen.

Danach kommen auch die übrigen Jungfrauen und sagen: Herr, Herr, tue uns auf! Er aber antwortete und sprach: Wahrlich, ich sage euch: Ich kenne euch nicht! Darum wacht! Denn ihr wisst weder den Tag noch die Stunde, in welcher der Sohn des Menschen kommen wird. — Matthäus 25,1–13

Also dann – stell auf jeden Fall sicher, dass du Öl in deiner Lampe hast. Denn wenn es dir ausgeht, steckst du in Schwierigkeiten.« So wurde mir dieses Gleichnis beigebracht. »Achte darauf, dass du ausreichend Reserveöl dabei hast. Sorge dafür, dass du den ganzen Weg mit Gott gehen kannst, bis Jesus tatsächlich zurückkommt.« Wer hierüber predigt, kann als Prediger eine Menge Warnungen in das Gleichnis mit einfließen lassen, um die Leute so richtig auf Trab zu halten. »Bleib wachsam! Nicht einschlafen! Überprüfe deinen Ölstand. Hab immer Öl in deiner Lampe. Bring deinen Glauben auf eine ganz neue Stufe. Komm in die Gemeinde, um deinen Ölstand auf voll zu halten.« So habe ich es früher auch gepredigt. Bei Gemeindefreizeiten sangen wir: »Gib mir Öl für meine Lampe, lass mich brennen, brennen, brennen.« Hast du auch schon so gesungen? »Flehe Gott an, dir genügend Öl zu geben. Denn wenn dir das Öl ausgeht, hat das schwerwiegende Folgen.« Ich will die Folgen wirklich nicht verharmlosen. Jesus könnte sie nicht deutlicher machen. Du bist in dem Fall vom Hochzeitsmahl ausgeschlossen, dir ist der Himmel verwehrt. Das ist eine ernstzunehmende Sache. – Dieses Gleichnis wird überwiegend als Warnung an die Gemeinde Christi gepredigt, wachsam zu bleiben.

Die Auslegung, die ich dir gerade präsentiert habe, stützt sich auf bestimmte Annahmen. Wenn du mir gefolgt bist, konntest du nachvollziehen, wovon ich rede, denn diese Annahmen sind das, worauf sich alles gründet, was wir über dieses Gleichnis irgendwann einmal gelernt haben.

Annahme Nummer eins, nur als Beispiel: Du und ich, als Gläubige, sind die zehn Jungfrauen. Du wirst entweder als kluge oder als törichte Jungfrau dargestellt. Was für eine bist du?

Diese Annahme ist schon mal falsch. Die Jungfrauen stellen nicht dich und mich dar, sondern sie stehen für Israel. Wie viele gibt es? Es gibt zehn Jungfrauen. Was bedeutet die Zehn in der Bibel? Warum sollte Jesus die Zahl Zehn verwenden? Das hat seinen Grund. Denn als Zahl steht die Zehn für die Gebote. Die Jungfrauen sind diejenigen, deren Identität sich auf die Zahl Zehn gründete. Zehn Gebote. Zehn Jungfrauen. Mehr dazu gleich.

Annahme Nummer zwei: Die Lampe. Deine Vorstellung von der Lampe ist völlig falsch. Lass mich dir eine Frage stellen: Wie sieht die Lampe in diesem Gleichnis aus? Du hast wahrscheinlich das Bild einer Lampe im Kopf, die so ähnlich aussieht wie diese Keramikschalen, in die durch die Tülle ein Docht in das Öl eingeführt wird. Dann zündest du den Docht an und voilà – schon hast du eine funktionierende Lampe.

Wir alle haben schon Keramikleuchten gesehen, wie sie in biblischen Zeiten gebräuchlich waren. Im Griechischen hießen sie *lychnos*. Jesus verwendete diesen Begriff, als er von der Frau erzählte, die eine Münze verloren hatte. In der Bibel steht, dass sie einen *lychnos* angezündet hat. Sie zündete eine kleine Lampe wie die an, die ich soeben beschrieben habe. Dann durchsuchte sie ihr Haus nach der Münze. Das passt zusammen, weil es sich um eine Innenraumleuchte handelte. Aber man kann sich vorstellen, was passieren würde, wenn man mit dieser Art von Lampe nach draußen ginge. Sobald auch nur ein etwas stärkerer Wind aufkäme, würde sie erlöschen. Eben weil es ein *lychnos* ist.

Das ist aber *nicht* das Wort für die Lampen, die die zehn Jungfrauen bei sich tragen. Lösch das Bild einer *lychnos* aus deinem Kopf. Das tatsächlich verwendete Wort lautet *lampas* und kommt nur wenige Male in der Bibel vor. Zum einen hier und dann erst wieder bei der Gefangennahme Jesu im Garten von Gethsemane. Schau dir Johannes 18,3 (EÜ) an: »*Judas holte die Soldaten und die Gerichtsdiener der Hohepriester und der Pharisäer und kam dorthin mit Fackeln, Laternen und Waffen.*« Das Wort für Fackeln ist *lam-*

padas. Das ist es, was die zehn Jungfrauen laut Jesus tragen. Keine kleinen, leicht zu löschenden Öllampen, sondern Fackeln.

Das eine Ende der Fackel ist mit Stoff umwickelt. Und das Ganze funktioniert dann so, dass man das stoffumwickelte Ende in einen Behälter mit Öl taucht und die durchtränkte Fackel anzündet. Das war es, was die Jungfrauen benutzten. Die im Gleichnis beschriebenen Jungfrauen sind die Prozessionsjungfrauen für das Hochzeitsfest. Sie tragen keine winzig kleinen Öllampen und hoffen einfach, dass diese Lampen nicht ausgeblasen werden. Sie tragen Prozessionsfackeln, die im Freien benutzt werden.

Die klugen Jungfrauen haben neben ihrer Fackel auch einen Behälter mit Öl mitgebracht. Die törichten Jungfrauen haben kein Öl dabei, zünden ihre Fackeln aber trotzdem an. Ohne Öl brennen die Fackeln jedoch schnell herunter. Sie sagen: »*Gebt uns von eurem Öl, denn unsere Lampen erlöschen*!« Und die klugen Jungfrauen antworten ihnen: »*Nein, es würde nicht reichen für uns und für euch. Geht doch vielmehr hin zu den Händlern und kauft für euch selbst!*« (Mt 25,8–9).

Das Öl ist in Wirklichkeit der Heilige Geist, den Menschen des Glaubens besitzen. Wenn du glaubst, dann hast du genügend Öl. Wenn du nicht glaubst, hast du kein Öl. Entweder du *hast* Öl oder du *hast kein* Öl. Was in diesem Gleichnis aber *nicht* vorkommt, ist Öl, das ausgeht. Lies noch einmal die Verse 2–4: »*Fünf von ihnen aber waren klug und fünf töricht. Die törichten nahmen zwar ihre Lampen* [Fackeln], *aber sie nahmen <u>kein</u> Öl mit sich. Die klugen aber <u>nahmen Öl in ihren Gefäßen mitsamt ihren Lampen</u>* <u>[Fackeln]</u>.« Wie du siehst, lautet die Frage nicht: »Werde ich genug Öl haben? Werde ich genügend Glauben haben, um durchzuhalten, bis Jesus zurückkommt?«

Nein, entweder hast du Öl, während du auf Jesus wartest (durch den Glauben hast du den Heiligen Geist), oder du hast kein Öl. Von ausgehendem Öl ist nirgendwo die Rede. Und das, was in Vers 7 in einigen Übersetzungen als »Schmücken der Lampen« beschrieben wird, bedeutet nichts anderes als das Anzünden der Fackeln. Damit soll nur erklärt werden, dass sie ihre Fackeln vorbereiteten, um sie dann in Brand zu setzen. Wenn du also heute über dieses Gleichnis nachdenkst, brauchst du dich nicht zu fragen, ob du genügend Glauben hast, um bis zur Rückkehr Jesu durchzuhalten. Wenn du ein Kind Gottes bist und an Jesus glaubst, hast du alles, was du brauchst, um das Kommen Jesu mit Freude zu erwarten.

Aber lass mich diese ganze Sache für dich in den richtigen Zusammenhang bringen, denn das wird mit deiner falschen Vorstellung aufräumen. Das Gleichnis von den Jungfrauen steht gleich am Anfang von Kapitel 25, und es beginnt mit dem Wort »dann«. Sieh dir Vers 1 an: *»Dann wird das Reich der Himmel zehn Jungfrauen gleichen …«* Dann wird das Reich. DANN.

Dieses Wort ist ein Temporaladverb, was hier bedeutet, dass dieses »dann« zeitlich auf etwas anderes folgt. Etwas Bestimmtes wird geschehen und DANN kann das Reich der Himmel mit dem verglichen werden, was in diesem Gleichnis beschrieben wird. Es heißt nicht: »Jetzt gleicht das Reich der Himmel …«, sondern es heißt: »Dann …«.

Worauf bezieht sich dieses »dann«? Was muss passieren, bevor wir zu diesem Gleichnis kommen? Nun, das ist alles im Kapitel direkt davor zu lesen. In Matthäus Kapitel 24, das alle wohlbekannten Verse über die Endzeit und die Entrückung enthält, sagt Jesus in den Versen 40–41: *»Dann werden zwei auf dem Feld sein; der eine wird genommen, und der andere wird zurückgelassen. Zwei werden auf der Mühle mahlen; die eine wird genommen, und die andere wird zurückgelassen.«*

Davor erklärt Jesus ihnen: *»Wie es aber in den Tagen Noahs war, so wird es auch bei der Wiederkunft des Menschensohnes sein.«* Er sagt, dass es eine Zeit am Ende der Menschheitsgeschichte geben wird, in der die Dinge erschüttert werden. Gottes Volk wird von der Erde genommen werden. Und danach wird es eine Zeit großer Drangsal geben. Jesus sagt in Matthäus 24,21: »*Denn dann wird eine große Drangsal sein, wie von Anfang der Welt an bis jetzt keine gewesen ist und auch keine mehr kommen wird.*«

Aber die Gemeinde, die Braut Christi (das bist du!), wird entrückt (aufgehoben) werden, wie Paulus sagt. Wir werden Jesus in der Luft begegnen und dann beim Herrn im Himmel sein. **Während also die Erde in dieser Zeit der großen Drangsal sich selbst zu zerlegen beginnt, gehst du, gehen wir, als Braut Christi unserem Bräutigam Jesus entgegen. Und das, kann ich nur allen Freunden sagen, wird unser Hochzeitstag sein.**

Die Bibel sagt, dass du, wie alle anderen, die zu ihm gehören, seine Braut bist. Er kommt wegen seiner Braut zurück. Stell dir vor, du wärst verlobt und wolltest bald heiraten. Aber dein Bräutigam müsste zuvor auf eine sehr lange Reise gehen. Wenn du erfahren würdest, dass er bald zurückkommt, o wie sehr würdest du dich freuen! Sein Kommen wäre eine tolle Nachricht! Genau das sollten du und ich, als Braut Christi, jetzt empfinden! **Er kommt zu seiner Braut, die er liebt. Wenn dir das keine Freude bereitet, hast du von der Wiederkunft Jesu falsche Vorstellungen.** Du denkst wahrscheinlich das Falsche darüber, wie Jesus dich sieht.

Ich kann dir gar nicht sagen, wie viele grauenhafte Predigten ich darüber gehört habe, wie hässlich die Braut Christi, wie abstoßend seine Gemeinde doch sei. Und dass wir uns aufhübschen müssen, indem wir die Sünde loswerden und unsere Leben heilig machen. »Werdet die Flecken auf euren Kleidern los! Bekennt eure Sünden. Reinigt euch, räumt auf! Tut ein paar gute Taten, damit ihr bereit seid! Wir wollen, dass Jesus eine schöne Braut sieht, keine hässliche.« Nein. Das ist total falsch. Jesus kommt nicht zu irgendeiner hässlichen Braut. Jesus sieht dich so, wie du in deinem Geist bist. Das ist es, was wir wirklich sind: *»für immer vollendet«* (Hebr 10,14)!

Wir müssen das endlich richtig verstehen. Die Bibel ist ein Liebesbrief von unserem Bräutigam Jesus an uns als seine Braut. Das großartigste Liebeslied aller Zeiten handelt von dir und Jesus. Es heißt das »Hohelied«. Gott nennt es das Lied, das großartiger ist als jedes andere Lied, das je geschrieben wurde. Und dieses Hohelied ist ein Lied der Liebe zwischen dir und Jesus. Darin schaut Jesus dich an, seine Braut, und sagt: »Ich sehe keinen Makel an dir.« Und die Gemeinde blickt Jesus an und sagt: »Du bist so ganz und gar schön.« Das ist Intimität, dafür wurdest du geschaffen. **In diesem Moment schaut Jesus auf jeden Menschen (er schaut auf dich!), und er sagt: »Ich sehe keinen Makel an dir.«** Das ist der Ausgangspunkt für jeden einzelnen Menschen. Das ist dein Ausgangspunkt in deiner Beziehung zu Jesus. »Ich sehe keinen Makel an dir.« Und Jesus, dein Liebster, will, dass alle Menschen seinen Blick erwidern, dass sie ihn, ihren Erlöser, betrachten und seine Liebe wahrnehmen, dass sie sein Herz, das voller Gnade ist, erkennen und zu ihm zurückkehren und sagen: »Du bist so ganz und gar schön.«

Jesus schaut dich jetzt gerade an und sagt: »Ich sehe keinen Makel an dir. Du bist vollkommen.« Du bist vollkommen. Das ist die Kraft des Kreuzes! Amen? Die Kraft dessen, was Jesus getan hat, als er die Sünden der Welt wegnahm. Auf dir ist keine Spur von Sünde zurückgeblieben. Er sieht dich so, wie du in deinem Geist wirklich bist. Und er hat Folgendes erklärt: »Ich sehe keinen Makel an dir. Ich sehe dich als vollkommen. Es ist mir egal, wie andere dich sehen und was andere über dich sagen. Ich sehe dein wahres Ich! Ich sehe dich als vollkommen und ich liebe dich zutiefst.«

Freund, da ist jemand, der dich liebt. Gläubiger, du hast einen, der dich liebt. Ungläubiger, auch du hast jemanden, der dich liebt und dich unbedingt für sich gewinnen will! Dein Retter, der um dich wirbt wie ein Mann, der um die Hand seiner Liebsten anhält, fragt dich: »Willst du mich heiraten?« Wenn du »Ja« zu Jesus sagst, bist du wie eine Person, die einen Heiratsantrag angenommen hat.

Um bei dem biblischen Bild von dem, was Jesus getan hat, zu bleiben, ist jeder von uns, der jemals »Ja« zu Jesus gesagt hat, verlobt und wird heiraten. Deine Taufe ist wie dein Verlobungsring; du gehst mit der Bekanntgabe deines Heiratsversprechens an die Öffentlichkeit. Und es gibt eine tolle Nachricht, denn eines Tages, sehr bald, kommt dein Bräutigam zu dir. Jesus kommt zu seiner Braut, um sie mit zu sich zu nehmen.

Das biblische Bild dafür ist die Entrückung. Der Bräutigam kommt zu seiner Braut. Das ist der Tag, an dem du ihn heiratest. Weißt du, die Hochzeit hat noch nicht stattgefunden. **Die Hochzeit findet erst an dem Tag statt, an dem wir in den Himmel kommen und am großen Hochzeitsmahl des Lammes, der Vermählungsfeier, teilnehmen werden.** Halleluja! Jesus kommt zu uns, um uns zu holen. Das begeistert mich total. Jesus sagte, dass es geschehen wird, wenn *»DIESES Evangelium vom Reich in der ganzen Welt verkündigt werden [wird], zum Zeugnis für alle Heidenvölker, und dann wird das Ende kommen«* (Mt 24,14). Dieses Evangelium. Jesu persönliches Evangelium. Kein vermischtes Evangelium mit einem Mix aus altem und neuem Bund, sondern das reine Evangelium der Gnade. Die Welt hat darauf gewartet, dass die Kirche wieder zum ursprünglichen Evangelium zurückkehrt. **Das ursprüngliche Evangelium ist die Kundgebung, dass Jesus alle Sünden weggenommen hat, dass zwischen dir und Gott bereits Frieden herrscht und dass die gesamte Menschheit durch das mächtige Werk Jesu für unschuldig erklärt wurde.** Und die Gemeinde sagt: »Seht nur, euer Liebster, der um euch wirbt! Schaut, das ist euer zukünftiger Bräutigam!« Wir können der Welt sagen: »Er sieht keinen Makel an euch. Er ist so verliebt in euch, dass er gerade jetzt mit einem Bein auf dem Boden kniet, jedem Menschen tief in die Augen blickt und fragt: »Willst du mich heiraten? Wirst du es tun? Ich liebe dich. Ich habe dir ewige Liebe gelobt und dir meine Liebe bewiesen, indem ich dich, während du in der Abgestorbenheit deiner Sünde warst, zurückgekauft habe. Ich bin für dich gestorben!«

Was für eine aufregende Zeit, in der wir leben, denn wenn DIESES Evangelium in der ganzen Welt gepredigt wird, dann wird das Ende kommen.

Überleg mal. Wir haben die gute Nachricht zurückgewonnen. Und dieses Evangelium erreicht ausgehend von einer Vielzahl von Gemeinden und Lehrern alle Ecken der Welt. Ich glaube deshalb, dass Jesus schon sehr bald wiederkommen wird. Und wenn er es tut, wird seine Gemeinde, seine wundervolle Gemeinde, an der er keinen Makel findet und die in seinen Augen ganz und gar schön ist, gemeinsam mit hinauf genommen werden, um bei ihm zu sein. Und dann folgt die Hochzeit!

Okay, pass nun genau auf. Das war jetzt Matthäus 24. Nachdem das geschieht – nachdem du und ich mit Jesus, unserem Bräutigam, mitkommen und zu unserer Hochzeit gehen dürfen –, also nach der Entrückung: »DANN – Kapitel 25, Vers 1 – *DANN wird das Reich der Himmel zehn Jungfrauen gleichen.*« Und wer sind die Menschen, die nach der Entrückung auf der Erde übrig bleiben werden? Nur diejenigen, die sich Gott auf der Basis *ihrer Werke* zu nähern versuchen. Also alle, die nach dem Gesetz leben, anstatt ihre Beziehung zu Gott auf ihren Glauben an das vollbrachte Werk Jesu zu gründen. Das Bild, das Jesus in diesem Gleichnis malt, bezieht sich konkret auf die Nation Israel, die die Zeit der großen Drangsal zusammen mit allen anderen Ungläubigen durchmachen wird. Die Jungfrauen sind »diese Generation«, dieses Geschlecht (Israel), das nicht vergehen wird, *»bis dies alles geschehen ist«* (Mt 24,34). Sie sind der Feigenbaum, von dem Jesus in Vers 32 spricht. Der Feigenbaum ist das biblische Symbol für Israel, das diese Zeit der großen Drangsal nach der Entrückung ertragen müssen wird.

Tatsächlich wird diese Zeit der Drangsal als Zeit der Drangsal Jakobs bezeichnet. In Jeremia 30,7 heißt es: »*Wehe! Denn groß ist dieser Tag, keiner ist ihm gleich, und eine Zeit der Drangsal ist es für Jakob; aber er wird aus ihr errettet werden!*« Jakob ist der Vater der zwölf Stämme Israels; das bezieht sich also auf die Juden. Die Jahre der großen Drangsal sind »die Zeit der Drangsal Jakobs«. Die Juden werden auf das Kommen ihres Messias warten. Jesus sagt in dem Gleichnis, dass die Jungfrauen (die für Israel stehen) alle den Bräutigam erwarten werden. Das sind die Juden! Sie alle erwarten, dass der Messias kommt. Und einigen von ihnen wird klar werden, dass Jesus der Messias ist. Das sind die klugen Jungfrauen mit dem Öl. Aber andere werden Jesus zurückweisen und auf das Kommen eines anderen warten. Das sind die fünf törichten Jungfrauen, die kein Öl haben. Und am Ende, nach unzähligen Gelegenheiten, an Jesus zu glauben, die sie aber ungenutzt verstreichen ließen, sagt Jesus zu diesen Törichten: »Ich kenne euch nicht. Wir waren nie vertraut miteinander, ihr und ich. Mein Geist (das Öl) wurde von euch nie empfangen.«

Ich denke ja, dass Jesus von Psalm 45,11–15 zu diesem Gleichnis inspiriert wurde. Das hier ist das Bild, das Jesus beschreibt: »*Höre, Tochter, schau her und neige dein Ohr; vergiss dein Volk und das Haus deines Vaters! Und wird der König deine Schönheit begehren – denn er ist dein Herr –, so huldige ihm!*« (Den König verlangt es nach deiner Schönheit. Er ist der König und du bist seine Braut; er begehrt deine Schönheit.) Spring zu Vers 14: »*Ganz herrlich ist die Königstochter im Innern*« (einige Übersetzungen fügen hier noch »*des Palastes*« hinzu. Aber diese Worte sind nicht im ursprünglichen hebräischen Text enthalten). Der König begehrt ihre Schönheit, aber ihre Schönheit ist in ihrem Inneren. **Das sind wir,**

seine Gemeinde! Gott sieht dich und mich als innerlich schön! Das ist das Werk, das Jesus in unserem Geist getan hat, um uns für immer vollkommen zu machen. *»Aus gewirktem Gold ist ihr Gewand.«* Das ist das Gewand der göttlichen Natur, in das du gekleidet wurdest! Gold ist das Metall, das kennzeichnend für Göttlichkeit ist! Weißt du, man heiratet kein rangniedrigeres Geschöpf. Man heiratet keine Tiere. Du heiratest deine eigene Art. Die Menschen sind von göttlicher Art. Wir sind nach Gottes Bild geschaffen; er legt uns das Gewand seiner Gottesnatur um.

Lies weiter: *»In gestickten Kleidern wird sie dem König zugeführt; die Jungfrauen, die sie begleiten, ihre Gefährtinnen, sie werden zu dir gebracht.«* **Man beachte hier, dass eine Gruppe von Jungfrauen der Braut, der Tochter des Königs, folgt.** Der König stimmt der Heirat zu. Die Braut geht zur Hochzeitsfeier mit dem Bräutigam (die Entrückung!). Und was folgt uns (nach der Entrückung)? Was der Braut und dem Bräutigam folgt, ist die Schar von Jungfrauen.

Kannst du sehen, dass diese sich von der Braut unterscheiden? Das ist Bildsprache, aber sie vermittelt die Wahrheit der Endzeit. Es gibt nur eine Braut.

Und wie viele Jungfrauen gibt es? Es gibt zehn Jungfrauen! Warum sind es zehn? An dieser Stelle haben Prediger das Gleichnis schon oft falsch interpretiert. Wird der Bräutigam zehn Jungfrauen gleichzeitig heiraten? Nein. Sie sind nicht die Braut. Da ist eine Schar von Jungfrauen, die der Braut und dem Bräutigam zum Fest folgen. **In Matthäus 24 ist die Braut entrückt worden, um ihrem Bräutigam zu begegnen. In Kapitel 25 folgen ihr die Jungfrauen, um ebenfalls zur Hochzeitsfeier zu kommen.** Welche Jungfrauen dürfen also an dem Festzug teilnehmen? Die, die das Öl haben. Diejenigen, die durch Glauben den Geist Christi für sich selbst empfangen haben.

Dieses Gleichnis zeigt die jüdische Nation, alle, die auf den Messias warten werden. Einige von ihnen sind zum Glauben an Jesus gekommen und wissen, auf wen sie warten, während andere Jesus zurückweisen, seinen Geist ablehnen. Die Törichten unter ihnen bitten die Klugen um Öl (Mt 25,9): *»Aber die klugen antworteten und sprachen: Nein, es würde nicht reichen für uns und für euch. Geht doch vielmehr hin zu den Händlern und kauft für euch selbst!«*

Das Öl ist das Innewohnen von Gottes eigenem Geist durch den Glauben. Jesus sagt einfach nur: »Du kannst keinem anderen dein Maß an Glauben geben.« Weißt du, ich kann dir die gute Nachricht von Jesus bringen. Ich kann sie dir erklären. Aber ich kann sie nicht für dich glauben. Du musst sie selbst für dich annehmen.

Und der letzte Hinweis, sozusagen das i-Tüpfelchen, findet sich in Vers 1. Lies den ersten Vers dieses Gleichnisses noch einmal. *»Dann wird das Reich der Himmel zehn Jungfrauen gleichen, die ihre Lampen nahmen und dem Bräutigam und der Braut entgegengingen«* (Mt 25,1). Es gibt alte Manuskripte in der ursprünglichen griechischen Sprache, die diese Worte – »und der Braut« – enthalten. Es ist eine abweichende Lesart des griechischen Grundtextes, die mit »C« bewertet ist, was bedeutet, dass dies eine der wenigen Stellen im Neuen Testament ist, bei der nicht bekannt ist, welche Variante die älteste und zuverlässigste ist. Die Bibel, die du in deinen Händen hältst, ist äußerst zuverlässig, und einige Abschriften der Originalschriften von Matthäus können bis auf nur zwanzig Jahre nach der Originalversion datiert werden! Das bedeutet, dass wir Manuskripte haben, die nur zwanzig Jahre jünger sind als das, was Matthäus mit eigener Hand geschrieben hat.

Das heißt aber nicht, dass die Bibel, die du in deinen Händen hältst, im Laufe der Jahrhunderte umgeschrieben wurde. Tatsächlich sind die während dieser Zeit hergestellten Bibeln sogar immer genauer geworden. Ich will nicht, dass du deiner Bibel misstraust, ganz im Gegenteil. Ich sage nur, dass in diesem Fall in Matthäus 25,1 die Gelehrten nicht sagen können, welche Variante richtig ist. Und deshalb haben sie der Tradition mehr Gewicht beigemessen und die Worte »und der Braut« nicht hinzugefügt. Aber denkst du nicht, dass wir angesichts des Kontextes diese Variante zumindest in Betracht ziehen sollten? *»Dann wird das Reich der Himmel zehn Jungfrauen gleichen, die ihre Lampen nahmen und dem Bräutigam und der Braut entgegengingen.«* Denn sie erklärt einiges, nicht wahr? Dieses Bild verzahnt sich auf wunderbare Weise mit Psalm 45!

Dieses Gleichnis war also eine Erläuterung, die Jesus seinen Jüngern über die Endzeit gab. Und ich kann dir jetzt und hier Folgendes sagen: Falls dieses Gleichnis jemals Sorge in deinem Herzen darüber hervorgerufen hat, ob du genug Öl hast, um bis zur Rückkehr Jesu durchzuhalten, dann vergiss das alles ganz schnell! Dieses Gleichnis gilt dir noch nicht einmal direkt.

Aber ich möchte dich auf den größeren Zusammenhang in diesem Gleichnis hinweisen. Welche grundlegende Geschichte wird hier erzählt? Welche ist die eigentliche Geschichte, auf der dieses Gleichnis aufbaut? Die eigentliche Geschichte ist die, dass es einen Bräutigam gibt (das ist Jesus) und eine Braut (das ist jeder Gläubige auf diesem Planeten) und dass es eine wunderbare Hochzeit geben wird! Halleluja! Er kommt, um dich zu holen!

Für dich und mich liegt die wahre Lektion dieses Gleichnisses nicht in der Frage: »Werde ich das Nötige haben, um in den Himmel zu kommen, oder nicht?« Wie herrlich das Ganze ist, wird dir erst klar, wenn du erkennst, dass du den Preis bereits gewonnen hast! *Du hast einen Bräutigam*! Der Preis gehört dir!

Der Gewinn für uns bei all dem ist nicht der Himmel, sondern Jesus. Denk mal darüber nach – wenn du heiratest, sind der Empfang und die anschließende Feier etwas wirklich Schönes. Aber mal ehrlich, darum geht es nicht in erster Linie, oder?

Nur um keinen falschen Eindruck zu erwecken – ich liebe Hochzeitstorten. Ich meine, ich *liebe* Hochzeitstorten. Als Sherry und ich heirateten, hatten wir diese fantastische Hochzeitstorte und wir hatten eine ganz wundervolle Feier, bei der viel los war. Ich erinnere mich, dass wir die Torte angeschnitten haben, aber die traurige Wahrheit ist, dass wir so beschäftigt waren und die Zeit so dahinflog, dass wir uns in der Limousine auf dem Weg zum Hotel wiederfanden, noch bevor ich etwas von meiner eigenen Hochzeitstorte kosten konnte.

Deshalb versprachen wir einander, dass wir uns an jedem Jahrestag eine kleine Hochzeitstorte besorgen würden, die wir dann essen könnten. Was wir, obwohl wir uns jedes Jahr gegenseitig daran erinnern, aber nie wirklich getan haben!

Nun, so traurig das Ganze auch ist (nicht ernst gemeint!), verfehlt es den eigentlichen Sinn dieses Tages, nicht wahr? Denn die Wahrheit ist die: An meinem Hochzeitstag war mir der Kuchen im Grunde egal, denn ich hatte einen ganz anderen Preis im Auge. Der Kuchen, die Feier – darum geht es nicht.

Dein Hochzeitstag ist der Tag, an dem deine Träume endlich wahr werden! Deine himmelstürmenden Hoffnungen werden endlich Wirklichkeit, denn die Person, nach der du dich sehnst, hat sich für immer mit dir verbunden. **Sie gehört dir und du gehörst ihr. Das ist das Wunder der Liebe. Und was auch immer sonst noch im Leben geschehen mag, diesen Preis hast du gewonnen.** Die Person, die du liebst, hat dir auf ewig ihr Herz geschenkt und ihr könnt gemeinsam durchs Leben gehen (eure Herzen nah beieinander halten). Träume sind wahr geworden und die Zukunft, ganz gleich, was sie bringt, sieht von dort aus so leuchtend und vielversprechend aus.

Denk mal darüber nach. Egal, was wir in unseren Beziehungen auf der Erde erlebt haben – gescheiterte Ehen, Zurückweisung oder vielleicht sogar das Gefühl, nie wirklich gewollt gewesen zu sein –, wissen wir doch immer noch in unseren Herzen und glauben fest daran, dass Liebe, Liebe in ihrer reinsten Form, wirklich alles heilen und überwinden kann. Wir wissen es. Wir glauben daran, auch wenn wir es noch nicht ganz erlebt haben. Die Menschen setzen ihre Hoffnung auf die Liebe. Wir wurden dazu geschaffen, von Liebe zu leben. Und die Bibel sagt, dass Gott Liebe ist. Gott ist der Treibstoff, der uns am Laufen hält. Er – seine Gegenwart – ist das Öl für die Fackel. Du warst schon immer dazu bestimmt, von seiner Liebe entflammt zu sein.

Und Freund, der Siegespreis ist nicht der Himmel. Ich meine, danken wir dem Herrn für den Himmel. Aber dein Gewinn besteht nicht in den Straßen aus Gold und dem ganzen Drumherum. **Dein Siegespreis ist dein Bräutigam, der dich aus der Sklaverei der Sünde zurückgekauft hat.** Jesus hat die Echtheit seines »Ich liebe euch« unter Beweis gestellt, indem er für uns gestorben ist, während wir noch Sünder waren. Dein Bräutigam hat dich befreit, dich für schuldlos erklärt und sagt heute über dich: »Ich sehe keinen Makel an dir. Ich werde nie einen Makel an dir sehen. Ich sehe dich als vollkommen an. Du bist ganz und gar schön. Ich frage dich, willst du mich heiraten?«

Jawohl. Er will dich! Du dachtest, dass du nicht liebenswert seist. Aber du bist es! Du bist es! Du bist sein Augapfel. Und du kannst seine Liebe erfahren. Du kannst dich in dein Bett legen oder dich in der Stille des Tages nach draußen setzen und zu der Erkenntnis kommen, dass er in dir ist und dass er dich liebt. »Jesus, du bist in mir und du liebst mich. Du liebst mich ungeachtet meines Verhaltens.« Jesus verwechselt dich niemals mit deinem Verhalten. Sein Auge ist immer auf dich, auf dein wahres Ich, gerichtet. »Ich sehe keinen Makel in dir. Du bist vollkommen. Komm mit mir, meine Braut. Lass uns dieses Leben gemeinsam verbringen.«

Kapitel 22

LAZARUS UND DER REICHE MANN

Es war aber ein reicher Mann, und er kleidete sich in Purpur und feine Leinwand und lebte alle Tage fröhlich und in Prunk. Ein Armer aber, mit Namen Lazarus, lag an dessen Tor, voller Geschwüre, und er begehrte, sich mit den Abfällen vom Tisch des Reichen zu sättigen; aber auch die Hunde kamen und leckten seine Geschwüre. Es geschah aber, dass der Arme starb und von den Engeln in Abrahams Schoß getragen wurde. Es starb aber auch der Reiche und wurde begraben. Und als er im Hades seine Augen aufschlug und in Qualen war, sieht er Abraham von weitem und Lazarus in seinem Schoß.

Und er rief und sprach: Vater Abraham, erbarme dich meiner und sende Lazarus, dass er die Spitze seines Fingers ins Wasser tauche und meine Zunge kühle! Denn ich leide Pein in dieser Flamme. Abraham aber sprach: Kind, gedenke, dass du dein Gutes völlig empfangen hast in deinem Leben und Lazarus ebenso das Böse; jetzt aber wird er hier getröstet, du aber leidest Pein. Und zu diesem allen ist zwischen uns und euch eine große Kluft festgelegt, damit die, welche von hier zu euch hinübergehen wollen, es nicht können, noch die, welche von dort zu uns herüberkommen wollen.

Er sprach aber: Ich bitte dich nun, Vater, dass du ihn in das Haus meines Vaters sendest, denn ich habe fünf Brüder, dass er ihnen eindringlich Zeugnis ablege, damit sie nicht auch an diesen Ort der Qual kommen! Abraham aber spricht: Sie haben Mose und die Propheten. Mögen sie die hören! Er aber sprach: Nein, Vater Abraham, sondern wenn jemand von den Toten zu ihnen geht, so werden sie Buße tun. Er sprach aber zu ihm: Wenn sie Mose und die Propheten nicht hören, so werden sie auch nicht überzeugt werden, wenn jemand aus den Toten aufersteht. — Lukas 16,19–31 ELB

Diese Geschichte über Lazarus und den reichen Mann wurde von Jesus erzählt. Aber nicht, um uns die Möglichkeit zu geben, einen kurzen Blick auf das Leben jenseits des Grabes zu werfen, sondern um uns mit diesem Gleichnis etwas über den Segen Abrahams zu lehren. Viele haben sich diese Geschichte im Laufe der Jahre angesehen und sich alle möglichen fantasiereichen Theologien dazu ausgedacht. Manche Leute malen Bilder von der Hölle – dem Hades – und dem Fegefeuer, mit tiefen Kluften zwischen dem seligen Ort der Toten und der eigentlichen Hölle, über die hinweg die Menschen einander zurufen können. Es wurde spekuliert, dass dies vielleicht nur der Aufbewahrungsort für die Gerechten war, bis Jesus kam und die Menschen des Glaubens, die vor seiner Zeit gelebt hatten, wie beispielsweise Abraham, befreite. Nun, ich bin zu der Überzeugung gekommen, dass es wahrscheinlich nicht die beste Idee ist, eine ganze Theologie über das Totenreich zu entwickeln, die auf einer einzelnen Lehrgeschichte basiert, mit der Jesus eine ganz andere Aussage treffen wollte.

Ich möchte, dass du ganz deutlich siehst, dass Jesus dir hier etwas vermitteln will. Und dabei geht es nicht um Flammen, tiefe Kluften und reiche Menschen, die in der Hölle ihr Fett abkriegen. All das hat nichts mit dem zu tun, was er hier zum Ausdruck bringen will.

Jesus hat dieses Gleichnis erzählt. Und wenn du seine Gleichnisse verstehen willst, musst du zuerst wissen, wem er das jeweilige

Gleichnis erzählt und warum er es erzählt. Die Antwort darauf, an wen es sich in diesem Fall richtet, findet sich direkt davor. Er erzählt es den Schriftgelehrten und Pharisäern, den religiösen Führern der Gemeinschaft. Den religiösen Reinblütigen Israels.

Sieh dir die Verse 14–15 an: »*Dies alles hörten aber auch die Pharisäer, die geldliebend waren, und sie verhöhnten ihn.*« Wer hörte ihm zu? Die Pharisäer, die »geldliebend waren«; sie dienten dem Geld und nicht Gott. Sie trachteten zuerst nach dem Reich des Geldes. »*Und er sprach zu ihnen: Ihr seid es, die sich selbst rechtfertigen vor den Menschen, Gott aber kennt eure Herzen.*« Okay, was bedeutet es, sich »vor den Menschen zu rechtfertigen«? Das bedeutet, dass du dich darauf verlässt, dass deine Taten dir menschliche Anerkennung bringen. Und wenn die Leute dich gutheißen, gibt dir das ein zufriedenes Gefühl, was dich und deine Stellung vor Gott angeht.

Religiöse Menschen tun das ständig. – Wenn ich dir zeigen kann, wie heilig ich bin, wirst du mich in dieser Heiligkeit bestätigen, und ich werde mich dann besser fühlen. Ich fühle mich dann so, als wäre ich ausreichend dazu geeignet, Gott zufriedenzustellen. – Nur ist es so, dass das nicht auf dem Glauben an Jesus gründet, sondern auf dem eigenen Wohlverhalten. Es gibt aufrichtige religiöse Menschen, die sich unglaublich anstrengen, Dinge zu tun, die heilig wirken; sie versuchen, sich selbst und andere davon zu überzeugen, dass sie annehmbar und tauglich sind. Sie schleppen sich auch noch zu den schauderhaftesten Gottesdiensten, lassen die trockensten, monotonsten, längsten und langweiligsten Predigten über sich ergehen und denken, dass sie echt stolz auf sich sein können, wenn sie dabei nicht einschlafen. Und andere, die sie dabei beobachten, sagen: »Jetzt seht euch den an, er kommt nicht nur zu unseren langen, trockenen, langweiligen Gottesdiensten, sondern er betet auch noch vorher und bleibt hinterher länger da – und das dreimal die Woche. Der muss einfach heilig sein! Bruder, du bist so ein Vorbild. Puh, was für ein Heiliger du doch bist!« Und der so Gelobte braucht diese Bestätigung dringend, weil er sich insgeheim nicht wie ein Heiliger fühlt. Ich meine, er hält die religiöse Maschine in Gang, es läuft alles wie geschmiert, aber es führt zu nichts. Trotz all seiner Mühe hat er keinen Frieden. Warum? Weil er nicht auf Gott vertraut, der ihn rechtfertigt (gerecht macht), sondern weil er sich selbst vor anderen rechtfertigt.

Und wenn man damals, zu Jesu Zeiten, das Glück hatte, zum richtigen Stamm zu gehören, Teil der richtigen Familie zu sein, und auch reich war, dann sagte jeder zu einem: »Du bist definitiv ein Gewinner. Gottes Segen ruht auf dir. Das sieht man an deinem großen Reichtum. Es ist offensichtlich. Du kommst in den Himmel, Kumpel, keine Frage.« Und die Pharisäer und religiösen Führer hatten echt das große Los gezogen. Sie gehörten zu den richtigen Stämmen Israels. Sie hatten Reichtum UND sie wirkten heilig. Das Problem war nur, dass sie nicht heilig waren. Sie waren nicht vor Gott gerechtfertigt. Folgendes war ihr Dreh: Sie weichten das Gesetz Moses – die Zehn Gebote und alle anderen Gesetze – so weit auf, dass sie anderen Leuten gegenüber so wirkten, als würden sie diese Gesetze immerzu einhalten. Aber das war nicht der Zweck der Zehn Gebote, nicht der Sinn des Gesetzes. Das Gesetz war dazu da, jeden Mund zum Schweigen zu bringen. Das Gesetz wurde gegeben, heißt es in Römer 3, damit jeder Mund verstopft werde. Was passiert, wenn du das Gesetz aufweichst, um es befolgbar zu machen? Du betrügst dich selbst und erkennst für dich nie die Notwendigkeit eines Retters. So, das war die Vorgeschichte. Wir wissen jetzt, was die Pharisäer taten. Sieh dir Vers 15 noch einmal an: *»Ihr seid es, die sich selbst rechtfertigen vor den Menschen, Gott aber kennt eure Herzen; denn was unter den Menschen hoch ist, ist ein Gräuel vor Gott.«* Hast du das mitbekommen? Was ist in den Augen

Gottes ein Gräuel? Dass du glaubst, durch deine Bemühungen Gottes Wohlwollen erlangen zu können. Dass du darauf vertraust, dich aus eigener Kraft für Gott annehmbar zu machen.

Lass uns weitergehen zu den Versen 16–18: »*Das Gesetz und die Propheten gehen bis auf Johannes; von da an wird die gute Botschaft vom Reich Gottes verkündigt, und jeder dringt mit Gewalt hinein. Es ist aber leichter, dass der Himmel und die Erde vergehen, als dass ein Strichlein des Gesetzes wegfalle. Jeder, der seine Frau entlässt und eine andere heiratet, begeht Ehebruch; und jeder, der die von einem Mann Entlassene heiratet, begeht Ehebruch.*«

Jesus sagt: »Man kann das Gesetz nicht aufweichen. Man kann es nicht verschwinden lassen. Kein einziges Strichlein des Gesetzes wird jemals wegfallen. Ihr werdet dadurch verurteilt.« Die gesamte Menschheit wird ständig durch das Gesetz verurteilt. Und dann führt er dieses Beispiel an, bei dem er Scheidung und Wiederheirat einem Ehebruch gleichsetzt. Er hob speziell das hervor, weil die Pharisäer genau das getan hatten, sich scheiden lassen und wieder heiraten. Jesus sagt ihnen: »Seht doch, ihr, die ihr betont, wie heilig ihr seid, dem Gesetz nach begeht ihr Ehebruch.« Ihre Antwort hätte lauten sollen: »Wie kann ich dann bloß gerettet werden?« Aber sie wollten nichts davon hören. Das ist das Gesetz des alten Bundes. Es ist streng und unerbittlich und jeder Mensch gerät unter sein Urteil. Jeder einzelne. Wenn nicht Scheidung und Wiederheirat das Problem sind, dann ist es etwas anderes. Und nur weil er sie zur Sprache bringt, sagt Jesus damit nicht, dass Scheidung und Wiederheirat als Sünden schlimmer sind als jede andere Sünde. Er sprach einfach nur zu denen, die unter dem Gesetz standen und sich selbst rechtfertigten, und er wollte ihnen die Tatsache begreiflich machen, dass sie einen Retter brauchten. Sie brauchten jemand anderen, der sie vor Gott rechtfertigte, denn ihre eigene Heiligkeit war reine Selbsttäuschung.

Vor diesem Hintergrund erzählt Jesus nun das Gleichnis von Lazarus und dem reichen Mann. Zu wem spricht er da? Zu den Pharisäern, die zum richtigen Stamm gehören, reich sind und die darauf vertrauen, dass ihre eigenen Leistungen sie vor Gott gut dastehen lassen. Und Jesus beginnt mit: *»Es war aber ein reicher Mann, und er kleidete sich in Purpur und feine Leinwand und lebte alle Tage fröhlich und in Prunk.«*

Purpur war die Farbe der Könige. Feines Leinen war exakt das, woraus die Priestergewänder bestanden. Denkst du, die Pharisäer bekamen das nicht mit? Welcher war der Stamm der Könige von Israel? Der Stamm Juda. Und welcher war der Stamm der Priester? Der Stamm Levi. Von wem spricht Jesus? Von den privilegiertesten Juden aus den privilegiertesten Stämmen. Du weißt, dass nicht alle zwölf Stämme gleich geschaffen sind, oder? Jakob hatte zwei Frauen, Lea und Rahel. Als Rahel keine Kinder bekommen konnte, gab sie Jakob ihre Magd Bilha, damit er mit ihr Kinder zeuge. So bekam Rahel durch Bilha die Söhne Dan und Naftali. So schön das für sie gewesen sein muss, waren Dan und Naftali nicht wirklich Jakobs und Rahels Fleisch und Blut, sondern kamen durch die Magd in die Familie.

Das Gleiche gilt für Lea. Als Lea keine Kinder bekommen konnte, gab sie Jakob ihre Magd Silpa; und durch sie hatte Jakob Gad und Asser. Alles schön und gut, aber eben nicht rein von Jakob und Lea. Hör zu, die Juden haben genau mitgezählt. Das war wichtig. Als Rahel endlich eigene Kinder bekam, hatte sie zwei: Josef und Benjamin. Josef steht symbolisch für Jesus. Und Benjamin steht als Symbol für die Heiden. Und als Lea durch Jakob eigene Kinder bekam, hatte sie insgesamt sechs: Ruben, Simeon, Levi (der Stamm der Priester), Juda (der Stamm der Könige), Issaschar und Sebulon. Du kannst das in 1. Mose 35 nachlesen. Das war eine große Sache. Wenn man zu Jesu Zeiten ein Jude war, dann wusste man, zu welchem Stamm man gehörte. Und wenn du zu einem der reinen Stämme gehörtest, dann hast du dich damit gebrüstet. Man war richtig stolz darauf, denn der Vorstellung nach sicherte es einem einen Platz bei Gott. Wie viele Kinder hatte Lea? Sechs.

Was lässt Jesus den reichen Mann zu Abraham sagen? Vers 27: *»Ich bitte dich nun, Vater, dass du ihn in das Haus meines Vaters sendest, denn ich habe fünf Brüder, dass er ihnen eindringlich Zeugnis ablege, damit sie nicht auch an diesen Ort der Qual kommen!«*

Wer ist der reiche Mann in diesem Gleichnis? Ich garantiere dir, dass die Pharisäer genau wussten, was Sache ist. Der reiche Mann steht für die reinblütigen Juden aus dem Hause Jakob. Die königlichen Juden. Die priesterlichen Juden. Die unter den besten Bedingungen gezeugten Juden. Nur dass Jesus jetzt diese ganze Sache auf den Kopf stellt. Weil sie nämlich *nicht* die Gesegneten sind. Sie *wirken* gesegnet. Sie sind reich. Sie sind vom richtigen Stamm. Sie schwelgen jeden Tag in den »Orakeln Gottes«, laben sich Tag für Tag am Gesetz. Aber ihre Beziehung zu Gott ist nicht in Ordnung. Und stell dir vor: Sie erben nicht den Segen Abrahams. Wer erbt die Segnungen Abrahams? Wer ist derjenige, der *auf Abrahams Schoß sitzt* und sich an ihn lehnt? Jemand, den die reinen Juden verachten würden. Lazarus, der stellvertretend für die Heiden steht.

Sieh dir das mit mir gemeinsam an. Der reiche Mann genoss jeden Tag in der Synagoge die Worte Gottes. Was hätten die Juden mit dieser geistlichen Nahrung machen sollen? Sie hätten sie zu den Nationen bringen sollen. Sie wurden gesegnet, um ein Segen zu sein. Aber das waren sie nie. Sie isolierten sich, behielten die Worte Gottes für sich selbst. Und Lazarus, stellvertretend für die heidnischen Nationen, lässt man bettelnd und ausgehungert sitzen, ohne ihn mit dem Gott Abrahams, Isaaks und Jakobs bekannt zu machen. Lazarus sitzt bei den Hunden. Jesus sagt, dass die Hunde seine Wunden lecken. So bezeichneten die Juden Heiden, als Hunde. Du erinnerst dich bestimmt an die kanaanäische Frau, die versuchte, sich Jesus als Jüdin zu verkaufen. Jesus wusste, dass sie keine Jüdin war. Er will sie segnen, aber sie kann nicht zu Gott kommen und vorgeben, etwas zu sein, was sie nicht ist. Er lässt sie wissen, dass er ihr auf die Schliche gekommen ist, indem er sagt: *»Es ist nicht recht, dass man das Brot der Kinder nimmt und es den Hunden vorwirft.«* Sie bekennt endlich Farbe bezüglich ihrer Identität und antwortet: *»Ja, Herr; und doch essen die Hunde von den Brosamen, die vom Tisch ihrer Herren fallen!«* Und gerne erhört er dann ihr Gebet. Gerne – als sie endlich zugibt, keine Jüdin zu sein! Aber schau dir Lazarus an, er wäre so glücklich gewesen, die Krümel essen zu dürfen, die vom Tisch des reichen Mannes fallen. Doch ihm wird nichts gegeben. Seine Wunden werden von den Hunden geleckt; er versucht, in heidnischen Philosophien sein Heil zu finden. Er hat nichts, wovon er zehren könnte, ihm wurde rein gar nichts gegeben.

Aber was passiert? Am Ende kehrt Jesus die Dinge im großen Stil um. Das Blatt hat sich gewendet, die Rollen sind vertauscht. Jetzt erleidet der reiche Mann die Qualen und das Erbe Abrahams entgeht ihm. Und wo ist Lazarus? Er sitzt auf Abrahams Schoß und lehnt sich an ihn. Er empfängt von Abraham. Empfängt Abrahams Erbe. Hör genau zu, denn das betrifft dich! Das bist du, das sind alle, die glauben. Das sind alle, die nicht länger danach streben, sich »vor den Menschen zu rechtfertigen«. Das schließt jeden mit ein, der erkennt, dass er auf sich allein gestellt vor Gott mittellos ist, und der sich Gott so nähert, wie Abraham sich Gott näherte: im Glauben. **»Gott, ich kann mich nicht selbst retten, du wirst mich retten müssen.«** Die Rettung findet sich nur im Glauben. Allein im Glauben an seine Gnade, und nur an seine Gnade. Der Ruf zur Rettung ist nicht der Aufruf zu persönlicher Heiligkeit. Der Ruf zur Rettung ist der Aufruf, *alle Hoffnung auf deine eigene Heiligkeit* *aufzugeben!* Wie Lazarus kannst du nicht allein dorthin gelangen. Du hast keine Kraft, du bist halbtot; die Engel müssen dich zum Glauben tragen. Die Engel bezeugen die Wahrheit in Jesus. Die Engel hier stehen für die Leute, die mit dem Lazarus-Volk der Welt über den Glauben an Jesus sprechen und die die Menschen lehren, ihre Rettung allein aus dem Glauben zu empfangen, allein aus der Gnade. Sie tragen uns in die Gegenwart des Glaubens.

Sobald du dich selbst als schwach und hilflos siehst, was deine Errettung angeht, ist der Moment gekommen, in dem Gott eingreifen kann. In dem Moment ergreifst du von dem Glauben Abrahams Besitz, der, wie die Bibel sagt, Gott geglaubt hat, was ihm als Gerechtigkeit zugerechnet wurde.

Jeder, der in Jesus Erlösung gefunden hat, ist nur gerettet, weil Jesus ihn in den abrahamitischen Bund aufgenommen hat. Der Bund mit Abraham, der Bund, der dem Gesetz um vierhundert Jahre vorausging, ist der Bund, den Jesus in Kraft gesetzt hat. Du bist ein Nachkomme Abrahams durch den Glauben an Jesus und hast daher Anspruch auf das volle Erbe Abrahams.

Aber hier ist der Punkt, den Jesu zum Ausdruck bringt: Der reiche Mann, der ein Abkömmling Abrahams war, war kein Nachkomme Abrahams. Lazarus wiederum, der kein Abkömmling Abrahams war, wurde zu einem Nachkommen Abrahams. Wie Paulus in Römer 9,6–8 sagt: *»Nicht aber, dass das Wort Gottes nun hinfällig wäre! Denn nicht alle, die von Israel abstammen, sind Israel; auch sind nicht alle, weil sie Abrahams Same sind, Kinder, sondern ›in Isaak soll dir ein Same berufen werden‹. Das heißt: Nicht die Kinder des Fleisches sind Kinder Gottes, sondern die Kinder der Verheißung werden als Same gerechnet.«*

Von dir ist hier die Rede. Du wirst als Same gerechnet. Du bist hochgehoben und auf Abrahams Schoß gesetzt worden. Sein Herz des Glaubens und dein Herz des Glaubens sind gleich. Und weißt du was? Das gibt dir Anrecht auf das Erbe Abrahams! Du musst es dir nicht verdienen, du musst nicht dafür arbeiten. Du kannst es einfach so haben. Du hast bei Gott die gleiche Stellung, wie Abraham sie hatte.

Als Gott Abraham berief, sagte er: »Okay, folgendermaßen wird es ablaufen: Ich werde dich segnen und du wirst ein Segen sein.« Gott sagte: »Hier ist meine Rolle: Ich werde dich segnen.« Abraham wartete und fragte dann: »Gut, und welche Rolle übernehme ich?« Darauf sagte Gott: »Es gibt in diesem Bund nur eine Rolle. Meine. Ich werde dich segnen.« Tatsächlich sagte Gott in 1. Mose 15,1 vorher noch etwas anderes. *»Nach diesen Begebenheiten geschah es, dass das Wort des HERRN an Abram in einer Offenbarung erging: Fürchte dich nicht, Abram …«* Das ist auch das erste Wort an dich: »Hab keine Angst.« Das schließt jegliche Angst und alle Sorgen mit ein – sorge dich nicht wegen der Wirtschaftsentwicklung, der Lebensmittelversorgung, der Luftqualität, der hohen Kriminalitätsrate oder der steigenden Lebenshaltungskosten. Du, als Same Abrahams, brauchst keine Angst zu haben. Punkt. Weshalb? *… ich bin dein Schild und dein sehr großer Lohn!«*

Gott sagt: »Das ist meine Rolle hierbei.« Und Abraham: »Aber was muss ich tun?« Gottes Antwort: »Glaub es einfach. Du musst nicht dafür arbeiten. Du musst dir in deinem Leben nicht ständig die Frage stellen, ob du heilig genug bist. Du musst dir meine Gunst nie verdienen. Du hast meine Gunst bereits. Du musst nur glauben.«

Freund, hör mir zu. Das bist du. Du sitzt auf Abrahams Schoß und lehnst dich an ihn. Du und er, ihr seid ein Herz darin. Dein Kopf ruht an seiner Brust. Du hast gehört, wie es in Abrahams Herz, dem Herz des Glaubens, aussah. Glaub einfach. Es gab eine Zeit, da hattest du nichts. Doch nun ist Gott dein Schild und dein sehr großer Lohn.

Schau, ich könnte noch weitermachen und den Rest dieses Gleichnisses für dich auslegen, zum Beispiel, dass die Kluft zwischen Lazarus und den Juden der Schleier ist, der bis heute auf den Augen der Juden liegt. Weil sie Mose und die Propheten haben, können sie Mose und die Propheten nicht hören. Du verstehst schon. Lies es einfach selbst. Ich möchte nur noch einmal wiederholen: Alle, die es aufgegeben haben, sich selbst zu rechtfertigen, und stattdessen auf Jesus vertrauen, haben ein Anrecht auf das Reich Gottes und die Segnungen Abrahams. Damit bist du gemeint, Lazarus. Du, der von den Toten auferstandene Lazarus, dessen Name bedeutet: »Gott hat geholfen.« Wer hilft dir? Rechtfertigst du dich selbst? Nein. Es gibt nur EINEN, der dein Schild und dein sehr großer Lohn geworden ist. Wer? Gott! Sag mal laut: »Mein Name ist Lazarus. Gott hat mir geholfen. Jesus hat mich gerettet. Halleluja!!«

Kapitel 23

DAS GLEICHNIS VOM UNGERECHTEN VERWALTER

Er sprach aber auch zu den Jüngern: Es war ein reicher Mann, der einen Verwalter hatte; und dieser wurde bei ihm angeklagt, als verschwende er seine Habe. Und er rief ihn und sprach zu ihm: Was ist es, das ich von dir höre? Lege die Rechnung von deiner Verwaltung ab! Denn du wirst nicht mehr Verwalter sein können.

Der Verwalter aber sprach bei sich selbst: Was soll ich tun? Denn mein Herr nimmt mir die Verwaltung ab. Graben kann ich nicht, zu betteln schäme ich mich. Ich weiß, was ich tun werde, damit sie mich, wenn ich der Verwaltung enthoben bin, in ihre Häuser aufnehmen.

Und er rief jeden Einzelnen der Schuldner seines Herrn herbei und sprach zu dem ersten: Wie viel bist du meinem Herrn schuldig? Der aber sprach: Hundert Bat Öl. Und er sprach zu ihm: Nimm deinen Schuldbrief und setze dich schnell hin und schreibe fünfzig! Danach sprach er zu einem anderen: Du aber, wie viel bist du schuldig? Der aber sprach: Hundert Kor Weizen. Und er spricht zu ihm: Nimm deinen Schuldbrief und schreibe achtzig! Und der Herr lobte den ungerechten Verwalter, weil er klug gehandelt hatte; denn die Söhne dieser Welt sind klüger als die Söhne des Lichts gegen ihr eigenes Geschlecht.

Und ich sage euch: Macht euch Freunde mit dem ungerechten Mammon, damit, wenn er zu Ende geht, man euch aufnehme in die ewigen Zelte! — Lukas 16,1–9 ELB

Die Lektion dieses Gleichnisses ist leicht zu erkennen, oder? Du kannst deinen Boss um ein bisschen Geld betrügen, du kannst korrupt sein und du kannst geschäftstüchtig mit deinem Geld umgehen, aber du solltest es auch benutzen, um ein paar gute Dinge für die Menschen zu tun, damit diese Menschen dich im Himmel willkommen heißen. »*Macht euch Freunde mit dem ungerechten Mammon, damit, wenn er zu Ende geht, man euch aufnehme in die ewigen Zelte!*«

Wenn du eine Bibelstelle nicht verstehst, solltest du dir als Erstes den Kontext anschauen. Ist da irgendetwas vorgefallen, das Jesus dazu veranlasst hat, genau das zu sagen? Im ursprünglichen Bibeltext gibt es nämlich keine Kapitelunterteilung mit erklärenden Überschriften.

Tatsache ist, dass der Kontext dieser Lehreinheit sehr aufschlussreich ist. Die Geschichte des ungerechten Verwalters folgt als Gleichnis direkt auf die Geschichte, die Jesus über den verlorenen Sohn erzählt. Geh zwei Verse zurück und du wirst Zeuge, wie der Vater des verlorenen Sohnes mit dem älteren Sohn darüber spricht, warum er, der Vater, die Rückkehr des jüngeren Bruders feiert. Der ältere Bruder, du erinnerst dich, ist verärgert, dass dieser ausschweifende, verschwenderische jüngere Sohn des Vaters nach Hause gekommen ist und der Vater für ihn eine tolle Party geschmissen hat. Der ältere Sohn ist wütend, weil der Vater für *ihn* nie eine Party veranstaltet hat. Lesen wir einfach seine Reaktion in Lukas 15,29–30: »*Er aber antwortete und sprach zum Vater: Siehe, so viele Jahre diene ich dir und habe nie dein Gebot übertreten; und mir hast du nie einen Bock gegeben, damit ich mit meinen Freunden fröhlich sein kann. Nun aber, da dieser dein Sohn gekommen ist, der dein Gut mit Huren vergeudet hat, hast du für ihn das gemästete Kalb geschlachtet!*«

Und hier nun die Worte des Vaters in den letzten beiden Versen 31–32, unmittelbar vor unserem Gleichnis vom ungerechten Verwalter: »*Er aber sprach zu ihm: Mein Sohn, du bist allezeit bei mir, und alles, was mein ist, das ist dein. Du solltest aber fröhlich sein und dich freuen; denn dieser dein Bruder war tot und ist wieder lebendig geworden, und er war verloren und ist wiedergefunden worden!*«

Kannst du sehen, dass der Vater ihm klar zu machen versucht, wie sich die Dinge in Wahrheit verhalten? **Mit anderen Worten: Der ältere Sohn, der für die Pharisäer steht, ist die Verkörperung eines religiösen Menschen, der arbeitet, arbeitet und noch mehr arbeitet, um dem Vater zu gefallen.** Solche Menschen sagen: »Ich habe dir all die Jahre gedient, und wofür? Was hast du mir gegeben, Vater, in Anbetracht meines Dienstes für dich und meines Gehorsams, mit dem ich alle deine Anordnungen befolge?« Das ist die Denkweise des Pharisäers. »Und angesichts meines Wohlverhaltens, nicht als Sohn, sondern als Diener, was hast du mir gegeben, Vater … was hast du mir jemals gegeben? Nichts! Nicht mal eine klapprige Ziege.«

Der Vater jedoch versucht, diesen Sohn dazu zu bewegen, die Dinge anders zu sehen: »Sohn, alles, was ich habe, gehört dir. Mit anderen Worten, du hättest jederzeit ein gemästetes Kalb haben können, wann immer du es wolltest. Nimm es dir einfach. Es gehört dir. Du hast die Freiheit, immer an meiner Güte teilzuhaben.« Das ist ein völliger Umbruch im Denken dieses Sohnes. Ist er in der Lage, dieses veränderte Denkmuster zu empfangen? Der Kerl denkt wie ein Diener. Aber der Vater will, dass er wie ein Sohn denkt. »Ich habe wie verrückt geschuftet und du hast mir nichts gegeben.« Dann das erste Wort aus dem Mund des Vaters: »Sohn.« Sohn! »Du verhältst dich wie ein Diener in meinem Haus. Du bist kein Diener, du bist ein Sohn.«

Der Vater sagt also: »Du siehst dich selbst nicht richtig. Und deinen Bruder siehst du auch nicht richtig. **Du denkst, dass ich mich mehr für seine moralischen Fehler und seine Sünde interessiere und für meinen Besitz und seine Verschwendung als für sein Leben an sich. Nein, du liegst falsch. Er ist mein Sohn.** Er hatte mich abgeschrieben, wünschte sich meinen Tod, ließ sich von mir nichts mehr sagen und behandelte mich, als wäre ich nicht existent. Dennoch ist er mein Sohn! Und er ist zurück! Er hatte sich verirrt! Aber jetzt ist er gefunden. Er war tot! Aber jetzt ist er am Leben. Siehst du nicht, dass das alles ist, was zählt?«

Der Vater sagt zu diesem älteren Sohn: »Du bist ganz auf seine Sünde fixiert. Ich hingegen will ihn einfach nur liebhaben. Siehst du mein Herz nicht? Hast du nicht gesehen, wie ich jeden Tag am Fenster stand und die Straße hinunterblickte, in der Hoffnung, dass er zu mir nach Hause käme? Hast du nicht gesehen, wie es in meinem Herzen aussieht? Kannst du es nicht verstehen? Ich liebte ihn, obwohl er verloren war. **Und du hörst nicht auf, deinen Sohn zu lieben, nur weil er sich verirrt.**«

Es ist der himmlische Vater, der mit dem Sohn in diesem Gleichnis spricht, der wiederum sinnbildlich für die Pharisäer steht. Hörst du, wie liebevoll der Vater mit ihm redet? Das ist der Punkt, den ich hervorheben möchte: So verärgert Jesus über die Pharisäer auch war, weil sie die Liebe des Vaters zu den Verlorenen nicht verstanden und weil sie ihn nicht annahmen, **hörte er dennoch nie auf, sie zu lieben**. Tatsächlich liegt der Grund, weshalb wir dieses Gleichnis vom verlorenen Sohn, neben dem von dem verirrten Schaf und der verloren gegangenen Münze, überhaupt haben, ist Jesu Liebe zu den Pharisäern! Er versuchte, sie davon zu überzeugen, dass dies die Realität Gottes ist. Er wollte ihnen zeigen, wie Gott wirklich ist und wie er die Menschen in Wahrheit sieht.

Diese Gleichnisse waren alle an die Pharisäer gerichtet! Lukas 15,1–3: *»Es pflegten sich ihm aber alle Zöllner und Sünder zu nahen, um ihn zu hören. Und die Pharisäer und die Schriftgelehrten murrten und sprachen: Dieser nimmt Sünder an und isst mit ihnen! Er sagte aber zu ihnen dieses Gleichnis und sprach: …«*

Wem erzählte er diese Gleichnisse? Den Pharisäern. Warum? Weil er sie liebte. Wir dürfen einfach nur mithören. Aber was lag Jesus tatsächlich am Herzen? Er sorgte sich so sehr um diese Menschen, die ihn nur wenig später töten würden, dass er diese Gleichnisse erzählte, um sie davon zu überzeugen, dass sie Gott nicht richtig sahen.

Ihr ganzes Leben bestand aus Arbeit und schweren Lasten. Ihr Leben lang liefen sie Gott hinterher. Und Jesus sagt, dass die Wirklichkeit ganz anders aussieht: nicht du läufst Gott hinterher, sondern Gott läuft dir nach. Das Gleichnis vom verirrten Schaf: Er ist ein Hirte auf der Suche nach verirrten Schafen. Er geht dorthin, wo dieses Schaf hingeht, und holt das Schaf aus seiner Verlorenheit, um es nach Hause zu bringen. Das Gleichnis von der verlorenen Münze: Da ist diese Frau, die eine Kerze anzündet und den staubigen Boden nach einer verlorenen Münze absucht. Eine Münze, die nicht an Wert verliert, nur weil sie schmutzig ist. Und da ist Gott, der sich nicht davor fürchtet, sich so schmutzig wie die Münze zu machen, um zu finden, was ihm gehört. Das Gleichnis vom verlorenen Sohn: Gott ist ein Vater, und er wird seine Kinder nie vergessen, nicht einmal die, die verloren sind, nicht einmal solche, die die Schweine füttern. Und wenn sie zur Besinnung kommen, läuft er hinaus, um sie willkommen zu heißen, und es spielt dabei keine Rolle, ob sie den Geruch von Schweinemist an sich haben. Seine Liebe wird den Schmutz und Gestank überdecken, und *er* wird auf sie zustürzen, seine Arme um sie schlingen und sie küssen. Und er wird ihnen sein kostbarstes Gewand anziehen. Das edelste Gewand, das Gewand seiner eigenen Gerechtigkeit. Und dann wird er eine Party schmeißen und feiern.

Jesus will die Pharisäer überzeugen, genau wie er dich überzeugen und dazu bringen will, deine Meinung darüber zu ändern, wie Gott ist. Denn egal, wie sehr du in deinem Herz schon glaubst, dass Gott Liebe ist und er dich liebt, musst du trotzdem noch weiter umdenken (denn das ist es, was Buße tatsächlich bedeutet). Du musst dich noch viel mehr von der Liebe des Vaters überzeugen lassen, bis auch die klitzekleinste Spur von Angst aus dir vertrieben ist, wie es im Johannesbrief steht – die Angst vor dem Gericht, die Angst vor dem Zorn –, **denn nur seine vollkommene Liebe kann die Angst vertreiben**. Die Angst vor dem Tod. Und die Angst vor dem Leben. Lebensangst. Die Angst, einen Fehler zu machen. All das wird durch die Gegenwart seiner wunderbaren Liebe vertrieben.

Deshalb muss Woche für Woche das reine Evangelium gepredigt werden. Denn der Glaube kommt aus dem Hören und das Hören durch das Wort Gottes. Der Glaube kommt, wenn man hört, was Gott sagt, und es wirklich zu *hören* beginnt. Und was sagt er? Er sagt: »Ich liebe dich, mir macht deine Sünde keine Angst. Ich fühle mich angesichts deiner Fehler, deiner Verlorenheit und des Chaos in deinem Leben nicht unbehaglich. Du denkst, du bist am Ende, aber das bist du nicht. Dein Leben ist nicht ruiniert. Komm einfach zu mir und lass dich von mir liebhaben. Lass dich von mir beschenken mit *Kopfschmuck statt Asche, mit Freudenöl statt Trauer und mit Feierkleidern statt eines betrübten Geistes. Ich will dich einen »Baum der Gerechtigkeit«, eine »Pflanzung des Herrn« zu meinem Ruhm nennen* (siehe Jes 61,3). Kannst du mir zustimmen? Kannst du dich einfach anders sehen, so sehen, wie ich dich sehe?«

Ich möchte nur, dass du erkennst, dass Jesus die Pharisäer trotz seiner Verärgerung liebte. Er liebte diese religiösen Menschen, deren Lebensinhalt darin bestand, sich die Sünde vom Leib zu halten;

die sich als Diener Gottes verstanden und doch den Menschen ein verzerrtes Bild von Gott vermittelten. Trotzdem liebte er sie und wollte unbedingt, dass sie die Wahrheit empfingen – bis hin zu dem Punkt, dass er am Kreuz in ihrer Hörweite ausrief: »Vater, vergib ihnen, denn sie wissen nicht, was sie tun.« Und der Vater vergab ihnen. Wow! Fantastisch!

Und jetzt schau dir das mit mir an: Die letzten Worte des Gleichnisses vom verlorenen Sohn sind die Worte des Vaters, der versucht, den älteren Sohn (der die Pharisäer verkörpert) davon zu überzeugen, dass er die Dinge nicht so sieht, wie der Vater sie sieht.

Aber es gibt keine Auflösung am Ende des Gleichnisses. Die Pharisäer (in Gestalt des älteren Sohnes) ändern ihre Meinung nicht und sagen auch nicht: »O ja, jetzt haben wir es kapiert. Es geht nur um deine Liebe und nicht um die Einhaltung von Regeln.« Sie verstehen es immer noch nicht.

Und jetzt kommt der Punkt, an dem Jesus mit seinen Jüngern, die auch zuhören, einen Weg zu finden versucht, die Pharisäer doch noch zu überzeugen. Vers 1 beginnt mit: *»Er sprach aber auch zu seinen Jüngern …«*

Und genau DARUM dreht sich alles in diesem Gleichnis vom ungerechten Verwalter. Es geht darum, mit dem ungerechten Mammon zu den Herzen der Pharisäer (und anderer, die wie sie sind) durchzudringen, um in ihr Leben zu sprechen. Und nachdem das gesagt ist, werde ich es dir auch deutlich zeigen.

Jesus hatte in dem Versuch, sie zu überzeugen, den Pharisäern davon erzählt, wie das Reich Gottes in Wahrheit funktioniert. Die Worte, die nun folgen, richtet er an seine Jünger. Er will ihnen helfen, die Pharisäer zu erreichen, die große Freunde des Geldes sind; sie lieben den ungerechten Mammon.

Jesus erzählt diese Geschichte als eine, in der alles atypisch dargestellt wird. Es ist kein Eins-zu-eins-Gleichnis wie in »das Reich der Himmel ist wie ein Kaufmann, der schöne Perlen suchte« (Mt 13,45). In dem Gleichnis weiß man sofort, was wofür steht. Das Reich der Himmel in Gestalt des suchenden Kaufmanns steht für Jesus. Die Perle bist du oder ist vielmehr die ganze Erde (interessant, dass die Erde aus dem Weltall betrachtet wie eine schöne blaue Perle aussieht). Und Jesus verkaufte alles, was er hatte, um diese Perle zu erwerben. Das ist ein wunderbares Gleichnis – und leicht zu deuten.

Die Geschichte vom untreuen Verwalter ist kein Gleichnis, das so direkt zu deuten ist, vielmehr wird hier ein Gegenbild entworfen. Etwa so wie in der Geschichte, die Jesus von dem ungerechten Richter erzählte, der sich nicht um Gerechtigkeit schert und von den Leuten genervt ist. Als dann die Witwe, die weder eine Beziehung zu ihm noch Einfluss auf ihn hat, zu ihm kommt, weil sie schlecht behandelt wurde, ist sie ihm völlig egal. Sie bedrängt ihn deshalb, und zwar so lange, bis er endlich resigniert den Arm hebt und sagt: »Mir reicht's jetzt. Na gut. Ich spreche mich zu deinen Gunsten aus.« Und die Leute, die das hören, denken: »Die Lektion hier ist wohl, dass man Gott nur lange genug auf die Nerven gehen muss, damit man bekommt, was man will.« Nein!

Auch dieses Gleichnis zeigt etwas Gegensätzliches. **Gott ist nicht wie der ungerechte Richter, der denkt, dass Menschen Nervensägen sind.** Er ist das genaue Gegenteil davon. Er ist der gerechte Richter, der die Menschen liebt und seinen Kindern schnell Gerechtigkeit widerfahren lässt. **Und du bist auch nicht wie die arme Witwe, die dem Richter nichts bedeutet, die mit ihm nichts zu tun hat und die keinen Einfluss auf ihn hat. Du bist sein Kind.**

Genau so ist die Geschichte über den ungerechten Verwalter aufgebaut, nur dass Jesus nicht über Gott spricht, sondern über Jünger. Er vergleicht die Kinder dieser Weltzeit (Ungläubige) und wie sie

Geld benutzen, um bei Menschen das Gewünschte zu erreichen, mit den Kindern des Lichts (Gläubige), und er sagt dabei: »Leute, ihr solltet auch weise sein und klug mit eurem Geld umgehen, damit ihr bei den Menschen das Gewünschte erreicht, aber etwas, was viel besser ist.«

Ich habe mir auf dieses Gleichnis nie wirklich einen Reim machen können, bis ich zum einen den Kontext verstand und zum anderen anfing, mir die verschiedenen Übersetzungen dieser Geschichte anzusehen. Denn sobald man anfängt, die Übersetzungen zu vergleichen, merkt man, dass hier Klärungsbedarf besteht. Einiges von dem, was wir gelesen haben, stimmt nicht in allen Übersetzungen überein.

Ich werde dir zwei dieser Dinge zeigen, die für dich alles verändern werden. Und ich werde dabei nichts manipulieren. Ich bin nur daran interessiert, den genauen Wortlaut dieses Bibeltextes aufzuzeigen, damit wir verstehen, was Jesus zu seinen Jüngern über die Pharisäer und darüber, wie sie zu erreichen sind, tatsächlich sagte.

Das erste, was ich dir zeigen möchte, ist offensichtlich, wenn du eine *New King James Bibel* benutzt. In Vers 9 heißt es dort: »*Und ich sage euch: Macht euch Freunde durch ungerechten Mammon.*« Mammon bedeutet einfach: der Schatz dieser Welt, die Dinge unserer Zeit, auf die die ungläubige Welt Wert legt, die in Wahrheit aber keinen ewigen Wert haben und die auch nie zufriedenstellen werden. Es liegt kein ewiger Wert in einem Geldschein, genauso wenig in einem Goldbarren – die werden im Himmel als Straßenpflaster benutzt. Nochmal der ganze Satz: »*Macht euch Freunde mit dem ungerechten Mammon, damit sie, wenn er dir mangelt, euch in ein ewiges Zuhause aufnehmen werden.*«

In der *New King James Version* siehst du an dem Wort »mangelt« eine Fußnote und wenn du dir die Erklärung dazu anschaust, steht dort »NU-Text: *er enttäuscht*«.

Der NU-Text ist der alexandrinische Text, welcher der ältere griechische Text ist, der den von Lukas selbst verfassten handschriftlichen Originalen am nächsten kommt. Die Wissenschaft hinter der Textkritik von antiken Schriften ist die: Je älter ein Manuskript ist, je kürzer der zeitliche Abstand zum Original und je mehr Abschriften es davon gibt, desto sicherer kann man sich über den Inhalt des ursprünglichen Textes sein. Das Neue Testament, das du heute in den Händen hältst, ist ausnahmslos und uneingeschränkt das genaueste antike Buch der Welt. Leute, die sagen: »Nun ja, man kann der Bibel nicht trauen, weil sie von der Kirche im Laufe der Jahre verändert wurde«, wissen nicht, wovon sie reden. Tatsache ist, dass wir wissen, dass sich die Bibel im Laufe der Jahre nicht verändert hat, und wir haben vollständige Manuskripte des gesamten griechischen Neuen Testaments, die mithilfe der Aufzeichnungen der alten Kirchenväter komplettiert werden konnten. Wir haben ganze Bücher des Alten Testaments, deren Abschriften sich auf nicht mehr als 150 Jahre nach dem Original zurückdatieren lassen. Und wir haben Tausende und Abertausende von Fragmenten, kurze Abschnitte aus neutestamentlichen Büchern, die wie im Falle des Johannesevangeliums tatsächlich nur fünf Jahre nach den handschriftlichen Originalen entstanden sein könnten.

Wenn also in einer Fußnote NU steht (Nestle-Alland und United Bible Society – zwei separate Organisationen, die sich in dieser Sache einig sind), dann geht es um eine Reihe von antiken griechischen Manuskripten, die zusammen die tatsächlich älteste vollständige Sammlung sind, die es gibt. Das älteste und beste Manuskript von Vers 9 lautet also: »*Macht euch Freunde durch ungerechten Mammon, damit sie euch, wenn er enttäuscht* (wenn was enttäuscht? – der ungerechte Mammon), *in eine* (und hier ist die zweite Übersetzung, auf deren Variante ich dich hinweisen möchte, auch aus der NKJV) *ewige Wohnung aufnehmen werden.*« Vielleicht sagst du, »ewige Wohnung« – damit ist bestimmt der Himmel gemeint. Das eine ewige Zuhause des Himmels.

Das Problem ist nur, dass dieses Wort in der Originalsprache nicht im Singular steht. Ich versuche nicht, dich übers Ohr zu hauen, lies einfach, was ursprünglich im Griechischen steht. In der Textanalyse wirst du sehen, dass hier der Plural verwendet wird. *»Sie werden dich in ewige Wohnungen aufnehmen.«* Was bedeutet das?

Schau, ich will nur wissen, was Jesus ursprünglich gesagt hat. Tatsache ist, dass Jesus das Wort Wohnung oder Haus hier überhaupt nicht verwendete. Das tat er nur, als er über den cleveren Verwalter sprach, der den Leuten die Schulden erließ, damit sie seine Freundlichkeit erwidern und ihn in ihr Haus – *oikos* – lassen würden. So fängt die Geschichte an. Aber am Ende der Geschichte ändert Jesus etwas. **Jetzt ist es nicht mehr die Einzahl, sondern die Mehrzahl, und es ist kein Haus, sondern es sind Zelte; die transportierbare Behausung, die von Gott bewohnt wird.** Ich könnte eine Übersetzung nach der anderen aufschlagen, die diesen Teil richtig hinbekommen, aber schauen wir uns *Young's Literal Translation* an: *»Schaffe dir Freunde durch ungerechten Mammon, damit sie dich, wenn er enttäuscht, in die Zeitalter überdauernden Zelte aufnehmen«* – Zeitalter überdauernde im Sinne von ewig.

Schaffe dir Freunde durch ungerechten Mammon, damit sie dich, wenn sie vom Mammon enttäuscht sind, in ihre ewigen Zelte aufnehmen. Genau das und nichts anderes bedeutet das Gesagte. Jesus spricht von den Pharisäern, die Geld über alles lieben und die gute Nachricht des Evangeliums nicht annehmen. Sein Herz schlägt für sie, aber sie können nicht aufnehmen, was er sagt, weil sie ihn so sehr hassen.

Er wendet sich seinen Jüngern zu und sagt, es wird in der Zukunft eine Zeit und eine Gelegenheit für sie geben, und es wird durch euch geschehen. Aber ihr müsst weise sein und klug, wie es die Menschen der Welt sind.

Was tut der weise und kluge untreue Diener? Er erlässt den Leuten ihre Schulden, um so Zutritt zu ihrem Haus zu bekommen. Denn das ist es, was sie am meisten interessiert. Ihr ungerechter Mammon ist das, was ihnen am wichtigsten ist.

Was solltest du mit dem ungerechten Mammon tun? Du solltest zu denen gehen, die dir Geld schulden (die den ungerechten Mammon lieben), und ihre Schuld erlassen. Du solltest großzügig mit ihnen umgehen, denn was ist schon Geld für dich? Es ist nicht dein wertvollster Schatz. Du solltest klug sein und dein Geld verwenden, um Menschen wie den Pharisäern, die Geld lieben, zu helfen. Du wirst mit Leuten Freundschaften schließen, die einen finanziellen Hintergrund haben. Und dann, wenn ihr Geld sie enttäuscht, wenn es sie im Stich lässt, wenn sie an den Punkt kommen, an dem sie erkennen, dass Geld *nie* ihre Rettung sein wird, kannst du mit dem Evangelium zu ihnen kommen, **und sie werden dich an dem Ort willkommen heißen, an dem sie in ihrem Glauben wirklich leben: in ihren Zelten, die ewig sind. An dem Ort, der als Wohnstätte Gottes geschaffen wurde. Sie werden dich an diesem heiligen Ort empfangen, und du wirst die Möglichkeit bekommen, in ihr Leben zu sprechen.**

Sie werden dann erkennen, dass es im Leben nicht um den unwägbaren, ungerechten Mammon geht und darum, immer mehr anzuhäufen. Du wirst ihnen zeigen, dass es für sie unmöglich war, Gott und zugleich dem Mammon zu dienen, und dass sie sich die ganze Zeit über selbst getäuscht haben. Du wirst derjenige sein, der ihnen hilft, Gott in ihre Zelte aufzunehmen. Und du wirst ihnen zeigen, dass die Art und Weise, wie du die Mammonschuld erlassen hast, ein Bild für Gott ist.

Du wirst sie sehen lassen, dass Gott in der Lage ist, mit einem einzigen Strich, mit einem einzigen Wort Schulden zu erlassen – und dieses Wort ist »Jesus«. *»Ich sage euch: Macht euch Freunde durch ungerechten Mammon, damit sie euch, wenn er sie enttäuscht, in ihre ewigen Zelte aufnehmen, in die Stätte, die als Gottes Behausung gedacht ist.«* Du wirst in ihr Herz sprechen können. Und genau das ist hiermit gemeint.

Jesu Erwartung ist, dass die, die an ihn glauben, an einen Punkt kommen, an dem sie den wahren Wert der Dinge erkennen. Im Lichte des fantastischen Geschenks der Vaterliebe werden wir den ungerechten Mammon betrachten, und er wird keine Macht auf uns ausüben. Du wirst dein Leben nicht mit einer geschlossenen Faust leben und dich an den ungerechten Mammon klammern, wie die Welt es tut, die die Liebe des Vaters und den Wert von Menschen oder auch ihren eigenen Wert nicht begreift.

Die Gnadenbotschaft und das, was wir empfangen haben, gehen weit über die Nebensächlichkeiten des ungerechten Mammons, über das »Wie viel muss ich geben?«, hinaus. Der Herr rüttelt uns wach und lässt uns den wahren Wert der Dinge erkennen. Und der sieht ganz anders aus, als wir es dachten. Jesus sagt, du kannst für das Reich klug mit all dem umgehen.

Du kannst Schulden erlassen und großzügig sein und das Leben der Menschen mit den Dingen bereichern, die sie als wertvoll erachten. Was kümmern mich hundert Dollar? Was kümmern mich tausend Dollar? Gib Geld weg, wie du es im Herzen hast. Tu es so, wie der Geist dich führt, und nicht nach dem Gesetz. Und dann, wenn das Geld diese Menschen enttäuscht, und das wird es, wirst du ihre Freundschaft haben und kannst Jesus in ihr Leben bringen.

Das ist es, was das Gleichnis vom ungerechten Verwalter bedeutet. **Es kommt direkt aus der Liebe Jesu für verlorene Menschen.** Ich hoffe, du kannst die Liebe Jesu darin hören.

Kapitel 24

JESUS UND JAKOBS LEITER

Philippus findet den Nathanael und spricht zu ihm: Wir haben den gefunden, von welchem Mose im Gesetz und die Propheten geschrieben haben, Jesus, den Sohn Josephs, von Nazareth. Und Nathanael sprach zu ihm: Kann aus Nazareth etwas Gutes kommen? Philippus spricht zu ihm: Komm und sieh! Jesus sah den Nathanael auf sich zukommen und spricht von ihm: Siehe, wahrhaftig ein Israelit, in dem keine Falschheit ist! Nathanael spricht zu ihm: Woher kennst du mich? Jesus antwortete und sprach zu ihm: Ehe dich Philippus rief, als du unter dem Feigenbaum warst, sah ich dich! Nathanael antwortete und sprach zu ihm: Rabbi, du bist der Sohn Gottes, du bist der König von Israel! Jesus antwortete und sprach zu ihm: Du glaubst, weil ich dir sagte: Ich sah dich unter dem Feigenbaum? Du wirst Größeres sehen als das! Und er spricht zu ihm: Wahrlich, wahrlich, ich sage euch: Künftig werdet ihr den Himmel offen sehen und die Engel Gottes auf- und niedersteigen auf den Sohn des Menschen! — Johannes 1,45–51

Religion ist das Bestreben, Gott zu gefallen, ihn zu besänftigen und mit ihm ins Reine zu kommen. Christsein, das Leben als Nachfolger Christi, hat damit nichts zu tun. **Beim Christsein geht es nicht darum, die richtigen Dinge zu tun; es geht darum, das Richtige zu glauben.** Es geht darum, Jesus zu glauben. Zu glauben, dass er die Dinge zwischen dir und dem Vater in Ordnung gebracht hat. Es geht darum, seinem Werk zu vertrauen, nicht deinem Werk. Es geht nicht darum, Gott zufriedenzustellen – er ist bereits zufrieden mit dir. Es geht auch nicht darum, ihn dazu zu bewegen, dir zu vergeben – er hat dir bereits vergeben. Es geht allein darum, im vollbrachten Werk Jesu zu ruhen und auf ihn zu vertrauen.

Wenn du immer noch Gott jedes Mal anflehst, dir zu vergeben, wenn du etwas falsch gemacht hast, dann verstehst du nicht, was Jesus getan hat. Du verlässt dich immer noch auf Sündenbekenntnis und Buße als Mittel, um die Dinge bei Gott in Ordnung zu bringen. Doch das Sündenproblem zwischen dir und Gott ist für immer geklärt. Jesus brachte *»ein einziges Opfer für die Sünden, das für immer gilt«* (Hebr 10,12). Dieses Opfer galt wirklich für alle Sünden, die Sünden deines ganzen Lebens, selbst für die, die du noch nicht begangen hast. Er nahm sie gesammelt ans Kreuz, wo er sie beglich. Und weil er die Sündenschuld bezahlt hat, bedeutet das, dass du nichts mehr schuldig bist.

»Er [hat] die für immer vollendet, welche geheiligt werden« (Hebr 10,14). Er ist in das Heiligtum eingegangen und *»hat eine ewige Erlösung erlangt«* (Hebr 9,12). Der wichtigste Aspekt, auf dem alles beruht, steht in Hebräer 10,17: *»An ihre Sünden und ihre Gesetzlosigkeiten will ich nicht mehr gedenken.«* Ich meine, wie viel deutlicher kann Gott noch werden?

Der neue Bund ist nicht wie der alte Bund, bei dem du dich endlos abmühst und versuchst, heilig und annehmbar zu sein. Der neue Bund in Jesus bedeutet Ruhe, Ruhe und nochmals Ruhe. In Hebräer 4,9 (EÜ) steht: *»Also verbleibt dem Volk Gottes noch eine Sabbatruhe.«* Und in Hebräer 4,3: *»Denn wir, die wir gläubig geworden sind, kommen in seine Ruhe.«* Jesus sagte in Matthäus 11,29–30: *»Nehmt mein Joch auf euch … Denn mein Joch ist sanft und meine Last ist leicht.«* Tausche die Religion des alten Bundes, diese Religion der alten Zeit, gegen den Bund ein, den Jesus dir erkauft hat.

Betrachten wir eine alttestamentliche Geschichte, die dich direkt zu Jesus und zum neuen Bund weist. Es ist die Geschichte von Jakobs Leiter. »*Jakob aber zog von Beerscheba aus und wanderte nach Haran*« (1Mo 28,10). Jakob ist der Enkel Abrahams. Erst kommt Abraham, dann Isaak und dann Jakob, und von Jakob ausgehend folgen die zwölf Stämme Israels. Im Grunde sind es die zwölf Söhne Jakobs, denn der Name Jakobs wird zu Israel geändert. Somit ist Jakob derjenige, durch den die Verheißungen Abrahams weitergegeben werden.

Es hat mich in meinen früheren Tagen als Prediger immer gestört, dass Jakob derjenige sein sollte, durch den die Verheißung Gottes kommen würde, weil Jakob ein Halunke war. Er war ein Betrüger. Tatsächlich waren die wichtigsten, umwälzenden Ereignisse in seinem Leben die Male, bei denen er seinen Vater und seinen eigenen Bruder belogen, hintergangen und getäuscht hat. Er betrog und belog seinen Vater, um ihm einen Segen abzuluchsen. Und seinen Bruder hinterging er, um an dessen Geburtsrecht zu kommen. Jakobs Verhalten war einfach nur beschämend. In meiner früheren Theologie schien er nicht dazu geeignet, von Gott gesegnet zu werden, weil er einfach kein redlicher Mensch war. Und ein Mensch, dessen Leben auf Täuschung aufgebaut ist, sollte nicht derjenige sein, durch den der Bund der Verheißung kommen würde.

Das zeigt dir, wie viel Ahnung ich hatte. **Gott sagte: »Der ist genau der Richtige.« Wieso? Wie kann das sein? Weil der neue Bund der Verheißung nicht auf unserer eigenen Gerechtigkeit fußt.** Er gründet sich auf unseren Glauben an die Verheißungen Gottes. Sag über Jakobs Sünde, was du willst, aber er war ein Mann des Glaubens. Er war ein Mann, der Gott anbetete und ihm glaubte. Wenn Gott etwas sagte, dann war es für Jakob auch so – er war darin genau wie sein Großvater Abraham. Galater 3,6 (EÜ) sagt: »*Er [Abraham] glaubte Gott und das wurde ihm als Gerechtigkeit ange-*

rechnet.« So funktioniert es im neuen Bund. Jesus sagt, dass diejenigen, die an ihn glauben, nicht verurteilt werden, sondern vom Tod ins Leben übergegangen sind.

Siehst du, dass es bei diesem Bund darum geht, das Richtige zu glauben? Wenn du an Jesus glaubst, wirst du zum Samen Abrahams und gehörst zu den verheißenen Kindern. Du bist dann ein Erbe des Reiches und ein Sohn bzw. eine Tochter deines himmlischen Vaters. **Der Bund der Verheißung gründet nicht darauf, wie heilig du zu sein vermagst, sondern auf dem Glauben.** Genau wie bei Jakob schreibt Gott dich nicht ab, wenn du ungerecht handelst. Jesus kam, um dich von deiner Ungerechtigkeit zu befreien. Wenn deine Ungerechtigkeit dir deine Freiheit wieder nehmen könnte, dann hätte Jesus mit seiner Rettung ziemlich schlechte Arbeit geleistet. Aber wie ich bereits anhand des Hebräerbriefs sagte, hat er deinen Geist für immer vollkommen gemacht, und nicht nur bis zum nächsten Mal, wenn du wieder sündigst. Gott hält dich fest in seiner Hand und er lässt dich nicht wieder los. Gott änderte Jakobs Namen zu Israel, was nach Meinung heutiger Bibellehrer »Gott beharrt« bedeutet. Gott beharrt. Gott gibt bei dir nicht auf. Er hat dich und er lässt dich nicht mehr los. Deine Aufgabe ist es, das zu glauben.

Schauen wir uns jetzt in diesem Sinne Jakobs Geschichte in 1. Mose 28,11–13 an: »*Und er kam an einen Ort, wo er über Nacht blieb; denn die Sonne war untergegangen. Und er nahm von den Steinen jenes Orts und legte sie unter sein Haupt und legte sich an dem Ort schlafen. Und er hatte einen Traum; und siehe, eine Leiter war auf die Erde gestellt, die reichte mit der Spitze bis an den Himmel. Und siehe, auf ihr stiegen die Engel Gottes auf und nieder. Und siehe, der HERR stand über ihr und sprach: …*« Kurze Pause an dieser Stelle, falls deine Bibel diesen Vers so oder so ähnlich formuliert.

Du weißt, dass wir im Laufe der letzten 400 Jahre hebräische Manuskripte der Bibel entdeckt haben, die genauer sind und weiter zurückdatieren. Und in einigen der frühesten Handschriften heißt es nicht: »Der Herr stand über ihr« oder »Auf ihr stand der Herr«, sondern dort steht: »Dort neben ihm stand der Herr.« Der Herr stand nicht weit oben im Himmel, am oder auf dem oberen Ende der Leiter und rief laut zu Jakob hinunter; er war unten auf der Erde und stand neben Jakob. Deshalb sagt Jakob später: *»Dieser Ort ist das Haus Gottes, also werde ich ihn Bet-El nennen, weil Gott genau hier ist.«* Das ist wichtig.

Und siehe, der HERR stand neben ihm und sprach: *»Ich bin der HERR, der Gott deines Vaters Abraham und der Gott Isaaks. Das Land, auf dem du liegst, will ich dir und deinen Nachkommen geben. Deine Nachkommen werden zahlreich sein wie der Staub auf der Erde. Du wirst dich nach Westen und Osten, nach Norden und Süden ausbreiten und durch dich und deine Nachkommen werden alle Sippen der Erde Segen erlangen. Siehe, ich bin mit dir, ich behüte dich, wohin du auch gehst, und bringe dich zurück in dieses Land. Denn ich verlasse dich nicht, bis ich vollbringe, was ich dir versprochen habe. Jakob erwachte aus seinem Schlaf und sagte: Wirklich, der HERR ist an diesem Ort und ich wusste es nicht. Er fürchtete sich und sagte: Wie Ehrfurcht gebietend ist doch dieser Ort! Er ist nichts anderes als das Haus Gottes und das Tor des Himmels«* (Verse 13–16 EÜ).

Ich habe eine ganze Predigt über Aleph Taw. Aleph ist der erste Buchstabe des hebräischen Alphabets und Taw ist der letzte. In der Offenbarung sagt Jesus viermal, dass er »das Alpha und das Omega« sei. Alpha und Omega sind der erste und der letzte Buchstabe des griechischen Alphabets. Nur ist es so, dass Jesus mit Johannes nicht Griechisch gesprochen hätte, sondern es ihm auf Hebräisch – Johannes' Muttersprache – gesagt hätte. Tatsächlich sagte Jesus also: »Ich bin das Aleph und das Taw.« Und dann sind da noch diese vielen Beispiele im Alten Testament, wo Aleph und Taw ohne erkennbaren sprachlichen oder grammatischen Grund zusammen auftauchen. Sie sind einfach in den hebräischen Text eingefügt, ohne erkennbare Bedeutung und ohne irgendeine Erklärung. Den ersten Fall sehen wir in 1. Mose 1,1: *»Im Anfang schuf Gott die Himmel und die Erde.«* Im hebräischen Text heißt es wörtlich: **»Im Anfang schuf Gott [Aleph Taw] die Himmel und die Erde.« Aleph Taw ist die Signatur Jesu im Alten Testament. »Am Anfang schuf Gott (Aleph Taw – lies »Jesus«) die Himmel und die Erde.**

Hier ist ein weiteres Vorkommnis von Aleph Taw. Gott (der direkt neben Jakob steht) sagt in Vers 15: *»Siehe, ich bin mit dir, und ich will dich behüten überall, wo du hinziehst, und dich wieder in dieses Land bringen. Denn ich will dich nicht verlassen, bis ich vollbracht* [את] *habe, was ich dir zugesagt habe!«* Wer redet in dieser Geschichte mit Jakob? Wer steht neben ihm? Es ist Jesus. Die Bibel sagt, dass es der Herr (Jahwe) ist. Aber Jesus sagte in Johannes 6,46 (EÜ): *»Niemand hat den Vater gesehen außer dem, der von Gott ist; nur er hat den Vater gesehen.«* Jesus sollte das wohl genau wissen, oder? Kein Mensch hat je den Vater gesehen. Wen sieht Jakob dann an? Die Bibel sagt in Hebräer 1,3, dass Jesus *»der Ausdruck seines [Gottes] Wesen ist«*. Das bedeutet, dass jedes Mal, wenn der HERR im Alten Testament erscheint, wenn jemand Gott im Alten Testament sieht, diese Person in Wirklichkeit Jesus sieht. Er ist das zum Ausdruck gebrachte Bild des Vaters. Hagar, Abraham, Jakob, Hosea, Mose, Josua, Gideon, Manoach, Sadrach, Mesach und Abednego sahen alle Jesus. Wer war der vierte Mann im feurigen Ofen? Es war Jesus.

Als Josua sich bereit machte, das Volk in das gelobte Land zu führen – wer sonst sollte ihm da erschienen sein als der Hauptmann der Armee des Herrn! Und der ist wer? Jesus, der die Heerscharen des Himmels anführt. Der noch nicht Fleisch gewordene Christus steht direkt neben Jakob und sagt: »Ich bin bei dir, ich werde dich nie verlassen, und ich (Jesus) werde derjenige sein, der dafür sorgt, dass der Bund Abrahams auf dich ausgeweitet wird.« Und Jakob wachte auf und sagte: »Ach du meine Güte! Gott war hier! Genau hier!« Er sagt in Vers 17: *»Wie Ehrfurcht gebietend ist doch dieser Ort! Er ist nichts anderes als das Haus Gottes und das Tor des Himmels.«* Warum hat er das gesagt? Weil Gott *tatsächlich* genau da war.

Spulen wir 1600 Jahre vor zu Johannes 1,45–51. Denn es kommt noch besser! Hier lesen wir, wie Nathanael gerufen wird, ein Jünger Jesu zu werden. *»Philippus findet den Nathanael und spricht zu ihm: ›Wir haben den gefunden, von welchem Mose im Gesetz und die Propheten geschrieben haben, Jesus, den Sohn Josephs, von Nazareth.‹ Und Nathanael sprach zu ihm: ›Kann aus Nazareth etwas Gutes kommen?‹ Philippus spricht zu ihm: ›Komm und sieh!‹ Jesus sah den Nathanael auf sich zukommen und spricht von ihm: ›Siehe, wahrhaftig ein Israelit, in dem keine Falschheit ist!‹ Nathanael spricht zu ihm: ›Woher kennst du mich?‹ Jesus antwortete und sprach zu ihm: ›Ehe dich Philippus rief, als du unter dem Feigenbaum warst, sah ich dich!‹ Nathanael antwortete und sprach zu ihm: ›Rabbi, du bist der Sohn Gottes, du bist der König von Israel!‹ Jesus antwortete und sprach zu ihm: ›Du glaubst, weil ich dir sagte: Ich sah dich unter dem Feigenbaum? Du wirst Größeres sehen als das!‹ Und er spricht zu ihm: ›Wahrlich, wahrlich, ich sage euch: Künftig werdet ihr den Himmel offen sehen und die Engel Gottes auf- und niedersteigen auf den Sohn des Menschen!‹«*

Denk darüber nach, was Jesus gerade gesagt hat. Ein *Israelit*, ein Nachkomme Israels (wie lautete Jakobs neuer Name? – Israel), in dem es keine Falschheit gibt. Wovon war Jakobs ganzes Leben geprägt? Von Täuschung! Was lässt Jesus durch Nathanael als Bild entstehen? Jakobs Leben, der ungerechte Jakob, der alle Verheißungen Abrahams besaß. Was tut Nathanael, als Philippus zu ihm kommt? Er liegt schlafend unter einem Feigenbaum.

Der Feigenbaum ist das markanteste Symbol der Religion. Der Feigenbaum ist das Symbol für das Bestreben des Menschen, mit Gott alles ins Reine zu bringen. Als Adam und Eva im Garten Eden gesündigt hatten, nahmen sie Feigenblätter und machten sich einen Schurz daraus, um sich damit zu bedecken. Sie schämten sich. Die Feigenblätter waren ihr Versuch, sich annehmbar zu machen. Gott nahm sie ihnen weg. In Wirklichkeit ersetzte er sie, und zwar durch das erste Tieropfer; eine Bedeckung, die ein Hinweis auf Jesus war. Aber der Punkt ist, dass die Feigenblätter nutzlos waren. Jesus verfluchte einst den Feigenbaum und der verdorrte von den Wurzeln her. Warum? Weil er nur Blätter trug; er war ein Symbol für die Anstrengung des Menschen, sich zu bedecken und sich vor Gott zu rechtfertigen. Jesus verfluchte ihn. Deine Bemühungen um Heiligkeit machen dich nicht heilig. **Dieses System für den Umgang mit Gott ist verflucht. Deine Sündenbekenntnisse und dein Weinen und Schluchzen über die Sünde lösen das Sündenproblem nicht.** Diese Bemühungen sind verflucht. Aber die Menschen sind in der Religion gefangen. Sie haben ihre Religion anstatt des Weges, für den Gott gesorgt hat. Sie liegen schlafend unter dem Feigenbaum. Wach auf! Komm zu Jesus. Komm unter dem Feigenbaum hervor.

Nathanael kommt unter dem Baum hervor und unterhält sich jetzt mit Jesus. Wo ist der Herr? Der Herr steht direkt neben ihm. Verstehst du? Genau wie bei Jakob. Verse 48–51: »*Nathanael spricht zu ihm: ›Woher kennst du mich?‹ Jesus antwortete und sprach zu ihm: ›Ehe dich Philippus rief, als du unter dem Feigenbaum warst, sah ich dich!‹ Nathanael antwortete und sprach zu ihm: ›Rabbi, du bist der Sohn Gottes, du bist der König von Israel!‹ Jesus antwortete und sprach zu ihm: ›Du glaubst, weil ich dir sagte: Ich sah dich unter dem Feigenbaum? Du wirst Größeres sehen als das!‹ Und er spricht zu ihm: ›Wahrlich, wahrlich, ich sage euch: Künftig werdet ihr den Himmel offen sehen und die Engel Gottes auf- und niedersteigen auf den Sohn des Menschen!‹«*

Wenn du Nathanael wärst, hättest du jetzt das Bild von der Leiter Jakobs im Kopf. Und du würdest erwarten, dass Jesus einfach das Alte Testament zitiert und sagt: »Du wirst den Himmel offen sehen, und die Engel Gottes auf- und niedersteigen auf der Leiter Jakobs«. Aber Jesus erklärt uns, wie wir die alttestamentliche Geschichte von Jakobs Leiter interpretieren sollen. »Ihr werdet die Engel über den Sohn des Menschen auf- und niedersteigen sehen.« Er sagt: »Das ist ein Bild von mir! Ich bin die Leiter – der Menschensohn. Ich.« Er sagt: »Der Weg zum Himmel bin ich. Der Weg zum Segen bin ich. Ich bin die Leiter zum Himmel.«

Der Weg zum Himmel und zu den von Gott kommenden Segnungen ist kein Tor mit einem Schild darüber, auf dem »Jesus« steht, gefolgt von einem Weg (der Religion), der als »gute Werke« oder »deine Gerechtigkeit« gekennzeichnet ist. Nein, er besteht aus einer Leiter und jede Sprosse an ihr heißt Jesus. Jesus sagt, der Weg zum Himmel, der Weg zum Segen, der Weg des Bundes Abrahams besteht nicht in »Ich und deine Gerechtigkeit«. Er sagt: »Ich bin der Weg, nur ich. Jede Sprosse besteht aus mir. Jeder Schritt bin ich. Ich bin der Weg zum Vater. Ich bin das Mittel zum Segen! Die Engel, die den Segen Gottes tragen, kommen und gehen auf mir.« Bist du nicht froh, dass es nicht von dir abhängt?

Was hat Jesus zu Jakob in Bet-El gesagt? **»Ich werde diesen Bund verwirklichen. Ich werde dir den Bund überbringen. Und ich werde nicht weggehen, bis es vollbracht ist!«** Und diesen Bund hat Jesus durch sein Leiden in Kraft gesetzt. Sein Körper wurde zu unserer Heilung zerschlagen, sein Blut für unsere Vergebung vergossen – sein Tod anstelle unseres Todes und seine Auferstehung, damit wir unser neues Leben bekommen. **Er hat nichts davon *von dir* verlangt. Er hat es *für dich* getan.** Und nachdem er von den Toten auferstanden war, sagte er zu seinen Jüngern: »Ich werde euch niemals verlassen.«

Und wie macht er das? Er tut es, indem er in seinem Volk lebt. Jakob, als er erkannte, was passiert war und wer mit ihm gesprochen hatte, sagte in Vers 17: *»Wie Ehrfurcht gebietend ist doch dieser Ort! Er ist nichts anderes als das Haus Gottes und das Tor des Himmels.«* Er sagte das, weil Jesus, der HERR, da war. Wo ist jetzt Gottes Zuhause, wo ist das Haus Gottes, wo ist Bet-El? In dir! Die Bibel sagt, dass der Geist Christi in dir ist. Dein Körper ist zum Haus Gottes geworden. Du solltest mit Jakob sagen: »Wie fantastisch ist dieser Ort!« Die Rede ist von dir! Du bist fantastisch. Weshalb? Weil Jesus in dir ist. Du bist nichts anderes als das Haus Gottes (Bet-El), und du bist – sagte Jakob – das Tor zum Himmel geworden.

Das Tor des Himmels ist der Zugang zum Himmel. Das Tor zum Himmel bedeutet, dass du Zugang zu den Segnungen Gottes hast. Sie gehören dir. Sie kommen zu dir durch Jesus, der in dir ist. Keine Leiter mehr. Die Leiter ist in dir. Und kein Feigenbaum mehr. Hör auf, unter dem Feigenbaum der toten Religion, deiner eigenen Anstrengungen, zu schlafen. Jesus ist in dir. Und er wird dafür sorgen, dass der Bund Abrahams zu dir kommt. Er ist, so sagt es die Bibel, der Mittler des neuen Bundes. Es ist deiner, er gehört dir. Und jedes Mal, wenn du zu Gott kommst und seine Segnungen auf deinem Leben bekräftigst und das, was du aussprichst, auch glaubst, werden sie zu den deinen. Du bist das Tor zum Himmel. Du bist das Haus Gottes. Gewöhn dich besser daran. Jesus sagte, dass er dich nicht verlässt.

Also wenn das keine guten Nachrichten sind! All das gehört dir. Spürst du, wie Glaube in dir aufsteigt, der dich davon überzeugt sein lässt? Das ist der Heilige Geist. Glaube einfach, und jeder Segen

Abrahams gehört dir. Was brauchst du? Heilung? Abraham war nicht krank. Es ging ihm gut. Was brauchst du? Finanzen? Abraham war nicht arm, er war sogar reich. Gott gibt dir mehr, als du brauchst. Was brauchst du? Frieden mit Gott? Du hast ihn schon, nimm ihn einfach an und vertraue darauf. Vergebung? Sie gehört dir bereits. Alles, was du brauchst, gehört dir. Brauchst du ein übernatürliches Wunder? Jesus hat das alles mit im Gepäck.

GREG RIETHER
Wahre Gnade
Die Lehren Jesu

Weitere Bücher über das
Evangelium der Gnade findest du
auf **gracetoday.de**